BusyBusy

Tony Crabbe ist Arbeits- und Organisationspsychologe. Der Berater, Vortragsredner und Autor bezeichnet sich selbst als Übersetzer zwischen Wissenschaft und ihrer Alltagsanwendung. Mit Frau und Kindern lebt er in Denia (Spanien). Der Sommerhitze entfliehen sie regelmäßig auf sein altes Hausboot in Norfolk (UK).

Tony Crabbe

Busy Busy

Stresse dich nicht, lebe!

Aus dem Englischen von Jan W. Haas

Campus Verlag
Frankfurt/New York

ISBN 978-3-593-50759-0 Print
ISBN 978-3-593-43681-4 E-Book (PDF)
ISBN 978-3-593-43757-6 E-Book (EPUB)

Copyright © 2017 Campus Verlag GmbH, Frankfurt am Main
Umschlaggestaltung: total italic, Thierry Wijnberg, Amsterdam/Berlin
Umschlagmotiv: Nach einem Entwurf von Studio Jan de Boer, Amsterdam
Satz: Campus Verlag GmbH, Frankfurt am Main
Gesetzt aus der Scala und der Scala Sans
Druck und Bindung: Beltz Bad Langensalza GmbH
Printed in Germany

www.campus.de

Wie schon Buddha vor zweieinhalbtausend Jahren feststellte:
Wir haben alle völlig den Verstand verloren.[1]

Albert Ellis
(1913–2007; er gilt als zweitbedeutendster Psychotherapeut aller Zeiten)

Inhalt

Teil 3 – Die Oberflächlichkeit hinter sich lassen

\# Wie lange dauert es morgens, bis Sie zu Ihrer ersten Dosis E-Mails greifen? Kurz danach folgt eine Tasse Kaffee und Ihr Tag beginnt in Hektik. Auf dem Weg zur Arbeit nutzen Sie Ihre Zeit weise, lesen weitere E-Mails und tätigen gelegentlich einen Anruf. Sie betreten Ihr Büro im Laufschritt, hasten von Meeting zu Meeting, von Aufgabe zu Aufgabe, jonglieren, reagieren und arbeiten Ihre Liste ab. Anforderung nach Anforderung prasselt auf Sie ein; Sie ertrinken fast darin, dürfen das aber nicht zeigen. Deshalb ackern Sie weiter, immer schneller, den Kopf gesenkt, und schaffen, schaffen, schaffen.

Irgendwann verlassen Sie Ihr Büro und kommen zu Hause an, den Kopf immer noch voller Arbeit. Ihre Familie ist toll, aber auch eine Belastung und ein Ablenkungsfaktor. Abends muss sie Ihre Aufmerksamkeit mit Ihrem E-Mail-Konto teilen; Sie sind schnell gereizt. Natürlich wissen Sie eigentlich, dass Sie einfach abschalten und die Zeit mit Ihren Liebsten genießen könnten, aber Sie sind ja gerade so beschäftigt. Und ohnehin tun Sie das alles ja nur für sie.

Sie versuchen, sich vor dem Fernseher bei einem Glas Wein zu entspannen, und gehen erschöpft zu Bett (nicht ohne vorher ein letztes Mal die Mails auf dem Handy zu checken). Ihr Schlaf ist unruhig, denn in Ihrem Kopf kreisen noch immer die Gedanken und Sorgen. Morgens wachen Sie auf, ohne sich erholt zu fühlen.

Sie können dem Gefühl nicht entkommen, dass Sie als Partner, als Elternteil und als Freund versagen – bei dem Bemühen, am Ball zu bleiben und ihren Ansprüchen zu genügen; bei dem Wunsch, das Leben zu leben, das Sie sich erhofft hatten. Sie fühlen sich ein wenig leer, ein wenig zerbrechlich und ein wenig hilflos.

Der Wecker klingelt und Sie greifen zu Ihrer ersten E-Mail-Dosis ...

Vorwort
BusyBusy: Die Entzauberung eines Phänomens

Im Jahr 1993 brachen acht Bergsteiger auf, um den Mount Everest zu erklimmen. Alle hatten die richtige Ausrüstung, waren durchtrainiert und bei bester Gesundheit. Sie kamen gut voran. Dann änderte sich alles. Anscheinend gab es auf dem Weg zum Gipfel eine Art Rückstau, und das Wetter schlug um, sodass die Gruppe einen Gang zurückschalten musste. Am Everest gilt die Regel, dass man den Aufstiegsversuch abbrechen muss, wenn der Gipfel bis zu einer bestimmten Uhrzeit nicht erreicht wurde. An diesem Tag hätten die sehr erfahrenen, aber frustrierten Bergsteiger umkehren müssen, doch stattdessen entschieden sie sich, weiter aufzusteigen. Sie erreichten den Gipfel zu spät, mussten in der Dunkelheit absteigen und starben.

Christopher Cave, ein ehemaliger Börsenmakler, erfuhr von dieser Tragödie und war bestürzt.[1] Sie erinnerte ihn an eine Beobachtung, die er bei vielen Unternehmen gemacht hatte: Diese verschrieben sich einer Strategie, mussten später aber feststellen, dass sich selbige angesichts eines veränderten geschäftlichen Umfelds nicht mehr bewährte. Anstatt die neuen Informationen nüchtern zu bewerten und eine bessere Vorgehensweise zu entwickeln, reagierten diese Unternehmen auf ihre enttäuschten Bemühungen mit erhöhter Aktivität. Um die Erkenntnis abzuwenden, dass sie ihre Bestrebungen in die falsche Richtung lenkten, verstärkten sie diese fehlgeleiteten Bemühungen sogar noch.

Das gleiche Phänomen erkenne ich auch bei Einzelpersonen. Ich muss Ihnen nicht erzählen, dass sich die Welt verändert hat. Leider haben wir Menschen versäumt, es ihr nachzutun. An Technologie und Ausbildung mangelt es uns nicht, aber unsere Erfolgsrezepte und Konfliktbewältigungsstrategien entspringen weiterhin dem Industriezeitalter. Obwohl immer mehr dafürspricht, dass sie nicht mehr funktionieren, halten wir daran fest. So sehr wir uns auch bemühen, bleiben wir doch im Berufsleben überlastet und zu Hause übermäßig engagiert. Und es scheint damit immer schlimmer zu werden. Wir weigern uns anzuerkennen, dass unsere derzeitige Herangehensweise kaum dazu beiträgt, unser Gefühl der Überforderung zu mindern. Stattdessen verdoppeln wir unsere fehlgeleiteten Bemühungen und sorgen dafür, dass das Smartphone nie unsere verschwitzten Handflächen verlässt. Mit diesem Dauerstress bringen wir uns um. Dieses Buch möchte Sie davon überzeugen, innezuhalten und die Art und Weise, wie Sie auf die tägliche Flut an Informationen, Anforderungen und Erwartungen reagieren, zu überdenken. Es schlägt Ihnen eine andere, bessere Herangehensweise vor.

»Busy«

Lassen Sie mich zunächst erklären, was ich unter »busy« verstehe (denn dieses Buch ist kein Manifest für Faulheit). »Busy-Sein« ist jenes hektische, immer wachsame Multitasking, das uns durch unser überfrachtetes Leben trägt. Es beinhaltet, ständig »on« zu sein, immer wieder auf unsere Handys zu starren und von Aufgabe zu Aufgabe zu springen. Es meint das Jonglieren, die Terminflut und die Hetze, die unseren Alltag so sehr beherrschen. Es beschreibt die Eile, die Ablenkung und die Erschöpfung.

Warum wir glauben, busy zu sein

Wir meinen, busy zu sein, weil wir so viel zu tun haben – sowohl am Arbeitsplatz als auch zu Hause. Unsere Arbeitgeber fordern mehr von uns als je zuvor, unsere Inbox ächzt unter der Last der eingehenden Mails und unsere Terminkalender sind bis zum Anschlag mit Besprechungen gefüllt. Auch zu Hause lässt der Druck nicht nach; wir fühlen uns erschlagen von der Flut an täglichen Aufgaben und Erwartungen, gestresst von den unzähligen Besorgungen und dem ewigen Hinundherfahren der Kinder von einer Aktivität zur nächsten. Wir geben unser Bestes, aber es scheint ein hoffnungsloses Unterfangen zu sein. So ist nun mal das Leben heutzutage: Man ist ewig busy.

Warum wir wirklich busy sind

Es besteht kein Zwang, busy zu sein. Natürlich gibt es viel zu tun, aber der Glaube, dass man immer busy sei, weil man doch so viel zu tun habe, ist falsch und wenig hilfreich. Hier sind die wahren Gründe, warum Sie busy sind.

Busy ist leichter. »Busy« ist der einfache Weg. Wir sind busy, weil wir uns den harten Entscheidungen verweigern. Anstatt selbst zu denken, gestatten wir der Außenwelt und unserer Inbox, unsere Tagesordnung zu bestimmen. Es ist leichter, einfach nur zu reagieren und möglichst alles zu erledigen, als schwierige Entscheidungen zu treffen und einzelne Aufgaben abzuwählen – wer weniger tun will, braucht mehr Mut. Wie Ben Hunnicutt erläutert, ist Busy-Sein tatsächlich eine der sieben Todsünden – es ist Trägheit. Im Mittelalter nahm Trägheit zwei Erscheinungsformen an: zum einen Faulheit, zum anderen jene Ausprägung, die *Acedia* genannt wurde – wildes Herumlaufen: »Ich habe zwar kein wirkliches Ziel, aber bei Gott, auf dem Weg dorthin komme ich wunderbar voran.«

Busy sein heißt vermeiden. Jene Vorhaben umzusetzen, die man sich ständig vornimmt – solche, die das eigene Leben und die Karriere wirklich beeinflussen können –, ist eine echte Herausforderung. Im Eifer des Gefechts, wenn wir zwischen leichten und komplexen Aufgaben wählen müssen, zwischen dem Durchforsten von E-Mails und dem Durchdringen eines komplizierten Projekts, entscheiden wir uns gern für die leichte Tätigkeit, die uns beschäftigt hält. Wir stürzen uns in hektische Aktivität und sorgen so für die perfekte Ausrede dafür, uns nicht mit großen Gedanken beschäftigen zu müssen. Wenn wir busy sind, fühlen wir uns produktiv, obwohl wir in Wirklichkeit nur Zeit schinden!

Busy-Sein ist eine Marke. Wenn wir anderen zeigen, wie busy wir sind, und aller Welt ständig davon erzählen, steigern wir unseren Marktwert. Insgeheim glauben wir, dass wir vielleicht schneller befördert werden, wenn die Leute nur mitbekommen, wie wahnsinnig busy wir sind. Außerhalb des Arbeitslebens beweisen wir damit unsere Bedeutsamkeit. Busy zu sein ist ein Beleg für unseren Aufstiegswillen. Auch wenn wir so tun, als würden wir stöhnen, arbeiten wir doch am Aufbau unserer Marke.

Busy-Sein ist eine Sucht. Bei jedem Blick in die Mailbox schüttet unser Körper eine kleine Menge des kokainähnlichen Botenstoffs Dopamin aus, während eine Google-Suche opiatähnliche Substanzen freisetzt.[2] Wer von uns hat noch nie mit der Versuchung gekämpft, rasch das Smartphone hervorzuziehen, um mal eben durch die sozialen Medien zu surfen oder eine SMS abzusetzen, auch wenn wir genau wissen, dass wir das nicht tun sollten (es geschieht im Durchschnitt alle 6,5 Minuten)?[3]

Busy ist das, was alle tun. Unser Verhalten wird stark von sozialen Normen beeinflusst – von dem, was alle tun. Wie viele Menschen, die nicht busy sind, kennen Sie? Sie mögen sich selbst einreden, dass Ihr Busy-Sein sich rational erklären lässt, doch ein Großteil davon wird von unbewussten Einflüssen gesteuert. Dass Sie ständig busy sind, verdanken Sie überwiegend nicht Ihrem eigenen Willen, sondern dem Herdentrieb.

Ist Busyness wirklich so schlimm?

Ich habe oben erwähnt, dass busy zu sein unseren Aufstiegswillen beweist; tatsächlich wetteifern wir sogar damit, wie die Forscherin Ann Burnett herausfand.[4] Ist es nicht ärgerlich, wenn jemand beschäftigter ist als wir? Sie kennen diese Situation: Gerade erst haben Sie ausführlich erklärt, wie erschöpft und überwältigt Sie von all den Anforderungen sind, die man an Sie heranträgt und deren Ausmaß Sie detailliert geschildert haben. Nur um zu erleben, dass Ihr Gegenüber Sie *komplett* in den Schatten stellt! Man fühlt sich automatisch herabgewürdigt. Es scheint so, als *wollten* wir busy sein (oder zumindest so wirken).

Wenn wir danach streben, busy zu sein, um damit anzugeben, dann kann es doch wohl nicht so schlimm sein? Leider doch.

Die allostatische Belastung

Stress an sich schadet uns nicht. Doch das Gefühl der Überforderung treibt viele Menschen hinsichtlich ihres Durchhaltevermögens und ihrer Leistung zu übermenschlichen Anstrengungen. Um unser Riesenpensum zu bewältigen, greifen wir zum Treibstoff Stress (und zu Koffein). Wir zwingen uns mit aller Kraft, busy zu bleiben. In unserer maßlosen Furcht vor möglichen Fehlern gönnen wir uns kaum Pausen, laden unsere Batterien nur selten auf. Stattdessen treiben wir uns immer weiter an. Schon seit 1972 steigt nach Auskunft der amerikanischen National Science Foundation der Anteil an Menschen beiderlei Geschlechts, die sich »ständig« gehetzt fühlen.[5]

Uns schadet nicht ein bestimmtes Niveau an Stress oder Anstrengung, sondern deren Dauerhaftigkeit. Der menschliche Körper und das Gehirn sind nicht darauf ausgelegt, immer in Bereitschaft zu sein. Vorgesehen ist vielmehr ein ständiger Wechsel von aktiven und passiven Phasen: Der Körper heizt sich so lange auf, bis ein adrenalingesteuerter, hellwacher Zustand erreicht ist, und kühlt sich dann wieder auf einen ruhigeren Zustand ab.

Der Rausch des Busy-Seins ist aber nicht vorübergehend, sondern von Dauer. Wir fahren laufend auf Hochtouren. Wenn wir den Wechselimpuls zwischen »Ein« und »Aus« blockieren, dann gestehen wir uns keine Erholung zu. Dies führt zu einer *allostatischen Belastung*[6] – am besten beschrieben als beschleunigter Verschleiß von Körper und Gehirn. Die Japaner haben für dessen Folgen einen eigenen Begriff geprägt: *karoshi* oder »Tod durch Überarbeitung«. *Karoshi* tritt ein, wenn chronische Erschöpfung infolge langer Überstunden und anhaltenden Stressgefühls bei ansonsten gesunden jungen Erwachsenen zu einem tödlichen Schlaganfall oder Herzinfarkt führt. Wer mit ständigem Busy-Sein seine allostatische Belastung steigert, vermindert seine Leistungs- und Denkfähigkeit sowie seine Gedächtnisleistung und erhöht sein Risiko, Opfer von Herz- und Kreislauferkrankungen, eines angegriffenen Immunsystems oder gar eines frühen Todes zu werden. Aber auch wenn man Tod und andere Katastrophen außen vor lässt, ist Busy-Sein nicht wirklich lustig.

Zu viel

Es ist alles zu viel. Wir haben zu viel zu tun, müssen zu viele Informationen verarbeiten und stehen unter zu großem Druck. Heute werden Sie so viele Inhalte aufnehmen, wie in 174 Zeitungsausgaben stehen (fünf Mal so viel, wie Sie an einem beliebigen Tag des Jahres 1986 aufgenommen hätten).[7] In der Zeit, die Sie benötigen, um diese Seite zu lesen, werden 300 Millionen E-Mails versandt.[8] Sie bräuchten drei Tage, um sich alle Inhalte anzusehen, die in der letzten Minute bei YouTube eingestellt wurden.[9] In den letzten zehn Sekunden haben einhundert Menschen das Internet und E-Mails neu kennengelernt; sie haben sich damit den fast drei Milliarden bisherigen Nutzern angeschlossen[10] und tragen nun zum Grundrauschen bei. 2010 wurde der volkswirtschaftliche Verlust durch Informationsüberlastung in den USA auf 1 Billion US-Dollar pro Jahr geschätzt.[11] Wir leben in einem Zeitalter, in dem die Leistungsfähigkeit der Rechner und der Internetverbindungen exponentiell ansteigt, ebenso wie das Informations- und Unterhaltungsangebot. Wir stehen unter dem unablässigen Bombardement des »brodelnden Rauschens«[12] unbegrenzter Informationen, Mitteilungen und Auswahlmöglichkeiten. In dieser Welt des Zuviel fühlen wir uns gleichzeitig überstimuliert und gelangweilt, bereichert und leer, mit jedermann verbunden und doch einsam.

Informationsfachkräfte hatten in den letzten 20 Jahren das Gefühl, als hätte sich ihr friedlich sprudelnder Wasserquell in einen Feuerwehrschlauch verwandelt. Mit jeder Verbesserung unserer Produktivitätswerkzeuge produzieren wir mehr. Da es immer leichter wird zu kommunizieren, kommunizieren wir immer mehr. So stieß 1986 der durchschnittliche Informationsspezialist täglich Inhalte im Umfang von rund zweieinhalb Zeitungsseiten aus. 2011 schätzte man den täglichen Informationsausstoß auf sechs vollständige Zeitungsausgaben.[13] Das entspricht einer Steigerung um das 200-Fache! Jede unserer Handlungen, jede versandte E-Mail wirkt sich auf irgendjemand anderen aus. Mit unserem Vermögen, mehr zu tun, bereiten wir anderen Menschen mehr Arbeit – Menschen, die wiederum ebenfalls mehr tun als früher. Unterm Strich steigen die Anforderungen an jeden von uns immer weiter.

Wir müssen zur Kenntnis nehmen, dass sich dieses Zuviel nicht zurückdrehen lässt. Es wird sogar jährlich schlimmer, das lässt sich gar nicht vermeiden. Jedes Jahr steigt die Flut an elektronischen Nachrichten weiter an, prasseln mehr Informationen auf Sie ein, erwartet man von Ihnen, weitere Themen zu beherrschen. Bereits heute steht fest, dass Sie nächstes Jahr mehr E-Mails erhalten werden als in diesem. Niemandem wird es gelingen, die technologische Entwicklung um 30 Jahre zurückzudrehen, und unsere Arbeitgeber werden kaum plötzlich sagen: »Entspannt euch! Arbeitet mal etwas weniger!«

Es gibt drei Möglichkeiten, das eigene Busy-Sein zu interpretieren. Jede davon beschreibt einen anderen Umgang mit dem Phänomen. Die erste Möglichkeit besteht darin, Busyness als Erfahrung zu betrachten: jenes sprunghafte Multitasking, jene Hektik und überfüllten Terminkalender, die ein Gefühl der Überlastung und Überforderung auslösen. Die zweite Variante begreift Busy-Sein als Erfolgsstrategie: Wir meinen, beruflich erfolgreicher zu sein, wenn wir immer beschäftigter sind und mehr schaffen. Und schließlich kann man Busyness auch als Pfad zum Lebensglück verstehen: Wir versuchen, unser persönliches Glück zu steigern, indem wir möglichst busy sind. Jede dieser Herangehensweisen wird durch passende Strategien untermauert. Ich werde alle diese Strategien im Verlauf dieses Buches einer kritischen Prüfung unterziehen.

Busy sein als Erfahrung. Busy zu sein ist eine Erfahrung. Das Gefühl von Stress und Überforderung begleitet uns durch einen Großteil unseres Tages. Mit welcher Strategie begegnen wir ihm? Die meisten Menschen entscheiden sich für Zeitmanagement. Dem zugrunde liegt der Glaube, dass man sein Leben umso besser im Griff habe und umso effektiver sei, je effizienter man seine Zeit verwaltet. Doch in einer Welt schier unendlicher Anforderungen bedeutet gutes Zeitmanagement lediglich, dass wir unsere Tage noch mehr vollstopfen können. Wenn wir uns aufs Zeitmanagement konzentrieren, geschieht dreierlei: Wir werden effizienter, tun mehr und sind somit immer beschäftigter. Unsere Aufmerksamkeit verengt sich und wir verlieren den nötigen Weitblick, um solide Entscheidungen zu treffen. Das Jonglieren gelingt uns immer besser, doch dabei verschwimmt unsere Aufmerksamkeit und wir können nichts mehr intensiv wahrnehmen. Wer nach einem ruhigeren, effektiveren und glücklicheren Leben strebt, ist mit Zeitmanagement schlecht beraten. Tatsächlich verschlimmert es alles nur.

Busy sein als Erfolgsstrategie. Die gesamte Menschheitsgeschichte ist von Knappheit geprägt. Wenn ein Gut knapp ist, strebt der Mensch nach mehr desselben. Ob Nahrungsmittel, materielle Dinge oder Informationen: Wir versuchen, möglichst viel davon zu bekommen. Das gilt auch am Arbeitsplatz. Das Grundprinzip in der Landwirtschaft, der verarbeitenden Industrie oder sogar im Büro lautet seit jeher: *Je mehr, desto besser.* Und so beteiligen wir uns alle am »Mehr«-Spiel. Wir unterstellen, dass unser Erfolg von der eigenen Produktivität abhängt. Angesichts der allgemeinen Überforderung ist Aufmerksamkeit das knappste Gut. Wer im Beruf oder Unternehmen erfolgreich sein will, muss aus dem Grundrauschen herausragen und sich bemerkbar machen. Wenn wir uns darauf konzentrieren, immer mehr zu tun und produktiver zu sein, bleiben die großen Entwürfe – die Gehirnschmalz und Kreativität erfordern – auf der Strecke. Wir sind zu Arbeitstieren geworden, viel zu beschäftigt, um den Kopf hochzuheben und jene Dinge zu tun, von denen wir wissen, dass sie etwas bewegen und uns von anderen abheben. Wir müssen nicht produktiver werden, sondern weniger tun – und das besser.

Busy sein als Pfad zum Lebensglück. In unserem Alltag nehmen wir einiges als gegeben hin: etwa, dass mehr Geld, ein höherer Status und größere Beliebtheit erstrebenswerte Ziele seien. Demensprechend ordnen wir auch unsere Prioritäten, versuchen, unser Leben durch Erwerb der genannten Dinge zu verbessern, während wir gleichzeitig unsere Werte, Beziehungen und Gesundheit vernachlässigen. Doch das ist alles andere als klug. Zum einen zeigt die Forschung, dass sich unser Wohlbefinden kaum verändert, wenn wir diese Ziele erreichen.[14] Zum anderen opfern wir genau jene Dinge – Beziehungen, Lebenssinn und Gesundheit –, die uns wirklich glücklich machen. Und schließlich sind Menschen, die sich auf äußere Ziele wie Geld, materiellen Besitz und Status konzentrieren, weniger zufrieden und gesund als solche, die nach Werten streben, die das Busy-Sein konterkariert: Beziehungen, persönliches Wachstum und der Wille, seiner Gemeinschaft etwas zu geben.[15]

Auf dem Holzweg

Wenn Menschen bemerken, dass ihre Strategien – Zeitmanagement, Produktivität und das Streben nach Zugewinn – versagen, reagieren sie besonders häufig mit einer Verdopplung ihrer Anstrengungen. Sie stützen sich immer stärker auf ihr Zeitmanagement und die Effizienzgewinne, die ihnen ihre technischen Geräte ermöglichen. Sie treiben sich zu immer neuen beruflichen Höchstleistungen an: schneller, mehr, länger. Immer verzweifelter greifen sie nach dem schalen Trostpflaster materieller Besitztümer. So frustriert wir auch sein mögen, dürfen wir uns davon doch nicht den Verstand vernebeln lassen. Machen wir es also besser: Erkennen wir, dass sich die Welt verändert hat und wir bessere Lösungen finden müssen.

Das Busy-Sein überwinden

Mittlerweile dürfte deutlich geworden sein, dass ich für eine neue Bewertung des Busy-Seins plädiere. Ich möchte das Konzept ins Abseits drängen; den Menschen soll es ein wenig peinlich werden, zu erklären, dass sie busy sind, statt ihnen Anlass zur Prahlerei zu geben. Entscheidender ist aber die Frage, was wir tun können, um unser Wohlbefinden zu steigern. Was bedeutet es, das Busy-Sein zu überwinden?

Das Gegenteil von Busyness ist nicht Entspannung, denn selbst in unserer Freizeit pendeln wir zumeist flüchtig zwischen familiären Verpflichtungen, sozialen Medien und Online-Konsum hin und her. In der heutigen Welt lässt sich das Gegenteil von busy als anhaltende, zielgerichtete Konzentration beschreiben. Es bedeutet, sich intensiv Aktivitäten oder Gesprächen mit Menschen zuzuwenden, die uns wirklich etwas bedeuten. Es beinhaltet, sich die nötige Zeit zum Nachdenken, zum gemütlichen Gang und zum Eintauchen in den Augenblick zu nehmen. Es geht darum, wie wir unsere Aufmerksamkeit einsetzen, nicht unsere Zeit; wie wir nachdenken, nicht produzieren; und wie wir uns einbringen, nicht Zugewinne erzielen.

Wer das Busy-Sein überwinden will, muss drei entscheidende Elemente bedenken, die sich aus den drei Gesichtern von Busyness ergeben. Diese Elemente beschreiben, wie wir unsere Strategien überdenken sollten. Sie vermitteln uns praktische und forschungsbasierte Vorschläge zur Steigerung unseres persönlichen Wohlbefindens.

Das eigene Leben meistern

Um die Hektik des Busy-Seins zu überwinden, müssen wir aufhören, Zeitmanagement zu betreiben und zu versuchen, unseren Alltag durch Selbstorganisation zu steuern. Stattdessen sollten wir uns bemühen, eine Art Meisterschaft in unserem Leben zu erlangen. Dazu müssen wir bereit sein, unser Kontrollbedürfnis zu zügeln, und unsere Fähigkeit zum Treffen schwieriger Entscheidungen grundlegend verbessern. Zudem müssen wir Aufmerksamkeitsmanagement betreiben, nicht Zeitmanagement. Denn letztendlich ist unsere wichtigste berufliche Ressource die Fähigkeit, uns zu konzentrieren, nachzudenken und Neues zu schaffen – zudem ist ungeteilte Aufmerksamkeit die entscheidende Grundlage, um im Privatleben Freude zu genießen. Und schließlich kommt man um einige schwierige Gespräche nicht herum, wenn man das eigene Leben zurückverhandeln möchte.

Alleinstellungsmerkmale entwickeln

In diesem Buch geht es nicht um Work-Life-Balance. Eine gesunde Balance zwischen beiden ist wichtig, genügt aber nicht. Dieses Buch denkt neu darüber nach, wie wir in einer Aufmerksamkeitsökonomie erfolgreich sein können. Mithilfe unternehmensstrategischer Konzepte belegt es, dass Differenzierung – anders als Produktivität – in Wettbewerbsmärkten eine überlegene Strategie ist. Es zeigt, wie strategische Fokussierung die Wirkung begrenzter Ressourcen maximiert. Wir untersuchen, wie sich Aufmerksamkeit durch Innovation gewinnen und durch Vermittlung einer überzeugenden persönlichen Markenbotschaft aufrechterhalten lässt. Und schließlich entdecken wir Möglichkeiten zum Aufbau des nötigen Selbstvertrauens, um dem eigenen Weg zu folgen, Risiken einzugehen und das Busy-Sein trotz aller sozialer Normen zu überwinden.

Der Oberflächlichkeit entsagen

Der Teil des Buches, der sich damit beschäftigt, wird unsere Suche nach persönlichem Glück auf eine neue Grundlage stellen. Wir erörtern drei Kerngrößen, die es einem ermöglichen, sich wieder auf seinen Beruf und sein Privatleben einzulassen. Zunächst untersuchen wir, wie sich Erfolg neu definieren lässt, sodass sich dieser fortan stärker an den eigenen Grundwerten orientiert – an dem, was einem wirklich am Herzen liegt. Ich werde diese Erkenntnisse auf unser Beziehungsgeflecht übertragen, auf eine Welt, in der wir mit Tausenden von Menschen interagieren. Wir untersuchen, auf welche Beziehungen es wirklich ankommt und wie man diese vertiefen kann. Anschließend beschäftigen wir uns damit, wie man das flüchtige Rauschen des Busy-Seins durch das viel erfüllendere und nachhaltigere freudige Gefühl echter Zugewandtheit und Hingabe ersetzt. Und schließlich zeige ich Ihnen, wie man ein glücklicherer Mensch werden kann, indem man genau das tut, was man eigentlich tun möchte, und Busyness überwindet.

Nichts ist leicht

Ich habe dieses Buch geschrieben, weil ich mit dem Busy-Sein gekämpft habe. Natürlich hatte ich zu diesem Thema einige Vorstellungen und glaubte auch, dass bislang noch niemand die bedeutenden Forschungsergebnisse zu diesem Phänomen, das für mich zu den schlimmsten Geißeln der modernen Welt gehört, zusammengetragen hatte. Doch in Wirklichkeit habe ich das Buch geschrieben, um mir selbst zu helfen. Es ist ein echtes »Selbsthilfebuch«. Busy zu sein ist für mich eine ständige Verlockung, eine permanente Herausforderung. Ich muss kämpfen, wenn ich die Herrschaft über mein Leben zurückgewinnen, mich fokussieren und mich einlassen will. Ich muss mich laufend selbst ermahnen, dem Herdentrieb zu entsagen und dem leisen Ruf meiner Individualität zu folgen. Ich kann für mich nicht in Anspruch nehmen, diesen Kampf immer zu gewinnen. Ähnlich wie ein trockener Alkoholiker seine Sucht niemals abschütteln kann, werde ich vermutlich bis zum Ende meines Berufslebens mit dem Busy-Sein kämpfen.

Es mag langweilig klingen, aber das ist ein großartiger Kampf, und während ich für dieses Buch recherchiert habe und es schrieb, gelangte ich unter anderem zu der folgenden wichtigen Einsicht: Wer das Busy-Sein überwinden will, kommt mit ein paar schnellen Tipps nicht weiter. Die meisten Tipps, die ich für dieses Buch vorgesehen hatte, landeten bald im Papierkorb, als ich nämlich bemerkte, dass sie mir selbst nicht halfen. Der Weg, um das Busy-Sein zu überwinden, ist eigentlich ganz unkompliziert, aber die Umsetzung fällt oft nicht leicht. Es geht darum, sich auf das zu konzentrieren, was wirklich wichtig ist. Es geht darum, in jedem Moment wirklich anwesend zu sein, nicht zuletzt im Umgang mit den Menschen, die einem etwas bedeuten.

Es geht um Sie.

Um Sie bei diesem Schritt zu unterstützen, greife ich auf bedeutende psychologische Forschungsergebnisse und Konzepte zurück. Manche dieser Studien beziehen sich unmittelbar auf unser Thema, die meisten jedoch nicht. Gelegentlich taugen die Forschungsberichte eher als Metaphern denn als Belege: Ich verwende sie, um zugrunde liegende psychologische Vorgänge zu beleuchten, die ich im Kampf gegen das Busy-Sein für relevant halte und die illustrieren, warum wir bestimmte Dinge tun und welche Handlungsalternativen bestehen. Besonders gern greife ich auf Untersuchungen zurück, wenn deren Ergebnisse echte Einsichten beinhalten, die uns bessere Möglichkeiten aufzeigen, auf das Zuviel zu reagieren.

Es ist nicht leicht, den Kampf gegen das Busy-Sein zu gewinnen, aber es lohnt sich, ihn zu führen. Je mehr Sie dem Strudel der Anforderungen die Stirn bieten, je besser es Ihnen gelingt, den unmittelbaren Verlockungen oder dem Benachrichtigungssignal Ihres Handys zu widerstehen, desto deutlicher werden Sie erkennen, was Ihnen wirklich wichtig ist. Leisten Sie aktiven Widerstand gegen die Norm der Mittelmäßigkeit und stärken Sie so Ihre Verbindlichkeit gegenüber Ihren Zielen.

Zum Einstieg:
Zu busy, um dieses Buch zu lesen?

Die Tatsache, dass Sie dieses Buch gekauft haben, lässt darauf schließen, dass Sie busy sind. Vielleicht fühlen Sie sich auch gerade unter Druck, wie ein Dampfkessel kurz vor der Explosion. Sollte dies der Fall sein, stellt sich die Frage, wo Sie um Himmels Willen die Zeit hernehmen sollen, um dieses Buch zu lesen, geschweige denn, um die darin besprochenen Grundsätze anzuwenden. Deshalb folgen nun zehn leicht umsetzbare Vorschläge, um einen Teil dieses Dampfes abzulassen. Sie werden Ihnen dabei helfen, weniger zu tun, Dinge schneller zu erledigen oder sich ein wenig mehr als Herr der Lage zu fühlen. Diese Vorschläge lösen nicht das zugrunde liegende Problem. Sie sollten Sie aber dabei unterstützen, sich den nötigen Freiraum zu verschaffen, damit Sie die eigentlichen Strategien – die Ihr Leben tatsächlich positiv verändern werden – lesen, verarbeiten und anwenden können.

1. Sagen Sie »weil«

Dem Wörtchen »weil« haftet ein Zauber an. Wie die an der Harvard University lehrende Psychologieprofessorin Ellen Langer herausfand, erhöhen sich die Erfolgschancen einer Bitte, wenn man das Wort »weil« verwendet.[1] Ihre Studie zeigte, dass diesem Wort gar nichts Bedeutendes folgen muss; sobald es fällt, reagiert der Zuhörer so, als gäbe es einen guten Grund.

Wer weniger arbeiten möchte, muss dies zunächst den Menschen in seiner Umgebung deutlich machen. Ob Sie nun eine Bitte abschlägig bescheiden oder erläutern, warum Sie pünktlich das Büro verlassen werden (statt abends um acht), oder darum bitten, Ihren Abgabetermin für ein bestimmtes Projekt zu verschieben: Wenn Sie das Wörtchen »weil« verwenden, wird Ihre Argumentation eher als rational und akzeptabel wahrgenommen.

2. Schalten Sie mal ab

Unser Gehirn ist nicht auf unablässigen Hochbetrieb ausgelegt. Eine sehr kleine, aber interessante Studie der University of London über die Auswirkungen des ständigen »On«-Seins (via Handy und E-Mails) deutet darauf hin, dass dieses Verhalten den IQ ebenso stark senken kann wie der Konsum von Haschisch oder eine durchwachte Nacht.[2] Zwar können wir nicht allzu viele Rückschlüsse aus dieser Studie ziehen, dennoch steht fest, dass das Gehirn Ruhephasen benötigt. Gary Small, Professor für Psychiatrie an der University of California in Los Angeles (UCLA), bemerkt dazu, dass der Dauermedienkonsum zwar einen kurzzeitigen Rausch auslösen kann, langfristig aber oft zu Depressionen und Wahrnehmungsstörungen führt.

Gönnen Sie Ihrem Hirn mal eine Pause. Checken Sie Ihre Mails und Handy-Nachrichten mit Bedacht und willentlich. Legen Sie bestimmte Tageszeiten fest, in denen Sie dies konzentriert tun, statt laufend Ihre Konten »abzugrasen« ... und verzichten Sie unbedingt darauf, Ihr E-Mail-Konto kurz vor dem Zubettgehen noch einmal zu überprüfen. (Die Welt dreht sich in den nächsten paar Stunden auch ohne Sie weiter!)

3. Schalten Sie das Benachrichtigungssignal ab

Untersuchungen zufolge wechseln Büroarbeiter ständig zwischen verschiedenen Aufgaben hin und her; im Durchschnitt wenden sie sich alle drei Minuten einer neuen Aktivität zu.[3] Immer wenn wir mit einer neuen Tätigkeit beginnen, muss sich das Gehirn umorientieren und den neuen Spielregeln anpassen. Wie der Psychologieprofessor David Meyer von der University of Michigan erläutert, erhöht das Hin- und Herspringen zwischen auch nur zwei Aufgaben den Zeitbedarf für die Gesamtfertigstellung um bis zu 40 Prozent.[4]

Einer der Hauptschuldigen für den willkürlichen Aufgabenwechsel ist Ihr E-Mail- oder Chat-Notifier. Wer kann schon dem Reiz des Pings widerstehen, das eine neue Nachricht aus der Außenwelt ankündigt? Doch der kurze Blick auf die Nachricht lenkt uns ab und senkt unsere Arbeitseffizienz. Microsoft hat dieses Problem erkannt und eine interne App namens Thinking Time entwickelt, die es seinen Mitarbeitern erlaubt, für einen bestimmten Zeitraum sämtliche E-Mails, interne Nachrichten und VoIP (Online-Telefonate) abzuschalten, um so ungestörte Zeit zum Nachdenken zu gewinnen.

4. Schwänzen Sie ein Meeting

Meetings sind einer der wichtigsten Gründe dafür, dass wir so busy sind. Ihre Häufigkeit und Dauer nimmt zu, und das schon seit den 1960er-Jahren. Manchen Untersuchungen zufolge verbringen mittlere Führungskräfte bis zu 50 Prozent ihrer Arbeitszeit in Besprechungen.[5] Gleichzeitig ist der Nutzen vieler dieser Meetings fraglich. In einer Studie wurden 7.000 Manager eines großen Unternehmens einer sorgfältigen Wertanalyse unterzogen, wobei sich zeigte, dass schlecht geplante und geleitete Besprechungen dem Unternehmen Wertverluste in Höhe von 54 Millionen US-Dollar pro Jahr bescherten.[6] Der multinationale US-amerikanische Konzern 3M schätzt seinen jährlichen Verlust aufgrund ineffizienter Meetings der mittleren Managementebene auf 79 Millionen US-Dollar.[7] Interessanterweise könnten noch *indirekte* Kosten hinzukommen. Michael Doyle und David Straus, die Autoren des Bestsellers *How to Make Meetings Work!*, haben ein Phänomen entdeckt, das sie »Meeting-Erholungssyndrom« nennen – die Zeit, die man benötigt, um nach einer (sinnlosen) Besprechung wieder ruhig und konzentriert arbeiten zu können.[8]

Tun Sie sich selbst und Ihrem Unternehmen daher einen Gefallen: Schwänzen Sie diese Woche ein Meeting. Identifizieren Sie mindestens eine Besprechung, die Sie absagen können oder an der Sie einfach nicht teilnehmen.

5. Berechnen Sie Ihren Zeitbedarf … und verdoppeln Sie ihn

Wie finden wir heraus, ob wir eine bestimmte Aufgabe übernehmen können? Nun, wir überlegen, wie lange wir wohl dafür brauchen werden und was wir sonst noch alles zu tun haben. Dann gelangen wir zu einem Ergebnis – und verschätzen uns dabei fast jedes Mal.

Um dies zu belegen, bat eine Forschergruppe mehrere College-Studenten, den Zeitbedarf für die Fertigstellung ihrer Hausarbeit zu schätzen.[9] Darüber hinaus sollten sie prognostizieren, wie lange ihre Kommilitonen, die sie oft nicht sehr gut kannten, wohl benötigen würden. Es zeigte sich, dass die Studenten ihren eigenen Zeitbedarf massiv unterschätzten, während sie den Abgabetermin ihrer Kommilitonen recht genau veranschlagten. Psychologen bezeichnen dieses Phänomen als *Planungsfehlschluss*. Wir überschätzen unsere eigene Leistungsfähigkeit, sprechen uns eine höhere Intelligenz und Konzentrationsfähigkeit zu, als wir wirklich besitzen, und ignorieren alle Umweltfaktoren, die uns einen Strich durch die Rechnung machen könnten.

Wenn Sie also das nächste Mal um etwas gebeten werden, dann überlegen Sie, wie viel »Freizeit« Sie für diese Aufgabe angesichts all Ihrer anderweitigen Verpflichtungen einsetzen können, und halbieren Sie anschließend diesen Wert. Berechnen Sie nun Ihren voraussichtlichen Zeitbedarf für das Projekt und verdoppeln Sie diese Zahl. Nun sind Sie in der Lage, ein solideres Urteil darüber zu fällen, ob Sie zusagen sollten.

6. Behalten Sie die Uhr im Blick

Wie viel Arbeit schaffen Sie an Ihrem letzten Arbeitstag vor dem Urlaub? Vermutlich sehr viel. Wie die Forschung zeigt, sind wir weitaus produktiver, wenn wir die Zeit im Blick haben, etwa kurz vor dem Urlaub.[10] Dieser Vorschlag ist daher einfach: Wenn Sie in kurzer Zeit viel erledigen wollen, sorgen Sie dafür, dass Sie die Uhrzeit besser wahrnehmen. Schaffen Sie sich beispielsweise eine große Wanduhr an oder lassen Sie einen Wecker alle halbe Stunde klingeln. Sie werden das Gefühl haben, dass sich die Zeit ausdehnt!

7. Setzen Sie sich Termine und halten Sie diese ein

Haben Sie ein Zimmer, das Sie nicht benötigen? Steht es leer? Tatsächlich scheint in der menschlichen Natur das Bedürfnis angelegt, einen Raum, der einem zur Verfügung steht, auch zu füllen.[11] Wer sich eine klare Zielmarke setzt (sei es ein Fertigstellungstermin für ein Projekt oder eine Uhrzeit, zu der man das Büro verlässt), profitiert doppelt davon. Zum einen steigt so die eigene Wahrnehmung der Zeit, denn man hat nun ein Ziel vor Augen. Und zum anderen verhindert man damit, dass Lücken im Terminkalender entstehen, denn diese werden sich rasch mit anderen Dingen füllen.

8. Legen Sie früher los

1927 saß eine Gestaltpsychologin namens Bluma Zeigarnik zusammen mit einigen Freunden in einem Wiener Kaffeehaus. Sie bestellten ein paar Runden, aber der Kellner machte sich nie Notizen. Zeigarnik war davon fasziniert, und nachdem die Gruppe bezahlt und das Kaffeehaus verlassen hatte, kehrte sie zurück. Wie sich herausstellte, konnte der Kellner sich nicht mehr daran erinnern, welche Getränke die Gruppe bestellt hatte. Eine mögliche Erklärung lautet, dass das Gehirn offene und geschlossene »Dateien« verwendet. Sobald die Rechnung bezahlt war, hatte der Kellner die Datei geschlossen und alles vergessen. Dieses Phänomen ist heute als *Zeigarnik-Effekt* bekannt (tatsächlich ist es doppelt so wahrscheinlich, dass sich Menschen an Dinge in geöffneten Dateien erinnern als an solche in geschlossenen).

Sie können sich den Zeigarnik-Effekt zunutze machen, um schneller loszulegen (und weniger aufzuschieben), indem Sie »Ihre Datei« zu einem Thema früher öffnen. Normalerweise verschleppen wir vorzugsweise große, komplizierte oder kreative Aufgaben, aber Sie können dem ausweichen, indem Sie die Datei zu einer Aufgabe einige Tage vor Beginn der eigentlichen Arbeit öffnen. In der Praxis bedeutet dies lediglich, dass Sie sich rund 20 Minuten mit dem Projekt beschäftigen und dabei vielleicht eine Mind-Map anlegen. Überlassen Sie den Rest einfach den Zauberkünsten Ihres Unterbewusstseins. Wenn Sie sich dann schließlich ernsthaft an die Arbeit machen, werden Ihre Gedanken und Einfälle nur so sprudeln.

9. Machen Sie Ihren Kopf frei

Kürzlich habe ich mein Leben verändert – nun gut, jedenfalls die Leistung meines Computers! Es macht mich verrückt, wenn mein Laptop immer langsamer wird, der Bildschirm einfriert und sich die

Abstürze häufen. Deshalb habe ich die Festplatte einmal geputzt und alles neu installiert. Im Prinzip habe ich das System von jeglicher überflüssiger Software und allen Cookies befreit. Damit habe ich dem Prozessor genügend Luft verschafft, um seine ganze Kraft auf das zu konzentrieren, was ich mir eigentlich von ihm erwarte. Jetzt läuft alles wieder wie geschmiert.

Ganz ähnlich funktioniert unser Gehirn. Zu jedem Zeitpunkt ist die Rechenleistung unseres Gehirns sehr begrenzt. Sie wird von jedem Gedanken, jeder Sorge und jeder Idee, die einem gerade im Kopf herumschwirrt, eingeschränkt. Vermeiden Sie das. Ich habe David Allens Buch *Wie ich die Dinge geregelt kriege* gelesen und darin folgende sehr hilfreiche Idee entdeckt: Bilde einen »Braindump«, eine gedankliche Ablage.[12] Finde einen Weg, Dinge aus deinem Kopf herauszubekommen, sprich: dein System zu reinigen. Die meisten Menschen erreichen das, indem sie sich diese Gedanken in ihrem Notebook oder Smartphone notieren. Dabei gilt es drei entscheidende Dinge zu beachten. Erstens sollte das betreffende Hilfsmittel ein ständiger Begleiter sein. Zweitens vermeide man, das Notierte zu analysieren oder zu sortieren (da dies von der gerade anstehenden Tätigkeit ablenken würde) – also einfach nur aufschreiben. Und drittens sollte man es sich zur Gewohnheit machen, diese Ablage regelmäßig zu durchforsten (ich tue das einmal wöchentlich). Sie werden überrascht sein, wie befreiend es ist, Dinge aus seinem Kopf zu verbannen in der Gewissheit, dass man sich später darum kümmern wird.

10. ... und lächeln

Busy zu sein ist nicht nur eine Tatsache, sondern auch eine Erfahrung. Wir verfangen uns in Aktivitätsspiralen; wir fühlen uns unter Druck, verfallen daher in Hektik, was den Druck weiter erhöht ... Die letzte Schnelllösung ist ganz einfach: Nehmen Sie alles nicht zu ernst! Versuchen Sie, das Leben mit mehr Leichtigkeit anzugehen. Vieles, was unser Leben ausmacht, ist eigentlich lächerlich; in größeren Krisensituationen erscheint uns das ganz offensichtlich, aber die meiste Zeit bemerken wir es nicht. Wir sehen nur die verhängnisvollen Folgen möglichen Versagens im Hier und Jetzt und setzen die rosarote Brille auf, wenn es um unsere Zukunftsaussichten geht (so der Harvard-Psychologe Daniel Gilbert).[13] Gefangen zwischen unmittelbarer Furcht und der Hoffnung auf später werden wir bierernst (und ein wenig langweilig).

Warum lächeln Sie stattdessen nicht einfach? Lächeln tut Ihnen gut: Es reduziert das Stressempfinden, senkt den Blutdruck und sorgt für die Ausschüttung von Endorphinen. Wie Ron Gutman, der Gründer und CEO von HealthTap, bei einem TED- (Technology, Entertainment, Design) Vortrag sagte,[14] stimuliert ein einziges Lächeln das Gehirn ebenso stark wie 2.000 Schokoriegel oder der Gewinn von 20.000 US-Dollar. Andere Menschen halten Sie für kompetenter und werden sich eher an Sie erinnern, wenn Sie lächeln. Vielleicht leben Sie dann sogar länger: In meiner Lieblingsstudie wurde untersucht, wie lange die auf alten Baseball-Spielkarten abgebildeten Spieler lebten. Jene, die nicht lächelten, verstarben durchschnittlich mit 72,9 Jahren; solche, die schwach lächelten, mit 75 Jahren; Spieler hingegen, die über das ganze Gesicht strahlten, wurden durchschnittlich 79,9 Jahre alt![15]

Und trotzdem lächelt nur jeder dritte Erwachsene öfter als zwanzig Mal am Tag (zwanzig Mal seltener als Kinder). Egal wie viel Sie zu tun haben, niemand zwingt Sie, alles todernst zu nehmen! Vielleicht werden Sie sich weniger busy fühlen, wenn Sie lächeln. ☺

Teil 1
Das eigene Leben meistern

Die erste Ausprägung des Busy-Seins ist die Erfahrung, überfordert und erschöpft durchs Leben zu rennen, weil man ständig unter Druck steht, Aufgaben jongliert und diese in ein allzu enges Zeitkorsett pressen muss. In diesem Teil widerlegen wir den Irrglauben, dass man den überzogenen Anforderungen am besten mit Selbstorganisation und Zeitmanagement begegnet. Wir müssen lernen zu akzeptieren, dass wir niemals die Kontrolle zurückgewinnen werden; es sind einfach zu viele Anforderungen zu bewältigen. Stattdessen sollten wir uns bemühen, unser Leben zu meistern, indem wir unser Kontrollbedürfnis bekämpfen, einige schwierige Auswahlentscheidungen treffen, Aufmerksamkeitsmanagement betreiben und das eigene Leben zurückverhandeln.

Kapitel 1
Vergessen Sie Ihr Zeitmanagement!

(... und gehen Sie lieber surfen)

Sie beruhigt die Braut, weist dem Vater seinen Platz zu und gibt dem Pfarrer letzte Anweisungen. Sie rückt die Dekorationen und das Kleid einer Brautjungfer zurecht. Sie steckt sich das Mikrofon an und dirigiert mühelos ihr Team, die Kellner und die Videoaufnahme. Wenn alles bereit ist, gibt sie das Signal, die Musik setzt ein und die Trauungszeremonie beginnt in einer Kirche, die sie in ein Meer aus Blumen und märchenhaftem Weiß verwandelt hat. Eine perfekte Hochzeit ist gewiss, denn Regie führt Mary Fiore, die Hochzeitsplanerin.

Es gibt viel zu bewundern an Mary Fiore, die in dem von Columbia Pictures produzierten Film *Verliebt, verlobt, verplant* von Jennifer Lopez gespielt wird. Ihr Organisationstalent ist phänomenal: Nichts wird übersehen, sie hat alles im Griff und unter Kontrolle. Jedes Paar auf der Suche nach einem Hochzeitsplaner würde sich zweifellos jemanden mit ihren Fähigkeiten wünschen. (Natürlich vorausgesetzt, dass die Hochzeitsplanerin sich nicht in den Bräutigam verliebt, wie es in dem Film geschieht!) Allerdings sind Charaktere wie Mary oder meinetwegen auch Danny Ocean aus *Ocean's Eleven* gefährliche Rollenvorbilder. Bei ihnen sieht alles so natürlich aus; ganz mühelos scheinen sie alles im Griff zu haben. Sie führen uns vor Augen, wie verbesserungsfähig unsere Organisationskünste noch sind. Sie machen sich einen der größten Mythen unserer Zeit zunutze: die Vorstellung, dass man mit besserer Selbstorganisation einen hektischen Alltag bewältigen könne. Sie verführen uns zu dem Glauben, dass ein verbessertes Zeitmanagement genügt, um alles wieder in den Griff zu bekommen. Das ist aber reines Wunschdenken.

Zeitmanagement bringt nichts

Zeitmanagement versagt heutzutage nicht nur, sondern kann sich sogar negativ auf unser Leben auswirken und dazu führen, dass wir noch busyer sind als früher. Das hat dreierlei Gründe.

Es hilft Ihnen nicht, die Kontrolle zurückzugewinnen

Mit Selbstorganisation bekommen Sie nicht alles »in den Griff«, weil einfach zu viel zu tun ist. Punktum. Egal wie gut organisiert Sie sind: Es wird Ihnen nicht gelingen, mit Zeitmanagement die Kontrolle wieder zu erlangen. Bessere Organisation führt nur dazu, dass Sie sich weitere Aufgaben aufhalsen. Da Sie die meisten Dinge, die Sie tun könnten oder gar sollten, dennoch nicht erledigen können, wird sich das Gefühl, alles im Griff zu haben, nicht einstellen. Vielmehr werden Sie noch busyer sein als früher. Tatsächlich ergab eine Basex-Studie, dass 30 Prozent aller Wissensarbeiter so sehr damit beschäftigt waren, ihr Pensum abzuarbeiten, dass ihnen überhaupt keine Zeit zum Nachdenken blieb, während 58 Prozent nur zwischen 15 und 30 Minuten pro Tag dafür aufwenden konnten![1]

Darüber hinaus hilft Zeitmanagement immer weniger, je mehr Informationen, Mitteilungen und Erwartungen auf Sie einprasseln. Anstatt sich in einer Endlosspirale aus gut organisierten Aktivitäten zu verfangen, stets ein unerreichbares Ziel vor Augen, sollten Sie lieber ein für alle Mal akzeptieren, dass Sie niemals mehr alles unter Kontrolle haben werden – und dass dieser Zustand völlig in Ordnung ist.

Es macht Sie nicht glücklicher

Das Streben nach immer höherer Effizienz führt dazu, dass wir die Möglichkeiten unserer technischen Geräte bis zum Anschlag ausreizen. Dadurch können wir mehr in kürzerer Zeit erledigen, mehr

Aufgaben jonglieren und besseres Multitasking betreiben. Dies führt unmittelbar zum vielleicht schädlichsten Element unseres modernen Lebens: geteilter Aufmerksamkeit. Wir können besser nachdenken, wenn wir Zeit haben, bei einer Sache zu verweilen; wir genießen schöne Dinge mehr, wenn wir sie auskosten können; und unsere Beziehungen werden erfüllter, wenn wir Augenblicke der Zweisamkeit ausdehnen. Der Stakkato-Rhythmus eines überladenen, vielbeschäftigen Alltags macht diese Freuden zunichte. Wir haben den Fehler begangen, Zeit als unsere wichtigste Ressource zu definieren. Folglich betreiben wir Zeitmanagement und füllen unseren Terminkalender fast bis zum Gehtnichtmehr. Das Bestreben, unsere Zeit vollzustopfen, kann unsere Lebenszufriedenheit mindern und unser Stressgefühl erhöhen. Selbst der Sex wird schlechter. Es ist einer der Gründe für die Behauptung Martin Seligmans, Rechtsanwälte hätten den unglücklichsten Beruf,[2] da sie Zeit in Minuteneinheiten mäßen und abrechneten.[3] Doch wertvoll ist nicht das Fassungsvermögen unseres Terminkalenders, sondern die Qualität unserer Aufmerksamkeit. Sie entscheidet darüber, ob man ein gedeihliches Leben führt oder einfach nur dahinlebt. Leider vergeuden viel zu viele Menschen ihre Aufmerksamkeit mit fanatischem Multitasking und unablässiger Aktivität. Wir verlieren unsere schönen Momente, indem wir unsere Zeit vollstopfen.

Es macht Sie nicht effektiver

In einer Welt des Zuviel, in der wir unmöglich alles bewältigen können, kommt es darauf an, eine gute Auswahl zu treffen (dazu mehr im nächsten Kapitel). Wir müssen Meister darin werden, schwierige Entscheidungen zu fällen, und das stetige Kreisen um den Faktor Zeit stört da nur. Wer sich allzu stark mit Zeitmanagement beschäftigt, wird unaufmerksamer: Der Blickwinkel verengt sich und man erkennt das große Bild nicht mehr. Man verzettelt sich in den Details und versucht hektisch, möglichst viel zu erledigen, anstatt sich zu fragen, ob es die richtigen Dinge sind. Man stürzt sich auf das Unmittelbare und Naheliegende und ignoriert das, was vielleicht viel wichtiger ist. Ich bin immer wieder bestürzt, wie viele Bücher und Blogs ihre Leser darauf einschwören, auf null E-Mails oder Aufgaben hinzuarbeiten, als wäre eine dieser beiden Leistungen ein lohnendes Ziel. Noch kein Unternehmen hat durch eine leere Inbox seinen Lauf verändert und kein Familienleben wurde dadurch bereichert. Es sollte uns nicht stolz machen, wenn ein Tag so sehr mit unablässiger Aktivität gefüllt ist, dass keine Zeit zum Nachdenken (oder auch für echte Arbeit) mehr bleibt. Wenn wir uns entscheiden, unseren Terminkalender zu füllen, entscheiden wir uns gleichzeitig gegen das Nachdenken – und das kann nicht effektiv sein.

Hinzu kommt die Tatsache, dass wir uns durch besseres Zeitmanagement immer stärker der Zeit bewusst werden. Je effizienter wir unsere Zeit füllen, desto mehr erreichen wir das Gegenteil der ruhigen, gelassenen Kontrolle, die wir uns wünschen; vielmehr fühlen wir uns eingeengt und unter Zeitdruck. Dieser Zeitdruck mindert nicht nur unser Gefühl, das eigene Leben zu beherrschen, sondern auch unsere Leistung. Eine Untersuchung der Psychologen Michael DeDonno und Heath Demaree von der Case Western Reserve University hat zweierlei gezeigt: erstens, dass Zeitdruck einen Leistungsabfall bewirkt, und zweitens, dass dieser Leistungsabfall nicht auf echtem Zeitmangel, sondern auf dem Gefühl, unter Zeitdruck zu stehen, beruht.[4]

Zeit für einen Wandel

Zeitmanagement, Software und moderne Telefone haben uns effizienter gemacht als je zuvor. Wir nehmen mehr Informationen auf, erledigen mehr und kommunizieren mehr, als es vor nur 20 Jahren irgendjemand für möglich erachtet hätte. Aber es funktioniert nicht. Unsere Werkzeuge helfen uns nicht, die Kontrolle zurückzugewinnen, sondern sorgen nur dafür, dass wir ständig busy sind. Sie machen uns nicht glücklich, sondern erhöhen nur den Stressfaktor. Und wir werden dadurch nicht effektiver, sondern nur effizienter und mehr vom Zeitdruck getrieben. Wir sollten daher unser Verhältnis zum Phänomen des Zuviel grundlegend überdenken.

Beherrschen statt kontrollieren

Am 17. August 2000 befand sich Darrick Doerner auf seinem Jet-Ski inmitten einiger der wildesten und gefährlichsten Wellen der Welt: in Teahupo'o, einem Surfspot vor der Küste Tahitis. Diese hydrodynamische Anomalie produziert brutale Wellen von kaum vorstellbarer Kraft – hohl brechende Wasserberge, die auf ein schmales, messerscharfes Korallenriff stürzen. Wenn Sie nun denken, dass Doerner wohl verrückt war, was müssen Sie dann erst von dem Mann halten, den er hinter sich herzog! Laird Hamiltons Füße waren an einem Surfbrett festgeschnallt, und so wurde er eine Welle hinaufgezogen, die zu groß und zu schnell war, als dass sie ohne ein Seil hätte überwunden werden können – eine Welle, wie sie selbst im Olymp der Riesenwellen nur einmal vorkommt. Doerner erkannte, dass die Welle tödlich war, und drehte sich um mit den Worten »Nicht das Seil loslassen!«, nur um festzustellen, dass Hamilton dies bereits getan hatte.[5]

Hamilton raste die Wellenwand entlang, dem tückischen Tunnel oder »Barrel« immer eine Nasenlänge voraus. Die Welle war so mächtig, dass sie ihn aufzusaugen drohte. Er improvisierte nun, indem er seine rückwärtige Hand ins Wasser eintauchte, um seinen Aufstieg zum tödlichen Wellenkamm zu verlangsamen. Als die Welle in sich zusammenstürzte, verschwand Hamilton, scheinbar in der Explosion gefangen, nur um nach einigen quälenden Momenten wieder aufzutauchen, noch immer aufrecht auf dem Brett stehend.

Als die Zeitschrift *Surfer* ein Foto von Hamilton auf dieser Welle abdruckte, lautete die Bildunterschrift nur »Oh mein Gott …«. Hamilton hatte soeben die mächtigste Welle in der Geschichte des Wellenreitens bezwungen. Dies gilt allgemein als Leistung, die den Sport veränderte: Man erkannte, was im Wellenreiten alles möglich ist, und erhob Laird Hamilton auf den Thron des besten Big-Wave-Surfers aller Zeiten.

Was wir von Hamilton lernen können

Wie die Wellen von Teahupo'o gibt uns auch der Informationstsunami das Gefühl, klein und machtlos zu sein. Vor noch gar nicht so langer Zeit war es realistisch, »die Dinge im Griff« zu haben, und das wurde auch von einem erwartet. Diese Zeit ist vorbei. Doch mit einer veränderten inneren Einstellung kann man sein Leben wieder beherrschen. Dabei geht es weniger darum, nach Art des Hochzeitplaners alles lückenlos zu kontrollieren und wie ein Uhrwerk zu ticken. Gefragt ist vielmehr ein Verhalten nach dem Vorbild des großen Wellenreiters, der mit viel Geschick und Freude Poseidon die Stirn bietet und sich einen fantastischen Pfad durch die Wellen sucht. Es geht darum, in aller Ruhe die Wellen zu beobachten, bevor man sich die besten aussucht, um diese dann voller Inbrunst und Konzentration zu reiten. Die Meisterschaft eines Surfers hat mit Kontrolle wenig zu tun. Als Hamilton auf der Welle stand und sich der geballten Kraft des Meeres gegenübersah, hätte er dieses Monster niemals kontrollieren können, aber er ließ sich dennoch nicht von ihm überwältigen.

Diese Episode beleuchtet die drei entscheidenden Aspekte des Versuchs, das eigene Leben zu meistern. Zunächst müssen wir unserem Kontrollbedürfnis und dem relativen Sicherheitsgefühl, das unserem Reagieren auf alles und jeden entspringt, entsagen. Zweitens müssen wir einige schwierige und sogar harte Auswahlentscheidungen treffen. Kein Surfer kann jede Welle mitnehmen, deshalb müssen wir bei der Auswahl der besten Wellen richtig gut werden. Und schließlich haben wir dann eine Meisterschaft erlangt, wenn wir tief in unsere Aufgaben eintauchen, statt in ihnen zu ertrinken, und wenn wir unsere Aufmerksamkeit steuern und bündeln können, anstatt sie zu streuen und zu teilen.

Loslassen

Im Loslassen wird alles getan. Die Welt wird gewonnen
von denen, die gehen lassen. Doch wenn du immer weiter versuchst,
geht die Welt an dir vorbei.

Lao-Tse

Laird Hamiltons Wellenritt begann erst – konnte erst beginnen –, als er losließ. Es war die einfachste aller Bewegungen: Er musste nur die Hand öffnen. Und doch war es alles andere als eine natürliche Handlung, die relative Sicherheit eines motorisierten Zugseils aufzugeben, um sich in den Abgrund zu stürzen; dazu war Wagemut erforderlich. Loslassen in einer Welt des Zuviel ist notwendig und leicht, erfordert aber Mut.

Sie können nichts dafür

Worin unterscheidet sich ein Optimist von einem Pessimisten? Einer der größten Unterschiede liegt in ihren Erklärungsmustern für gute und schlechte Erfahrungen und Ereignisse. So begreift der Optimist beispielsweise schlechte Erfahrungen als verursacht durch äußere Faktoren, etwa Zufall oder andere Menschen. Pessimisten hingegen machen für schlechte Erfahrungen ihr persönliches Versagen verantwortlich (eine interne Erklärung).

Wenn Sie nicht alles erledigen können und die Dinge nicht mehr im Griff haben, überkommt Sie vielleicht das Gefühl, dass Sie selbst daran irgendwie die Schuld trügen. Vielleicht schreiben Sie Ihr Versagen sich selbst zu: Ihrem fehlenden Zeitmanagementtalent, Ihren mangelnden Anstrengungen oder Kompetenzen (eine interne Erklärung). Unsere Organisationen tragen (auf subtile und oft unausgesprochene Weise) dazu bei, uns in diesem Glauben zu bestärken: Ja, es ist unser Fehler, wir sollten effizienter sein und uns besser organisieren.

Ich bin anderer Meinung.

Eine gesündere, optimistischere Variante wäre, die äußerliche Erklärung für unsere Unfähigkeit, die Dinge in den Griff zu bekommen, zu akzeptieren: Die schiere Menge an Informationen, Mitteilungen und Anforderungen übersteigt unsere Aufnahmefähigkeit bei Weitem; es gibt zu viele Aufgaben und wir haben keinen Einfluss darauf. Punktum.

Sie sind nicht verantwortlich für das Zuviel, daher sollten Sie sich auch nicht schuldig fühlen, wenn Sie es nicht schaffen. Sie können nichts dafür.

Nachlässigkeit

Ich arbeite mit einem leitenden Manager zusammen, der ein größeres Unternehmen führt und hoch angesehen ist. Er ist gleichzeitig chaotisch und so unorganisiert, dass man ihn beinahe als schlampig bezeichnen könnte. Interessanterweise wird seine Nachlässigkeit akzeptiert, ja sogar geschätzt. Man betrachtet sie als festen Bestandteil seines Charakters als visionärer und innovativer Unternehmenslenker, der sich für das große Ganze interessiert. Mir ist aufgefallen, dass ich nur selten einmal auf eine Frau treffe, die erfolgreich nachlässig ist. Während dieses Buch sich einem Thema widmet, das beide Geschlechter vor Herausforderungen stellt, scheint mir Nachlässigkeit eine Eigenschaft zu sein, die anzunehmen Frauen besonders schwerfällt.

In ihrer wunderbaren Abhandlung über Verletzlichkeit erzählt Brené Brown davon, wie so viele Menschen versuchen, ihre Verletzlichkeit durch zur Schau gestellte Perfektion zu überspielen.[6] Natürlich gilt das ebenso für Männer wie für Frauen, aber ich sehe oft, dass Frauen an sich selbst einen höheren Perfektionsmaßstab anlegen als Männer, vielleicht aufgrund der immer noch bestehenden Vorurteile gegenüber Frauen, insbesondere Müttern. Ich erlebe, wie brillante berufstätige Frauen sich vor lauter überzogenen Erwartungen völlig verkrampfen. Neulich traf ich eine leitende Führungskraft, die mir von ihrem Bedürfnis erzählte, stets die am besten vorbereitete Person im Raum zu sein. Das ist eine furchtbare Bürde. Debora Spar beschreibt in ihrem großartigen Buch *Wonder Women* den starken Perfektionsdruck, den Frauen in allen Bereichen ihres Lebens verspüren: Sie sollen perfekte Karrieren haben, perfekte Leben, perfekte Kinder und perfekte Körper.[7] Da Perfektion unerreichbar ist, muss dabei irgendetwas auf der Strecke bleiben.

Frauen und Männer, die sich verletzlich fühlen, vergeuden zu viel Zeit und Energie damit, den Schein der Perfektion zu wahren. Das ist alles andere als hilfreich. Wer sein Leben meistern will, muss die Tatsache akzeptieren, dass sich manchmal ein wenig Nachlässigkeit einschleicht. Ihnen werden ein paar Bälle aus der Hand rutschen, Sie werden ein paar Dinge vergessen und ein paar Menschen enttäuschen. Sie werden unvollkommen sein und das ist völlig in Ordnung. Die Aufrechterhaltung einer perfekten Fassade hat kostspielige Folgen, die Sie, Ihre Familie und Ihre Karriere zu sehr belasten.

Mit Nachlässigkeit spielen

Selbstwertgefühl und Selbstvertrauen erwachsen nicht aus Perfektion, sondern aus der Akzeptanz unserer Unvollkommenheit. Aus der Erkenntnis, dass wir fehlerhaft sind, aber trotz all unserer Mängel doch genügen. Dass wir mit unseren Fehlern leben können, da wir fähige, wertvolle Menschen sind. Trotz aller Hautunreinheiten.

Wer sich das Loslassen wieder antrainieren möchte, kann es ruhig mit einem spielerischen Experiment in Sachen Nachlässigkeit und Unvollkommenheit versuchen. Wer weiß, vielleicht fällt einem der Himmel ja doch nicht auf den Kopf? Wie wäre es mit dem Spiel, sich nicht auf null Mails herunterzuarbeiten? Oder mal auszuprobieren, wie viele ungelesene E-Mails man am Ende eines Tages ertragen oder wie viele Meetings man in jeder Woche auslassen kann? Versuchen Sie auch mal, Ihre To-do-Liste wegzuwerfen, in dem Wissen, dass Sie sich die wichtigen Dinge ohnehin merken werden. Trennen Sie sich von einigen »unverzichtbaren Werkzeugen«, die Ihnen helfen, alle

Mails abzuarbeiten: Lassen Sie Ihr Smartphone mal eine Woche lang zu Hause und Ihren Laptop im Büro liegen. Ich behaupte nicht unbedingt, dass Sie mit diesen Strategien langfristig am besten fahren, aber wenn Sie perfektionssüchtig sind, könnte ein wenig spielerische Entgiftung hilfreich sein.

So wie Sie sind, genügen Sie vollkommen.

Die Dominanz von Inputs überwinden

Die meisten Menschen konzentrieren sich auf die falschen Dinge. Das ist einer der wichtigsten Gründe dafür, dass ihr Zeitmanagement krankt. Ich unterscheide zwischen »Inputs« und »Outputs«. Mit dem Begriff »Inputs« bezeichne ich alles, was in Form von Aufgaben, Informationen und Erwartungen an einen Menschen herangetragen wird. Dazu gehören E-Mails, Einladungen zu Besprechungen und Aufträge. »Outputs« hingegen sind jene Dinge, die man tatsächlich erledigt. Viele Menschen stellen fest, dass unsere Inputs die treibende Kraft hinter unseren Outputs sind. Überlegen Sie einmal, wie stark Ihre täglichen Aktivitäten von Ihren Inputs beeinflusst werden: Sie beantworten E-Mails, weil diese Ihnen geschickt wurden; Sie nehmen an Meetings teil, weil Sie dazu eingeladen wurden; und Sie beteiligen sich an einem Projekt, weil Sie darum gebeten wurden. Immer wieder nehmen meine Kunden eine äußerliche Sichtweise ein, wenn sie die Gründe für ihr Handeln (oder ihr Busy-Sein) beschreiben. Mit ihren Outputs versuchen sie in erster Linie, ihre Inputs in den Griff zu bekommen. Aus drei Gründen ist dies der falsche Ansatz:

1. Wir haben keinerlei Kontrolle über die Anforderungen, die uns erreichen, warum also sollten wir uns von ihnen in Geiselhaft nehmen lassen?
2. Die Anzahl an Inputs wird weiter zunehmen; Ihr Vermögen, alles abzuarbeiten, jedoch nicht. Wie im Beispiel des Wellenreiters soll-

ten wir uns nicht um die schiere Zahl der Wellen sorgen, sondern lieber überlegen, welche davon wir bezwingen wollen.
3. Ihre Inputs hängen weitgehend vom Zufall ab. Wenn Sie keine Prioritäten setzen, haben diese wenig mit dem zu tun, was Sie zu erreichen hoffen, und können Sie daher bei der Entscheidung über die Schwerpunkte Ihrer Aufmerksamkeit kaum unterstützen.

Wer sein Leben meistern will, muss sich auf die Wahl seiner Aktivitäten – der Outputs – konzentrieren, nicht auf die Inputs. Wie oft haben Sie morgens Ihr Büro betreten, voller Ideen und guter Vorsätze, sich um Dinge zu kümmern, die wirklich etwas bewegen? Wie oft hat sich dann Ihre Aufmerksamkeit nur durch das Öffnen Ihres E-Mail-Kontos zerfasert, haben sich Ihre guten Vorsätze verflüchtigt? Der Inhalt Ihrer Inbox bestimmt die Tagesordnung, nicht weil diese Themen Ihrer besonderen Aufmerksamkeit bedürften, sondern weil sie in Ihrer Inbox stehen.

Natürlich sollten wir nicht alle Anforderungen, die von außen an uns herangetragen werden, ignorieren; ich schlage nur vor, die Gewichte neu auszutarieren. Der Ausgangspunkt, der Ihre Aktivitäten bestimmt, sollte intern sein: »Was möchte ich erreichen?«

Wie oben erwähnt, trifft uns keine Schuld, wenn wir nicht alles schaffen können. Lassen wir uns unseren Output jedoch von außen diktieren, ist ein Vorwurf sehr wohl berechtigt. Wir sollten uns tatsächlich schuldig fühlen, wenn wir am Ende des Tages feststellen, dass wir uns den wichtigen Dingen nicht zugewandt haben. Wir sollten Verantwortung dafür übernehmen, uns beständig auf das zu konzentrieren, was wir erreichen möchten – unsere Outputs. Was die Inputs anbelangt, jene endlose Kette von Anforderungen und Nachrichten, mit denen die Außenwelt uns erschlägt, so sollten wir auf diese zu einem Zeitpunkt unserer Wahl reagieren. Wer sein Leben meistern will, legt selbst die Tagesordnung fest und lässt sich diese nicht von anderen diktieren.

So tun, »als ob«

Die meisten Menschen glauben, dass wir unser Verhalten am ehesten ändern, wenn wir neue Dinge lernen, die unsere Überzeugungen und Absichten infrage stellen. Doch in vielen Fällen ist das Gegenteil richtig: Seine Überzeugungen ändert man am leichtesten, indem man ein neues Verhalten an den Tag legt. Was können Sie tun, wenn Sie erkennbar dazu neigen, einen allzu großen Teil Ihrer Aktivitäten, Zeit und Aufmerksamkeit von Inputs statt von Outputs bestimmen zu lassen? Ganz gleich wie überzeugend ich oben argumentiert habe, ist es mir doch vermutlich nicht gelungen, Ihnen Ihre fest verwurzelten Überzeugungen und Ängste, die sich im Laufe eines Lebens gebildet haben und immer wieder bestärkt wurden, zu nehmen.

Hier hilft ein Konzept aus der Sozialpsychologie, das als *kognitive Dissonanz* bekannt ist. Es beschreibt unser Bedürfnis nach Übereinstimmung zwischen unseren Überzeugungen und unseren Handlungen. Wenn wir laufend entgegen unseren Überzeugungen handeln, sorgt kognitive Dissonanz dafür, dass sich unsere Überzeugungen den Handlungen angleichen. Dies wiederum stellt sicher, dass unsere Handlungen langfristig nachhaltig sind. Stellen wir uns beispielsweise vor, Sie müssten sich zwischen zwei Pick-ups entscheiden, einem Ford Ranger und einem Chevrolet Silverado. Sie wägen sorgfältig die Vorzüge und Nachteile beider Fahrzeuge gegeneinander ab, müssen aber abschließend feststellen, dass beide gleich gut zu Ihren Bedürfnissen passen. Trotz fehlender Präferenz treffen Sie eine Kaufentscheidung. In den nächsten Monaten klettern Sie täglich in Ihren Silverado. Dieses Verhalten vermittelt Ihrem Gehirn, dass Sie eine starke Präferenz für den Chevrolet haben, und so reagiert Ihr Gehirn: Schon nach kurzer Zeit können Sie kaum noch verstehen, dass Sie sich jemals für den Ford interessiert haben!

Diesem Gedankengang folgend könnte der geeignete Ansatzpunkt zu einer nachhaltigen Korrektur unseres Verhaltens vielleicht darin bestehen, nicht unsere Überzeugungen zu ändern, sondern unser Verhalten! Es gibt sicher schlechtere Möglichkeiten, als einfach so zu handeln, »als ob« wir schon jetzt im Besitz der gewünschten Überzeugungen wären. Wie könnten Sie handeln, wenn Sie so täten, »als ob« Ihre täglichen Aktivitäten nicht von Inputs gesteuert wären? Was würden Sie anders machen, wenn Sie akzeptierten, dass Sie nicht alles schaffen können und dass dieses Bestreben Ihrer Karriere und Ihrem persönlichen Glück schadet?

Wenn ich meinen Kunden diese Fragen stelle, erhalte ich oft (naheliegende) Antworten wie die folgenden:

- Ich würde nur zweimal täglich mein E-Mail-Konto überprüfen.
- Ich würde einmal die Woche von zu Hause aus arbeiten, um möglichst wenig abgelenkt zu sein.
- Ich würde an weniger Meetings teilnehmen.

Was würden Sie antworten?

Sie müssen gar nicht besonders originell sein; wichtig ist, dass Ihre Vorschläge leicht umsetzbar sind und Sie es auch tatsächlich *tun* – immer wieder. Die Bedeutung dieses Handelns mag Ihnen nicht unmittelbar einleuchten, aber indem Sie sich dazu verpflichten, beeinflussen Sie Ihr System der Prioritätensetzung dahingehend, dass es sich ganz allmählich von der Inputdominanz verabschiedet.

Lernen, sein Leben zu meistern

Im Jahr 1967 wurden in einem Labor der University of Pennsylvania einige bedauernswerte Hunde mithilfe elektrischer Schocks abgerichtet. Martin Seligman, heute Psychologieprofessor und Begründer des Forschungszweigs der positiven Psychologie, bemerkte damals etwas Überraschendes. Normalerweise würde man erwarten, dass jeder vernünftige Hund versucht, den durch einen elektrischen Viehtreiber ausgelösten Schmerz zu vermeiden. Doch nach wiederholten Schocks gaben die Hunde augenscheinlich den Versuch auf, dem Schmerz zu entkommen, auch wenn ihnen dies möglich gewesen wäre: Sie legten sich einfach hin und winselten. Warum nur?

Diese Beobachtung brachte Seligman dazu, das Konzept der *erlernten Hilfslosigkeit* zu entwickeln.[8] Manchmal scheinen Menschen – ebenso wie Tiere – jeden Versuch aufzugeben, ihre Lage zu ändern. Sie richten sich in ihrer Opferrolle ein und nehmen es hin, nichts dagegen unternehmen zu können. Diese Haltung erkenne ich heute in vielen meiner Kunden. Sie wissen, dass sie zu busy sind, dass ihre Terminkalender bersten, ihre Inbox überläuft und ihre To-do-Liste täglich länger wird. Sie haben das Gefühl, nichts dagegen ausrichten zu können, außer ihre Anstrengungen zu verdoppeln und sich besser zu organisieren. Wenn ich sie frage, warum sie denn so busy seien, machen sie ihr Unternehmen, die Anforderungen moderner Elternschaft oder sogar ihr Smartphone dafür verantwortlich. Nur selten suchen sie die Schuld bei sich selbst und erkennen daher auch nicht die Möglichkeit, einen Wandel herbeizuführen.

Den Reiz-Reaktions-Zyklus unterbrechen

Wir reagieren auf Umwelteinflüsse schnell und emotional. Tut jemand etwas Ärgerliches, wird man zornig; ist die To-do-Liste abends länger als morgens, fühlt man sich überfordert; hastet man von Meeting zu Meeting, ohne dass der Berg an E-Mails kleiner wird, erlebt man Hilflosigkeit. Emotionen sind etwas Normales, aber Hilflosigkeit ist kein sehr nützliches Gefühl. Hilflose Menschen zucken mit den Achseln, erzählen jedem, wie busy sie sind (»Ich Ärmster!«), und rackern sich märtyrerhaft weiter ab, ohne je etwas daran zu ändern.

Es gibt eine Alternative: Auf unser Gefühl kommt es an. So hat beispielsweise die Neurowissenschaftlerin Amy Arnsten gezeigt, dass bei gefühltem Kontrollverlust unser limbisches System anspringt und das klare Denken behindert. Genauer gesagt wird unser präfrontaler Kortex – der für das Denken und die Prioritätensetzung wichtigste Teil des Gehirns – beeinträchtigt.[9] Wenn wir jedoch das Gefühl haben, die Situation zu beherrschen, unabhängig von den jeweiligen Anforderungen, funktioniert der präfrontale Kortex nach Arnstens Erkenntnissen weiterhin normal.

Unsere Reaktion auf eine gegebene Situation muss keinem Automatismus folgen; wir können unsere Gefühle beeinflussen. Präziser formuliert: Wir können uns rational für eine alternative Reaktion entscheiden, die der unmittelbaren emotionalen Reaktion zuwiderläuft. Das mag theoretisch oder akademisch klingen, aber es funktioniert selbst in den extremsten Situationen.

Man kann einem Menschen alles nehmen, nur nicht die letzte menschliche Freiheit, sich zu den gegebenen Verhältnissen so oder so einzustellen, seinen eigenen Umgang damit zu finden.[10]

Viktor E. Frankl

Dies sind nicht die Worte irgendeines modernen, verhätschelten so genannten Gurus. Sie stammen aus dem Munde von Viktor E. Frankl, Psychiater und Überlebender eines der brutalsten Verbrechen der Menschheitsgeschichte: des Holocaust. Frankl machte diese Bemerkung, als er über seine Erfahrungen als Gefangener in Auschwitz und Dachau (sowie anderen Lagern) reflektierte. In den Todeslagern war er Zeuge unvorstellbarer Grausamkeiten geworden. Er hatte auch festgestellt, dass verschiedene Menschen unterschiedlich auf ihre Situation reagierten. Manche gaben alle Hoffnung auf und »rannten in den Zaun« (wie man im Lager den Selbstmord durch Anrennen gegen den elektrischen Stacheldrahtzaun nannte). Andere wurden aggressiv und benahmen sich wie Tiere. Frankl berichtet, dass viele der brutalsten Lagerinsassen zu den Kapos gehörten, jenen Gefangenen, die den Wärtern bei der Aufrechterhaltung der Lagerordnung halfen. Doch viele Gefangene hätten sich für einen anderen Weg entschieden: Sie schienen sich auf sich selbst zurückzuziehen und ihr Innenleben aufzuwerten. Er erzählt davon, wie sein Freund auf einem Marsch zu einem Tag voller harter körperlicher Arbeit – durchgefroren bis auf die Knochen, mit geschwollenen Füßen, die aus den Stiefeln zu platzen drohten, und halb verhungert – über seine Frau zu sprechen begann. Den ganzen Tag lang hielt er aktiv das Bild seiner Frau im Kopf präsent. Er stellte sich vor, mit ihr zu reden und ihr Lachen zu hören. So entkam er dem Grauen des Augenblicks und versank in vergangenen Freuden und der Hoffnung auf eine bessere Zukunft. Frankl erzählt, wie die Gefangenen inmitten des Schreckens aus ihren Hütten stürmten, nur um einen wunderbaren Sonnenuntergang zu betrachten. Sie starrten voller Bewunderung in den Himmel und saugten die Schönheit in sich auf. Selbst in einer Situation, wo der Tod so wahrscheinlich, das Leben entsetzlich und die Zukunft scheinbar hoffnungslos war, bewahrten sich die Gefangenen einen Bereich ihres Lebens, den nur sie selbst beherrschten: ihre Gedanken und Gefühle. Er schloss daraus, dass wir selbst unter widrigen Umständen niemals die Fähigkeit und die Freiheit einbüßen, selbst über unsere Reaktion zu entscheiden.

Bestimmen Sie Ihre Reaktion selbst

Ihre Gefühle sind einem ständigen Wechselbad unterworfen, sogar wenn Sie extrem busy sind. Vielleicht haben Sie den Eindruck, stets überfordert oder machtlos zu sein, aber in Wirklichkeit sind diese Gefühle manchmal sehr ausgeprägt, während sie zu einem anderen Zeitpunkt in den Hintergrund treten. Wer sein Leben meistern will, muss nach den Auslösern für diese Gefühlsspitzen suchen. Schon das Erkennen extremer Gefühle ermöglicht es uns, Abstand davon zu gewinnen, sodass wir das automatische Reiz-Reaktions-Schema zu überwinden beginnen. Nun können wir uns für eine alternative Reaktion entscheiden – ein erstes Element, um den Prozess zu meistern.

Ich möchte Ihnen von Simon erzählen, einem Freund, der auf seinem Arbeitsweg mit überfüllten Straßen kämpfte und täglich im Stau stand. Jedes Mal, wenn die Fahrzeugkarawane zum Stillstand kam, fühlte er, wie die Anspannung in seinem Körper zunahm und sein Blut kochte. Er empfand diese Momente nicht nur als irritierend, sondern als sinnbildlich für ein Leben, das seine Erwartungen enttäuschte. Sie waren der Inbegriff seines Verzweiflungsgefühls.

Natürlich konnte er nichts gegen den Stau unternehmen, wollte auch nicht seinen Arbeitsplatz wechseln und hatte sich zudem aus familiären Gründen gegen einen Umzug entschieden. Folglich blieb ihm nur eine einzige Möglichkeit: Er musste seine Reaktion auf das Unvermeidliche ändern. Nach einigen Gesprächen und Experimenten verfiel Simon schließlich auf eine für ihn praktikable Lösung: Er würde seine Zeit im Stau als Chance begreifen, sich um zwei der Dinge zu kümmern, die er sich schon lange vorgenommen hatte: Spanisch zu lernen und Mundharmonika zu spielen. Morgens hörte er sich nun Spanischlektionen an und die zusätzliche, im Stau verbrachte Zeit erlaubte es ihm, seine Konjugationskünste zu verbessern. Auf seinem Rückweg am Nachmittag holte er bei jedem Halt seine Mundharmonika hervor und spielte einen Blues (wie passend!). Das mag trivial klingen, doch er hatte einen neuen Weg gefunden, auf eine unvermeidliche Situation zu reagieren, und dadurch das Gefühl erlangt, sie zu beherrschen (und seine Fähigkeiten zu erweitern).

Kehren Sie Ihre Motivation um

Ist Ihnen jemals aufgefallen, dass Sie auf ein und dieselbe Situation je nach Gelegenheit völlig unterschiedlich reagieren können? Die Einladung zum Abendessen bei einem Freund kann heute ein Grund zur Freude sein und morgen eine Quelle des Grauens; ein Abgabetermin kann Energien freisetzen oder Angst auslösen.

Die sogenannte Reversal-Theorie des britischen Psychologen Michael J. Apter, auch Umkehr- oder Revisionstheorie genannt, erklärt diese unterschiedlichen Reaktionen auf identische Szenarien mit entgegengesetzten Motivationszuständen, die unsere Resonanz auf Situationen und Erfahrungen antreiben.[11] Wir pendeln zwischen verschiedenen Zuständen hin und her, wobei sich unsere Motivation verändert oder ins Gegenteil verkehrt und somit auch unsere Reaktion auf Ereignisse. Das Interessante an der Reversal-Theorie ist die Erkenntnis, wie leicht man einen Motivationszustand ändern kann, sobald man sich dieser Abläufe bewusst ist.

Für unsere Zwecke sind zwei Motivationszustände relevant: »ernst« und »spielerisch«. Sind unsere Motive ernst, dann konzentrieren wir uns auf die Zielerreichung und auf längerfristige Zielsetzungen. Läuft alles wie am Schnürchen, dann sind wir bei diesem Motivationszustand ruhig und entspannt. Wenn nicht, fühlen wir uns angespannt oder gar ängstlich. Im spielerischen Zustand hingegen suchen wir nach unmittelbarem Spaß und Erregung, und je nachdem, ob unserer Motivation begegnet oder ob sie frustriert wird, sind wir begeistert und voller Energie oder aber gelangweilt.

Das Gefühl, busy zu sein, kommt von einer übermäßigen Konzentration auf Langfristiges. Wir fühlen uns busy, wenn wir alles zu ernst nehmen. Wie uns die Reversal-Theorie lehrt, gibt es in jeder ernsten Situation auch alternative Reaktionsmöglichkeiten: Sobald wir erkennen, dass wir uns in einem ernsten Motivationszustand befinden, können wir diese Motivation ändern und das Absurde in der Situation entdecken, die Leichtigkeit des Augenblicks; wir können danach streben, Spaß zu haben.

Vor einigen Jahren wurde ich gebeten, eine größere Veranstaltung für Microsoft in Seattle zu organisieren. Mit einem Teilnehmerkreis von 120 leitenden Führungskräften war es vermutlich die größte Veranstaltung, an der ich bis dahin jemals mitgewirkt hatte. Ich war außerdem verantwortlich für ein 20-köpfiges Team von erfahrenen externen Moderatoren. Im Vorfeld der Konferenz hatte ich Monate in die Vorbereitung investiert und die Veranstaltung immer wieder neu konzipiert. Ich nahm alles sehr, sehr ernst. Etwa zur Halbzeit der Konferenz zog mich eine kluge Kollegin und Freundin, Bobbi Riemenschneider, beiseite, um mir ihr Feedback zu geben. Sie ließ mich wissen, dass ich während der gesamten Veranstaltung kein einziges Mal gelacht hätte; ich nähme alles viel zu ernst und solle mal ein wenig mehr »spielen«. Mir war entgangen, dass gerade mein fester Wille, alles richtig zu machen, mein Arbeitsethos und meine Ernsthaftigkeit dazu geführt hatten, dass ich weniger präsent, weniger amüsant und weniger flexibel war. Die Ernsthaftigkeit machte mich zu einem weniger effektiven Moderator.

Mit der Zeit ist mir meine Neigung, alles zu ernst zu nehmen, bewusst geworden. Ich habe auch erkannt, dass ich am meisten bewege, am kreativsten bin und am besten auf Menschen eingehen kann, wenn ich in einer spielerischen Stimmung bin. Die Fähigkeit, in einen spielerischen Motivationszustand zu wechseln, ist mir zu einem unverzichtbaren Hilfsmittel geworden, das es mir ermöglicht, besser nachzudenken und mehr zu leisten. Es erhöht außerdem den Spaßfaktor. Ich frage mich heute oft, wie ich meine aktuelle Tätigkeit auf spielerischere, schelmischere Art ausüben könnte. Als Moderator finde ich es interessant, dass die Ideen, die ich während eines spielerischen Motivationszustands entwickele, fast immer riskanter sind, allerdings auch überzeugender und innovativer.

Es ist gar nicht schwer, seinen Motivationszustand zu verändern. Drei Dinge helfen mir dabei: Musik, Bewegung und das Wort »spielerisch«. Eine kräftige Dosis Musik ist das beste Mittel, um in einen stärker auf den Augenblick gerichteten, weniger ernsten Zustand zu gelangen. Um mich in Bewegung zu versetzen, habe ich ein riesiges Whiteboard in meinem Büro aufgehängt. Wie ich festgestellt habe, gelingt mir der Ausbruch aus meiner ernsten Stimmung, wenn ich zu meinem Whiteboard hineile und meinen Ideen dort mit vielfarbigen Stiften und Bildern Raum gebe. Und schließlich löst schon der Gedanke an das Wort »spielerisch« einen Bewusstseinswandel in mir aus, da es mich an Bobbis Feedback erinnert.

Wir können alle unser Leben besser meistern, wenn wir Ernsthaftigkeit erkennen und sie – wo immer angemessen – in einen auf den Augenblick gerichteten, spielerischen Zustand umwandeln.

Das Wichtigste auf einen Blick

Stellen Sie sich vor, Sie wären ein geschickter *Wellenreiter* auf einem grandiosen Ritt durch die Wand des Zuviel. Ihre Aufgabe ist es nicht, die an Sie gerichteten Anforderungen zu kontrollieren, sondern Ihr Leben zu meistern.

Zeitmanagement bringt nichts

- Zeitmanagement wird Ihnen nicht dabei helfen, die *Kontrolle zurückzugewinnen*. Da es stets zu viele Aufgaben gibt, sind Sie am Ende nur *noch busyer* als vorher.
- Zeitmanagement *macht Sie nicht glücklicher; es zerfasert Ihre Aufmerksamkeit* und verhindert, dass Sie den Augenblick genießen.
- Zeitmanagement macht Sie nicht effektiver. Es erschwert das Setzen von Prioritäten; es *macht Sie effizienter, aber weniger effektiv.*

Beherrschen statt kontrollieren

- *Es ist nicht Ihre Schuld*, dass Sie nicht alles schaffen können – es gibt einfach zu viel zu tun.
- *Werden Sie nachlässig.* Perfektion ist eine Fassade, die Verletzlichkeit verbergen soll und sich nur sehr schwer aufrechterhalten lässt. Sie ist allzu kostspielig.
- Sie haben *keinen Einfluss auf die Inputs; für wahre Meisterschaft sind die Outputs entscheidend.* Lassen Sie Inputs an sich vorbeirauschen und konzentrieren Sie sich auf die Outputs, die Sie erzielen möchten.

Lernen, sein Leben zu meistern

- Busy zu sein kann eine Form von *erlernter Hilflosigkeit* sein; diese aber ist kein Naturgesetz.
- *Sie können sich dafür entscheiden, Situationen besser zu beherrschen* – unter fast allen Bedingungen können Sie Ihre Reaktion und Ihr Gefühl selbst bestimmen.
- *Verwandeln Sie Ernsthaftigkeit in spielerische Leichtigkeit* – wer busy ist, nimmt alles zu ernst. Verändern Sie Ihren Motivationszustand, um mehr Spaß am Leben zu haben, kreativer zu sein und besser auf Menschen eingehen zu können.

Machen Sie dies sofort

Tun Sie so, »als ob«

Nehmen Sie sich die Zeit, eine Sache zu identifizieren, die Sie anders machen würden, wenn Sie davon überzeugt wären, dass Ihre Outputs wichtiger sind als Ihre Inputs. Das könnte beispielsweise sein, Ihr E-Mail-Programm für einen Großteil des Tages geschlossen zu lassen. Handeln Sie dann entsprechend – täglich.

Bestimmen Sie Ihre Reaktion selbst

Ermitteln Sie einen Ihrer Trigger: Zu welcher Tageszeit oder aufgrund welcher Aktivität fühlen Sie sich am meisten überfordert? Überlegen Sie, wie Sie derzeit darauf reagieren, und entwerfen Sie eine bessere Reaktionsweise, die Ihnen das Gefühl gibt, die Situation zu beherrschen.

Probieren Sie das mal aus

Werden Sie nachlässig

Spielen Sie mit Unvollkommenheit. Leeren Sie nicht Ihre Inbox, räumen Sie Ihren Schreibtisch nicht auf, zerreißen Sie Ihre To-do-Liste und lassen Sie Ihr Handy und Ihren Laptop im Büro liegen. Nur zu, trauen Sie sich! Sie werden ja sehen, ob Ihnen der Himmel auf den Kopf fällt.

Kehren Sie Ihre Stimmung um

Finden Sie heraus, was bei Ihnen einen Stimmungsumschwung bewirkt, sodass Sie von einem ernsthaften zu einem spielerischen Zustand gelangen. Es könnte Musik sein, ein Umgebungswechsel oder bestimmte Wörter. Experimentieren Sie damit und werden Sie ein immer besserer Verwandlungskünstler.

Kapitel 2
Treffen Sie Entscheidungen

(Kampffische und tödlicher Konsum)

Siamesische Kampffische stammen ursprünglich von den Reisfeldern Malaysias und Thailands. Im frühen 19. Jahrhundert besaß der König von Siam, der ihre Aggressivität schätzte, eine Sammlung dieser Fische und verwettete große Summen auf die Kampfhandlungen der Männchen. Ihre prächtigen Farben und großen, fließenden Flossen machen sie heute bei Aquarienbesitzern beliebt. Mich selbst fasziniert der Appetit dieser Fische. Ihre Besitzer müssen das Angebot an Fischfutter begrenzen, denn tut man dies nicht, fressen sie sich wortwörtlich zu Tode. Anders als die meisten lebenden Arten konsumieren sie gedankenlos alles, was man ihnen vorsetzt, anscheinend ohne zu erkennen, wann es genug ist.

Ich erkenne hier eine Parallele zum Busy-Sein. Die gesamte Menschheitsgeschichte ist von Knappheit gekennzeichnet. Unser Zugang zu Ressourcen und Möglichkeiten war stets durch die Umweltbedingungen begrenzt. Diese Grenzen schränkten unser Leben ein, aber sie schützten uns auch. In unserer heutigen Welt des Zuviel gelten diese Beschränkungen nicht mehr. Wir sind nahezu grenzenlosem Wissen sowie ständigen Botschaften und Reizen ausgesetzt. Diese Datenexplosion hat unsere Möglichkeiten erweitert, aber auch die auf uns lastenden Erwartungen und Aufgaben vermehrt.

Wer die Geschwindigkeit begreifen will, mit der sich Informationsknappheit in -überfluss verwandelt hat, sollte evolutionäre Kriterien heranziehen. Vor rund 2,3 Millionen Jahren trat in Afrika der erste Vertreter der Gattung *Homo sapiens* – unser Urahn – auf den Plan. Informationsüberfluss gibt es erst seit etwa 20 Jahren. Wenn wir die Gesamtheit unser Evolution als Kalenderjahr betrachten, trat der Überfluss erst vier Sekunden vor Mitternacht am Silvesterabend ein! Unsere Spezies hat sich dieser neuen Welt des grenzenlosen Überflusses noch nicht angepasst. Wir reagieren immer noch so, als lebten wir in einer Welt des Mangels: Wir konsumieren, was wir nur können. Die Siamesischen Kampffische schnappen sich jeden Krümel, dessen sie habhaft werden können, ohne sich über die Auswirkungen dieses Konsums auf ihren Körper Gedanken zu machen. Auch wir nähern uns rasch der tödlichen Konsummenge. Sobald wir eine E-Mail oder einen Text sehen, konsumieren wir ihn. Wir scheinen nicht zu erkennen, wann es genug ist.

Haben Sie jemals die bewusste Entscheidung getroffen, busy zu sein, also von Aufgabe zu Aufgabe zu rasen? Ist dies das Leben, das Sie sich erhofft und auf das Sie hingearbeitet haben? Ohne harte Auswahlentscheidungen zu treffen, fühlen wir uns hilflos und überfordert. Vielleicht fühlen wir uns auch als heroische Opfer, die stoisch einem Universum von Anforderungen ins Gesicht blicken. Doch aus psychologischer Sicht lässt sich das Busy-Sein auch als Entscheidung für den leichten Weg interpretieren. Es gibt definitiv ein Übermaß an Aufgaben, aber Sie sind nicht deshalb busy. Sie sind busy, weil Sie nicht die richtigen Auswahlentscheidungen getroffen haben.

In einer Welt voller Wahlmöglichkeiten und Anforderungen ist die Fähigkeit, schwierige Auswahlentscheidungen zu treffen, eine Kompetenz, an der wir arbeiten müssen wie nie zuvor. Ohne diese Entscheidungen ist Ihre Farbpalette in kürzester Zeit überladen. Da diese Farbpalette nicht unendlich groß ist, besteht die Gefahr, dass die Farben allmählich ineinanderfließen. Wie wir wissen, entsteht aus einer Mischung vieler Farben kein Regenbogen, sondern ein grauer Farbton. Für ein blühendes Leben und eine ebensolche Karriere bedarf es weniger Farben, nicht mehr.

Wir müssen erkennen, dass jede Wahl Konsequenzen hat. Jede Wahl bedeutet, eine Alternative abzuwählen. Wenn wir also versuchen, alles gleichzeitig zu tun, wählen wir andere Dinge ab. Entscheiden wir uns, busy zu sein, dann wählen wir Nachdenken, Kreativität und ungeteilte Aufmerksamkeit ab. Genauso wie interessante und wirkungsvolle berufliche Karrieren – oder auch gemeinsame Zeit mit Menschen, die uns etwas bedeuten, Beziehungen und die Freuden echter Hingabe. Stattdessen sollten wir uns bewusst dafür entscheiden, Dinge nicht zu tun, das heißt, Wahlmöglichkeiten in unserem Leben und am Arbeitsplatz auszuschließen, damit wir uns stärker auf wenige Dinge konzentrieren können. Statt mehr zu wählen, sollten wir weniger wählen und statt grau lieber bunt.

Dieses Kapitel möchte Ihre Entscheidungen hinsichtlich Ihres Berufslebens und Ihres allgemeinen Lebensstils mit einem großen Fragezeichen versehen. Ich will Ihnen zeigen, wie man besser sein kann als der Siamesische Kampffisch; wie man vermeidet, sich gedankenlos für immer mehr Beschäftigung zu entscheiden; wie man der Versuchung widersteht, die leichte Entscheidung für die graue Welt des Busy-Seins zu treffen; und wie man erkennt, wann es reicht.

Der Gedankenlosigkeit widerstehen

Ist Ihnen schon einmal aufgefallen, dass Sie vor dem Fernseher oder beim Kartenspiel so lange zur Schale mit den Salzstangen oder Chips greifen, bis alle weg sind? Zu keinem Zeitpunkt denken Sie: »Moment, habe ich jetzt schon genug gegessen?« Wir konsumieren einfach gedankenlos. Brian Wansink, Professor für Marketing und angewandte Wirtschaftswissenschaften an der Cornell University, wollte herausfinden, ob das auch für weniger ansprechende Nahrungsmittel gilt.[1] Also gab er Kinobesuchern Becher mit fünf Tage altem Popcorn. Ein Versuchsteilnehmer beschrieb dessen Geschmack mit den Worten, es sei gewesen, »als würde man Styropor essen«. Manche Teilnehmer erhielten mittelgroße, andere große Becher. Jene Probanden mit großen Bechern verspeisten 53 Prozent mehr Popcorn als jene mit den kleineren Bechern, obwohl es ihnen nicht schmeckte. Später mit diesem Umstand konfrontiert, bestritten sie, dass die Bechergröße ihre Entscheidung beeinflusst haben könnte. Ein Teilnehmer sagte: »Auf derartige Tricks falle ich nicht herein.« Er täuschte sich.

System 1 und System 2

Ein Großteil unseres täglichen Verhalten ist von Gedankenlosigkeit geprägt. Wir entscheiden uns oft nur deshalb für »mehr«, weil es direkt vor uns steht. Das hat einen ganz einfachen Grund: Es spart Energie. Unser Gehirn hat eine intelligente Methode entwickelt, um mit der Energie zu haushalten, die in die Entscheidungsfindung fließt. Das ist auch sinnvoll, denn obwohl unsere graue Masse nur etwa 2 Prozent des Körpergewichts ausmacht, beansprucht sie rund 20 Prozent der zur Verfügung stehenden Energie. Das Gehirn ist sozusagen der Allradwagen unter unseren Organen. Der schlimmste Energiesünder ist jener Hirnbereich, der sich am spätestens entwickelt hat und für die Entscheidungsfindung verantwortlich ist: der präfrontale Kortex. Dieser ist nicht nur irgendein alter Allradwagen, sondern ein Hummer-Geländewagen mit 6,6 Liter Hubraum!

Um rationale Entscheidungen zu treffen, bedarf es also harter Arbeit und das Gehirn tut sein Möglichstes, um diesen Aufwand zu vermeiden.

Psychologen wie etwa der Nobelpreisträger Daniel Kahneman unterscheiden zwischen zwei Arten des Denkens: Auf der einen Seite steht das schnelle, automatische und instinktive System 1 und auf der anderen das langsamere, aufwendigere und gedankenreiche System 2.[2] Im Wachzustand sind beide Systeme stets aktiv. System 1 reagiert automatisch und mühelos auf Erfahrungen und generiert unmittelbare Eindrücke, Handlungsabsichten und Gefühle. Das kraftraubendere System 2 sucht Anstrengungen nach Möglichkeit zu vermeiden; die meiste Zeit gleitet es einfach dahin und überprüft nur flüchtig, was System 1 generiert. Im Großen und Ganzen akzeptiert System 2 die Eindrücke von System 1, die sich in Überzeugungen verwandeln, und die Vorsätze, aus denen Handlungen erwachsen. Dieser Mechanismus hat es den Menschen erlaubt, sich in äußerst energieeffiziente Denkmaschinen zu verwandeln: Nur etwa 2 Prozent der Hirnaktivität ist bewusst und erfordert Anstrengung – ganz so, als besäße man ein Hybridfahrzeug, dass zu 98 Prozent ruhig und kostengünstig per Batterieantrieb unterwegs ist.

Das funktioniert überwiegend reibungslos, aber in einer Welt, in der fieberhaftes Busy-Sein als Standardverhalten und soziale Norm gilt, bewegen wir uns gedankenlos auf ein tödliches Aktivitäts- und Konsumniveau zu. Scheinbar besteht die einzige Wahlmöglichkeit darin, sich für »mehr« zu entscheiden. Ohne nachzudenken greifen wir immer wieder in den Becher mit abgestandenem Popcorn oder nehmen unser Smartphone zur Hand, um uns sinnlosem Daddeln hinzugeben.

Wie wir gedankenlose Entscheidungen rechtfertigen

Zunächst einmal müssen wir akzeptieren, dass wir die Gedankenlosigkeit unserer irrationalen Entscheidungen nicht erkennen. Viele dieser Entscheidungen halten wir auf Nachfrage für überaus rational. Hier ein Beispiel aus dem Bildungsbereich: In einer Studie wurden fünf Professoren gebeten, die Attraktivität von 885 Studentinnen und Studenten der Wirtschaftswissenschaften (je zur Hälfte männlich und weiblich) auf einer Skala von eins bis fünf zu bewerten, wobei fünf die Höchstnote war. Die Leistungen jener, die die Note vier erreichten, wurden um 36 Prozent besser bewertet als die Leistungen derjenigen mit Note zwei.[3] Dieses Beispiel illustriert den sogenannten Halo-Effekt der physischen Attraktivität. Fragt man nun diese Koryphäen, warum sie die »Zweier« so schlecht bewertet haben, werden sie auf handwerkliche Mängel verweisen oder eine anderweitige klare Begründung abgeben. Hingegen werden sie den Einfluss physischer Attraktivität auf ihre Bewertung übersehen.

Wenn ich Sie fragen würde, warum Sie busy sind, wären Sie um rationale Erklärungen sicher nicht verlegen. Vielleicht würden Sie auf die konjunkturelle Lage verweisen oder auf die Personalsituation in Ihrem Unternehmen, auf einen fordernden Vorgesetzten, ein anspruchsvolles Projekt oder auch auf Ihr Bestreben, Ihren Kindern ein umfangreiches Freizeitprogramm zu ermöglichen. Eines ist jedoch sicher: Irgendeine Erklärung werden Sie finden – eine Legende, die Sie anderen und sich selbst erzählen können. Im Moment bitte ich

Sie lediglich darum, den Gedanken zuzulassen, dass Sie auch deshalb busy sind, weil Sie einige unüberlegte, irrationale und gedankenlose Auswahlentscheidungen getroffen haben.

Die Macht von Standards

Stellen wir uns vor, Sie hätten gerade eine neue Stelle angetreten. Zu den attraktiven Angeboten Ihres Arbeitgebers zählt auch ein betrieblicher Altersvorsorgeplan. So etwas gilt allgemein als tolle Sache, schließlich gibt die Firma für jeden eingezahlten Euro einen weiteren dazu: ein Gratiseinkommen. Würden Sie mitmachen? Vermutlich glauben Sie, dass Ihre Entscheidung vor allem von den Details des Plans, der Höhe der späteren Auszahlungen oder Ihrer aktuellen Finanzlage beeinflusst wird. Tatsache ist jedoch, dass Ihre Entscheidung vermutlich in erster Linie davon abhängen wird, ob Sie ein Formular ausfüllen müssen. In einer Studie ermittelten die Ökonomen Brigitte Madrian und Dennis Shea, dass nur 20 Prozent aller Angestellten dem Plan innerhalb der ersten drei Monate beitraten, wenn sie sich aktiv dazu entscheiden mussten. Wurde der Beitritt jedoch automatisch vollzogen – als Standard –, traten 90 Prozent der Mitarbeiter bei.[4]

»Busy« als Normalzustand. Eine der häufigsten Formen von Gedankenlosigkeit ist das Vertrauen in Standards. Für unser Thema sind sie hoch relevant, denn busy zu sein ist der Normalzustand. Die Standardreaktion auf Mitteilungen besteht darin, sie in sich aufzunehmen (sie also zu lesen oder anzuhören) und zu beantworten. Betrachten wir beispielsweise E-Mails. Wie viele solcher Nachrichten bekommen Sie täglich? Nehmen wir an, es wären 200 und somit doppelt so viele wie vor drei Jahren. Wann wird es Zeit, den Nutzen Ihrer ganzen Lektüre und Antwort-Mails ernsthaft infrage zu stellen: Wenn es täglich 400, 1.600 oder 12.800 sind? Irgendwann müssen wir uns gegen gedankenlose Reaktivität und für echtes Nachdenken entscheiden.

Viele Menschen klagen über die Anzahl der Meetings, an denen sie teilnehmen»müssen«. Diese Sitzungen führten zu akutem Zeitmangel und störten ihre Arbeitsabläufe. Doch nur wenigen fällt eine Lösung ein. Ein Problem besteht darin, dass Einladungen über Outlook oder Gmail in Windeseile verschickt sind. Da der Einladende Ihren Terminkalender einsehen kann und feststellt, dass Sie noch nicht verplant sind, erwartet er standardmäßig, dass Sie zusagen werden. Für eine Zusage reicht ein einziger Klick, wohingegen eine Absage eine Erklärung erfordert. Das gilt insbesondere für den Fluch aller Bürojobs: die wöchentliche Dienstbesprechung. Diese findet immer statt, gleich ob es etwas zu besprechen gibt oder nicht, aber aufgrund der Regelmäßigkeit wird eine Teilnahme standardmäßig erwartet – und schon wieder ist eine Arbeitsstunde verloren.

Wie sehr beeinflussen Standards derzeit Ihren Tagesablauf? Welche unausgesprochenen Annahmen und Erwartungen liegen einem Großteil Ihrer täglichen Aktivitäten zugrunde? Manche dieser Standards mögen Ihnen nützlich sein, für andere gilt das nicht. Alle zusammen schneiden Ihnen die Luft ab.

Versuch einer Neukonzeption. Wenn Sie Ihr Berufsleben ganz neu organisieren müssten, wie würden Sie es gestalten? Stellen Sie sich vor, wie es aussehen müsste, damit Ihr Potenzial voll ausgeschöpft, Ihre Begeisterung neu entfacht und Ihr Privat- und Berufsleben damit im Einklang wären. Vermutlich würden Sie Ihr Berufsleben von zahlreichen nutzlosen Standards befreien. Wählen Sie einen solchen Standard aus, der einem befriedigenderen Arbeitsalltag im Wege steht, und überlegen Sie sich eine neue Reaktionsweise. Entscheiden Sie sich, weniger gedankenlos zu handeln.

Die Anziehungskraft sozialer Normen

Wie würden Sie Hotelgäste dazu überreden, ihre Handtücher wiederzuverwenden? Eine bekannte Studie des Forschers Robert Cialdini über soziale Normen zeigt, dass der Standardverweis auf den Nutzen für die Umwelt rund 30 Prozent aller Gäste überzeugt.[5] Wurde die Formulierung dahingehend leicht verändert, dass es nun hieß, »die allermeisten Gäste« entschlössen sich während ihres Aufenthalts, ihre Handtücher gelegentlich wiederzuverwenden, stieg der Anteil der Überzeugten um 26 Prozent. Bei noch konkreterer Formulierung, wonach sich die meisten Gäste »in diesem Zimmer« für die Mehrfachverwendung ihrer Handtücher entschlössen, stieg der Anteil gar um 33 Prozent. Wie stark soziale Normen auf uns einwirken, wird uns nicht bewusst. Der spezifischere Hinweistext funktionierte besser, weil das Verhalten anderer Menschen uns umso stärker beeinflusst, je ähnlicher sie uns sind.

Ihr Arbeitspensum und das ständige Busy-Sein beruhen darauf, dass alle anderen sich genau das Gleiche aufbürden. Soziale Normen wirken noch stärker, wenn wir uns mit Menschen vergleichen, die wir persönlich kennen. Alle Menschen, denen wir begegnen, sind schrecklich busy. Der Umstand, dass sie verzweifelt ein Übermaß an Aktivitäten jonglieren, beeinflusst ganz beträchtlich unsere Erwartungen und unser Verhalten. Eine rationale Beurteilung, wie viel Beschäftigung uns guttäte, wird dadurch erschwert.

Was ist eigentlich falsch an Normen? Grundsätzlich spricht nichts dagegen, mit der Herde mitzulaufen, solange diese sich in die richtige Richtung bewegt. Beim Phänomen der Überlastung trifft das aber gewiss nicht zu. Wir müssen individuelle Antworten auf unsere Herausforderungen finden und bessere Methoden der Kommunikation und der Leistungserbringung entwickeln. Die Herde kann uns den Weg nicht weisen.

Normen erkennen. Wenn Sie Ihr vielbeschäftigtes Verhalten mit Ihrem persönlichen Umfeld vergleichen: Was genau tun Sie, das exakt der Norm entspricht? »Die Norm« ist hierbei bekanntlich nicht der Grad, zu dem Sie Ihr Verhalten rational erklären können; eine solche Erklärung wird sich immer finden. Es ist vielmehr das Ausmaß, in dem Ihr Verhalten mit dem Ihrer Umgebung übereinstimmt. Ist dieses Ausmaß hoch, dann erfüllen Sie sehr wahrscheinlich eine Norm und es handelt sich nicht um *Ihr* Verhalten. Sie haben sich dieses nicht ausgesucht, sondern folgen nur einem Kollektivmuster nach Art einer treuen Arbeitsbiene.

Suchen Sie sich ein neues Rollenvorbild. Wann hat Ihnen zuletzt jemand erklärt, wie wenig busy er ist? Wann haben Sie das letzte Mal in einem Zug auf dem Weg zur Arbeit gesessen, ohne dass alle Mitreisenden in ihre Laptops, Handys oder Tablets hineintippten? Könnte Ihr eigenes Empfinden, busy zu sein, nicht durch ihr Verhalten beeinflusst sein?

Um dies zu bekämpfen, gilt es Folgendes zu tun: Identifizieren Sie jenes Verhalten, das Sie unbedingt ändern möchten, und suchen Sie dann nach Menschen in Ihrem Unternehmen, in Ihrem Freundes- und Bekanntenkreis oder innerhalb Ihrer Familie, die Ihnen gute alternative Verhaltensweisen vorleben. Verbringen Sie Zeit mit ihnen und bauen Sie eine Beziehung zu ihnen auf. Befragen Sie sie nach ihren Verhaltensweisen, beobachten Sie diese sorgfältig und hören Sie sich an, was diese Menschen über das Busy-Sein zu sagen haben. Bemühen Sie sich nach Kräften, ihre Verhaltensweisen zu Ihrer persönlichen Norm zu machen.

Leben Sie die (alternative) Norm. Wenn das nächste Mal ein Gesprächspartner Ihnen erläutert, wie busy er oder sie gerade ist, dann antworten Sie spaßeshalber, dass Sie sich dazu entschieden haben, nicht mehr busy zu sein. (Mal sehen, ob Sie sich trauen!) Sagen Sie, dass Sie sich Zeit zum Nachdenken verschaffen wollen, anstatt ewig gedankenlos busy zu sein. Sie werden unterschiedliche Reaktionen erhalten – von Sorge über Mitleid bis zu Neid –, aber dass Sie eine Reaktion erhalten, ist gewiss.

Treten Sie aus der Herde heraus (oder werden Sie gar zum Leittier).

Busy zu sein ist die einfachste Wahl

Wie verhalten Sie sich angesichts eines Buffets? Wenn Sie so sind wie ich, dann häufen Sie sich den Teller mit lauter schrägen und wunderbaren Speisen voll und am Ende erhalten Sie ein durchwachsenes Kunstwerk, das Sie sofort in die Küche zurückschicken würden, wenn ein Kellner es Ihnen servierte. Mit sorgfältigerer Auswahl könnten wir eine weitaus bessere Mahlzeit genießen. Um genauer zu sein, wäre das der Fall, wenn wir die richtige Frage stellen würden.

Wenn wir das Chicken Korma sehen, fragen wir uns, ob wir gerne etwas davon hätten oder nicht. Die gleiche Frage stellt sich angesichts des süßsauren Schweinefleischs und der Fleischpastete. Normalerweise antworte ich in allen drei Fällen »Ja«, und das Ergebnis ist ein kulinarisches Desaster. Die bessere Frage wäre gewesen: »Welches der drei Gerichte bevorzuge ich?« Leider ist die Frage »Ja oder Nein?« viel leichter zu beantworten als »Welches davon?«. Wer der zweiten Frage ausweicht, bezahlt dafür mit einer schrecklichen Mahlzeit.

Busy zu sein lässt sich mit der Verrücktheit des Buffets vergleichen. Angesichts einer Anforderung bevorzugen wir die einfache Wahl zwischen Ja und Nein und sind am Ende überfordert, genauso wie wir gern unsere Teller überladen. Wer sich für die einfache Option entscheidet, wählt »busy«. Um sein Leben in einer Welt des Zuviel zu meistern, muss man öfter die schwierigere Entscheidung treffen: entweder – oder.

Die Gefahren des »Ja oder Nein«

Paul Nutt, Professor für Betriebswirtschaftslehre an der Ohio State University, wollte verstehen, wie Unternehmen wichtige Entscheidungen fällen. Er untersuchte daher den Entscheidungsprozess beim Zukauf fremder Unternehmen. Firmenübernahmen sind teure, komplexe und riskante Unterfangen. Wie er feststellte, lag bei nur 29 Prozent aller 168 untersuchten Übernahmeentscheidungen mehr als eine Option auf dem Tisch. In den anderen 71 Prozent aller Fälle beschränkt sich die Entscheidung auf das »Ja« oder »Nein« einer Übernahme. Nutt fand weiterhin heraus, dass 52 Prozent dieser zuletzt genannten Entscheidungen fehlschlugen, während der Anteil von Fehlentscheidungen bei Wahlen zwischen zwei oder mehr Optionen nur 32 Prozent betrug.[6]

In ihrem Buch *Decisive* verwenden Chip und Dan Heath diese Studie und einige andere, um zweierlei zu belegen: zum einen, dass wir überwiegend auf Ja-Nein-Entscheidungen zurückgreifen, und zum anderen, dass diese ineffektiv sind, da sie die breiteren Implikationen der Entscheidung nicht berücksichtigen.[7] Das gilt ganz sicher für Entscheidungen rund ums Busy-Sein. Doch ich erkenne noch zwei weitere Gründe, Ja-Nein-Entscheidungen mit großer Skepsis zu betrachten, wenn es um die Bekämpfung des Busy-Seins geht. Zum einen wird die Entscheidung wie im Beispiel des Buffets viel zu oft »Ja« lauten. Warum sollten Sie anders als mit »Ja« entscheiden, wenn es darum geht, ob Sie Ihre E-Mails checken, an jenem Meeting teilnehmen oder Ihr Kind für einen weiteren Nachmittagskurs anmelden sollten, wenn doch jede dieser Aktivitäten sinnvoll erscheint? Und so nimmt unser Beschäftigungsgrad weiter zu. Zum anderen wird unser gedanklicher Horizont umso schmaler, je busyer wir sind (oder je mehr wir uns aufs Zeitmanagement konzentrieren), und umso wahrscheinlicher ist es auch, dass wir reine Ja-Nein-Entscheidungen treffen, statt deren Auswirkungen zu bedenken.

Chip und Dan Heath bezeichnen Ja-Nein-Entscheidungen als eine der »Fußangeln des Entscheidungsprozesses«. Ich würde hinzufügen, dass sie auch eine der Fußangeln des Busy-Seins sind.

Opportunitätskosten

US-Präsident Dwight D. Eisenhower verstand sich darauf, schwierige Entscheidungen zu treffen. Um den Gefahren des »Ja oder Nein« zu entgehen, erinnerte er sich selbst und andere Menschen an die tatsächlichen Folgen seiner Entscheidungen und deren Alternativen. So erklärte er während seiner ersten Amtswoche: »Für den Gegenwert eines modernen schweren Bombers könnte man moderne Ziegelschulbauten in mehr als 30 Städten errichten.« In den ersten Nachkriegsjahren hätte fast jeder auf die Frage, ob die Regierung mehr Bomber bauen lassen sollte oder nicht, mit »Ja« geantwortet. Doch waren sie wichtiger als 30 Schulen?

Eisenhower war sich der *Opportunitätskosten* seiner Entscheidungen bewusst. Dieses ökonomische Konzept beschreibt, worauf wir verzichten müssen oder was wir verlieren, wenn wir eine bestimmte Entscheidung treffen. Wenn ich mir einen neuen Laptop kaufe, fehlt mir vielleicht das Geld für die Reise nach Las Vegas oder für den Kauf eines neuen Grills und die anschließende Grillparty mit der gesamten Nachbarschaft. Eine hochklassige Auswahlentscheidung beinhaltet stets, verschiedene Alternativen nach Priorität zu gewichten (attraktiv könnten sie schließlich alle sein).

In einer Feldstudie zu Opportunitätskosten erzählte Shane Frederick den Probanden von einem Film, in dem ihr Lieblingsschauspieler oder ihre Lieblingsschauspielerin mitspielte. Er erklärte ihnen, dass sie den Film im Sonderangebot für 14,99 US-Dollar erwerben könnten. Es gebe somit zwei Möglichkeiten:

1. Kaufe dieses unterhaltsame Video!
2. Kaufe dieses unterhaltsame Video nicht!

Es wird kaum jemanden überraschen, dass sich 75 Prozent aller Versuchsteilnehmer für einen Kauf entschieden. Daraufhin änderte Frederick den Wortlaut von Option B leicht ab: »Kaufe dieses unterhaltsame Video nicht. Behalte die 14,99 Dollar für andere Zwecke.« Für jeden intelligenten Erwachsenen liegen diese zusätzlichen Worte natürlich auf der Hand. Doch die schlichte Erinnerung, dass die Entscheidung mit Opportunitätskosten verbunden ist, führte dazu, dass sich die Anzahl der Teilnehmer, die sich gegen einen Kauf entschieden, verdoppelte.[8]

Ja-Nein-Entscheidungen sind gefährlich, wenn es ums Busy-Sein geht, denn allzu oft wird mit »Ja« entschieden. Die Opportunitätskosten dieser Entscheidung könnten Zeit zum Nachdenken sein, zielgerichtete Konzentration oder wertvolle Stunden mit geliebten Menschen. Diese Kosten einer »Ja«-Entscheidung mögen nicht unmittelbar in Erscheinung treten und können weniger offensichtlich sein als ihr Nutzen, aber sie sind stets vorhanden.

Um der Ja-Nein-Falle zu entgehen, sollten Sie sich jedes Mal vorher die folgenden Fragen stellen:

- Was gebe ich dafür auf, wenn ich diese Entscheidung treffe?
- Was könnte ich mit demselben Zeit- oder Aufmerksamkeitsbudget sonst noch anfangen?

Jonathan Levav, Professor an der Stanford Graduate School of Business, und Shai Danziger, Psychologieprofessor an der Tel Aviv University, untersuchten gemeinsam mehr als 1.000 Bewährungsentscheidungen israelischer Strafrichter. Die Richter hörten sich jeden Fall an und entschieden dann über die Strafaussetzung zur Bewährung. Dabei fiel ihnen eine positive Entscheidung tendenziell schwerer, denn sie mussten in einem komplexen Entscheidungsprozess zwischen den gewichteten Prioritäten einer Freilassung und deren Kosten und Risiken abwägen. Jeder Richter entschied durchschnittlich in jedem dritten Fall auf Strafaussetzung. Die Forscher beobachteten jedoch ein sehr seltsames Muster: Erschienen die Gefangenen am frühen Morgen, betrug ihre Chance auf Strafaussetzung 65 Prozent, am späten Nachmittag jedoch sank diese Quote auf nur 10 Prozent![9]

Die Erklärung für diesen schockierenden, aber sehr menschlichen Mangel an Konsistenz ist ein Phänomen, dass als Ego-Depletion bezeichnet wird. Unser Haushalt an geistiger Energie ist begrenzt. Ermüdet unser Gehirn, versuchen wir, Entscheidungen ganz zu vermeiden oder treffen die einfache Wahl, so wie es die Richter am späten Nachmittag taten.

Energieintensive Entscheidungen. Ein typischer Büroalltag beansprucht das Gehirn stark, folglich erleiden wir rasch Ego-Depletion. In diesem Zustand sinkt die Wahrscheinlichkeit, dass wir schwierige Entweder-oder-Entscheidungen zu treffen versuchen, bei denen relative Prioritäten gegeneinander abzuwägen sind. Wir müssen akzeptieren, dass wir zu bestimmten Tageszeiten kaum in der Lage sind, klare strategische Entscheidungen über unsere optimale Zeitallokation zu treffen.

Entweder-oder-Entscheidungen verlangen dem Gehirn einiges ab; daher ist es am effektivsten, sie dann in Angriff zu nehmen, wenn der Kopf am frischesten ist, also zumeist frühmorgens. Bevor Sie in sich in die Tretmühle Ihrer Alltagsaktivitäten begeben, sollten Sie sich jeden Tag etwas Zeit nehmen, um zu überlegen, welche Aufgabe am werthaltigsten ist, und entsprechend klar entscheiden, wohin

Ihre Aufmerksamkeit fließen soll. Ein weiterer Aspekt ist, dass die oben genannte Studie keinen allmählichen Abfall der (schwierigen) Entscheidungen auf Strafaussetzung im Laufe des Tages feststellte. Vielmehr stellten sich nach jeder Unterbrechung oder Mittagspause (mit Speis und Trank) kleine Spitzen ein, während deren gehäuft positive Entscheidungen gefällt wurden. Der gestiegene Glukosespiegel erhöhte die Wahrscheinlichkeit, dass der Bewährungsausschuss die schwierigere Entscheidung traf. Gönnen Sie sich also regelmäßige Pausen und einen kleinen Imbiss, um Ihren Glukosehaushalt wieder ins Lot zu bringen. Sobald Ihr Kopf sich wieder erholt anfühlt, sollten Sie Ihre Fortschritte evaluieren und Ihre Prioritäten neu festlegen.

Verlustaversion

Als ein Freund mit dem Lenkdrachensegeln begann, fühlte ich in mir eine Art Schmerz. Dabei handelte es sich nicht um Neid oder Missgunst. Es war vielmehr ein Verlustgefühl. Mein Leben ließ mir nicht genügend Zeit zum Lenkdrachensegeln (oder Fallschirmspringen, ja nicht einmal zum Golfspielen). Einer der Gründe für unsere Neigung, den Teller zu überladen, liegt darin, dass wir ungern etwas verpassen. Wir hassen es, unsere Optionen auszudünnen.

Eines der Experimente von Dan Ariely bestand in einem Computerspiel. Dabei konnten die Teilnehmer drei Räume betreten, indem sie auf eine rote, blaue oder grüne Tür klickten. Sobald sie einen Raum betreten hatten, wurden weitere Klicks mit Geldbeträgen belohnt. Jeder Teilnehmer hatte insgesamt 100 Klicks zur Verfügung und jedes Zimmer wies eine unterschiedliche Bandbreite an Auszahlungsbeträgen auf. Die Herausforderung bestand also darin, das Zimmer mit der höchsten durchschnittlichen Auszahlung zu finden und dort die restlichen Klicks zu verbrauchen. Dann brachte Ariely eine zusätzliche Wendung hinein: Sobald die Probanden einen bestimmten Raum nicht benutzten, schloss sich dessen Tür allmählich. Nach dem zwölften aufeinanderfolgenden Klick blieb sie dauerhaft geschlossen. Wie Sie vermutlich erkennen werden, besteht die rationale Strategie in diesem Fall weiterhin darin, das Zimmer mit der höchsten Auszahlung zu finden und dort zu bleiben – während man den anderen Türen in Ruhe beim Schließen zusieht. Aber so verhalten sich die Menschen nicht. Ariel stellte fest, dass die Teilnehmer in eine Art Rausch verfielen und von Tür zu Tür hasteten, um den Verlust einer geschlossenen Tür zu vermeiden. In der Folge verdienten sie durchschnittlich 15 Prozent weniger (und spielten ein weitaus hektischeres Spiel).[10]

Schließen Sie ein paar Türen. Überforderung und Übernahme zu hoher Verpflichtungen kennen wir sowohl in unserem Arbeits- als auch in unserem Privatleben. Wir überladen unsere Teller mit Nachmittagsveranstaltungen für unsere Kinder, Hobbys, noblen Projekten und persönlichen Lernvorhaben. Wir müssen nicht nur akzeptieren, dass wir das alles gar nicht schaffen können, sondern auch, dass wir es gar nicht sollten.

Das bringt uns unmittelbar zu den Entweder-oder-Entscheidungen zurück. Welche Freizeitaktivität werden Sie beenden? Wie unterstützt dies Ihr Ziel, sich mehr auf den Rest zu konzentrieren und die allgemeine Hektik zu reduzieren?

Wenn es genug ist

In einem weiteren Experiment von Brian Wansink, das sich mit gedankenloser Nahrungsaufnahme beschäftigte, wurden die Probanden gebeten, Suppe zu essen.[11] Sie wussten jedoch nicht, dass die Teller so manipuliert worden waren, dass sie sich während der Mahlzeit heimlich wieder füllten. Erschreckend viele Teilnehmer aßen einfach gedankenlos weiter; sie merkten gar nicht, dass sie schon genug gegessen hatten.

Schließlich beendete der Versuchsleiter persönlich – aus Sorge um seine Schützlinge – das Experiment. Wenn wir nicht daran arbeiten, darauf zu achten, wann es genug ist, nähern wir uns ein wenig den Siamesischen Kampffischen an.

Wie der Ökonom Nassim Nicholas Taleb erläutert, verläuft vieles in unserem Leben nicht linear. Nehmen wir etwa das Beispiel Verkehr. Ist auf den Straßen kaum etwas los, ändert eine leichte Verkehrszunahme wenig. Auch bei weiter steigender Fahrzeugdichte fließt der Verkehr zunächst fast ungehindert weiter, bis er allmählich zähfließend wird. Ist dieser Punkt einmal erreicht, führt jede kleine Verkehrszunahme zum Stau und schließlich zum Verkehrskollaps. Taleb nennt dies eine konkave Beziehung.[12] Geringe anfängliche Zunahmen verändern kaum etwas, aber je höher man auf der Skala gelangt, desto größer sind die Auswirkungen zusätzlichen Verkehrs.

Meines Erachtens ist die Beziehung zwischen unserem Arbeitspensum und dem Gefühl, busy zu sein, ebenfalls konkav. Wenn wir wenig zu tun haben, sind wir kaum stärker beschäftigt, wenn die Anforderungen etwas zunehmen. Doch es gibt einen Punkt, an dem jede zusätzliche Anforderung wilde Panik auslöst. Vielleicht haben Sie ja das Gefühl, diesen Punkt schon erreicht zu haben! Wenn Sie sich auf der Kurve zu weit nach oben bewegen, schwindet Ihre Fähigkeit, neue Anforderungen zu verarbeiten.

Der Busy-Fußabdruck. Um festzustellen, wann wir an unsere Grenzen kommen, habe ich ein praktisches Hilfsmittel entwickelt: den Busy-Fußabdruck. Wenn wir uns auf der Nachfragekurve nach oben bewegen und sich das Gefühl der Überforderung einzustellen beginnt, ändert sich unmerklich unser Verhalten. Das geschieht unwissentlich und manifestiert sich bei jedem Menschen auf eigene, aber stets gleiche Art und Weise. Der einfache Gedanke lautet, dass man lernen sollte, seinen Busy-Fußabdruck zu erkennen – denn dann kann man ihn als Frühwarnsystem nutzen und rechtzeitig daran arbeiten, das eigene Aktivitätsniveau zu senken, bevor man in völliger Überforderung versinkt.

Wenn ich beispielsweise selbst kurz davorstehe, einen extremen Busy-Zustand zu erreichen, beginne ich, mehr Tee zu trinken und ihn zu süßen. Ich lese nicht mehr. Mir wird kälter und ich brauche wärmere Kleidung. Ich bevorzuge die Badewanne gegenüber der Dusche. Ich verliere Dinge. Ich höre nicht mehr zu. Ihre eigenen Anzeichen werden sich von den meinigen unterscheiden. Mit der Zeit habe ich es als sehr hilfreich empfunden, diese Verhaltensweisen richtig zu interpretieren: als Alarmglocken, die mir bedeuten, etwas zu verändern.

Welches ist Ihr Busy-Fußabdruck?

Grenzen ziehen und vertreten

Vor einiger Zeit bat ich einen der Vizepräsidenten von Microsoft, auf einer meiner Veranstaltungen einen Vortrag zum Thema Führung zu halten. Seine einleitenden Worte fesselten das Publikum: »Ich habe noch nie den Geburtstag meiner Frau oder jene meiner drei Kinder verpasst. Ebenso wenig habe ich jemals den ersten oder letzten Tag eines Schulhalbjahrs versäumt. Dasselbe gilt für meinen Hochzeitstag oder die Premiere eines Theaterstücks an unserer Schule.« Die Liste setzte sich noch eine Weile fort. Der Raum war voller leitender Manager, die alle schon oft eines der erwähnten besonderen Ereignisse verpasst hatten. Alle wunderten sich, wie es möglich war, dass dieser Mann als Leiter eines internationalen, milliardenschweren Unternehmens an all diesen Feiern teilnehmen konnte.

Also fragten wir ihn danach. Er erläuterte uns die Vereinbarung, die er mit seiner Familie getroffen hatte: Sie verstand, dass mit seinem Aufstieg innerhalb der Organisation auch die an ihn gerichteten Anforderungen zunehmen würden; bestimmte Gelegenheiten waren dennoch heilig und unersetzlich. Er akzeptierte, dass er viele Dienstreisen unternehmen und hart arbeiten würde, aber diese Momente wollte er trotzdem nicht verpassen. Sie boten ihm eine Gelegenheit, Arbeit und Familienleben miteinander in Einklang zu bringen. Indem er an diesen Ereignissen stets teilnahm, bewies er seinen Kindern, seiner Frau und sich selbst, wo seine Prioritäten lagen. Er erläuterte uns auch, dass dieser Wert zu seinen »Engagementregeln« gehörte, die er mit Vorgesetzten vereinbarte. Bevor er der Übernahme einer neuen Position zustimmte, handelte er mit dem jeweiligen

Vorgesetzten bestimmte Vereinbarungen aus. Er weigerte sich, eine Stelle anzutreten, wenn der potenzielle neue Vorgesetzte nicht bereit war, seine Engagementregeln anzuerkennen.

Seien Sie präzise. Am meisten beeindruckte mich an der Rede des Vizepräsidenten, wie wunderbar genau er seine Wünsche formulieren konnte. Seine Stellung verlangte von ihm täglich, harte Entscheidungen zu treffen, sowohl auf geschäftlicher Ebene als auch hinsichtlich seiner Arbeitsorganisation. Es war ihm gelungen, sehr spezifische Ereignisse zu identifizieren, die es ihm gestatteten, seinen Liebsten nahe zu sein. Sie konnten seine Abwesenheitszeiten akzeptieren, da sie wussten, dass er in den entscheidenden Momenten präsent sein würde.

Wir können nicht alles tun oder haben. Wenn wir Grenzen setzen, müssen wir akzeptieren, dass wir in den Verhandlungen mit unserem Vorgesetzten oder unserem Partner auch einmal nachgeben müssen. Entscheidend ist, dass wir jene Dinge, die uns wirklich wichtig sind, genau kennen und schützen.

Nutzen Sie Ihre Antworten auf die folgenden Fragen als Grundlage, wenn Sie über Ihre Grenzen verhandeln:

- Worauf kommt es Ihnen in Ihrem Berufs- oder Privatleben (wirklich) an? Seien Sie präzise.
- Worauf sind Sie bereit zu verzichten, um jene Dinge zu erreichen, die Ihnen wirklich wichtig sind?

Der Präventivschlag. Der andere Aspekt von Grenzziehung ist das, was ich als »Präventivschlag« bezeichne. Stellen wir uns zum Beispiel vor, dass der Vizepräsident einen Anruf seines Vorgesetzten erhält, der ihm mitteilt, dass eine schwierige Frage zu klären sei und er am Geburtstag seiner Tochter an einem Meeting mit dem CEO von Microsoft teilnehmen müsse. Die meisten von uns würden während dieses Telefonats grummeln, aber kurz darauf das Gespräch mit der Tochter suchen und sich entschuldigen.

Unser Vizepräsident hat es da leichter. Er muss lediglich seinen Vorgesetzten an die getroffene Vereinbarung erinnern. Beide kennen die Werte des Vizepräsidenten genau, ebenso die Engagementregeln. So bewegt sich das Gespräch rasch zu der Suche nach einer Behelfslösung. Die Weigerung, an diesem entscheidenden Meeting teilzunehmen, ist eine Herausforderung, aber kein Problem.

Anfangsvereinbarungen zeigen, wie wichtig Ihnen Dinge sind und wie Ihr Wertekanon beschaffen ist. Wir respektieren Menschen und Führungspersönlichkeiten, die klare und feste Wertvorstellungen besitzen. Der Präventivschlag steckt Ihre Grundregeln ab und erlaubt es Ihnen, Ihre Grenzen festzulegen und zu vertreten, was schwierige Gespräche von vornherein entschärft.

Wie lauten Ihre Engagementregeln? Und ist sich Ihr Vorgesetzter über diese Engagementregeln im Klaren?

Das Wichtigste auf einen Blick

Sie haben sich niemals aktiv dafür entschieden, permanent busy zu sein. Dieser Zustand hat sich ganz allmählich entwickelt; mit jeder neuen E-Mail verschlimmert er sich weiter. Und ebenso wie der Siamesische Kampffisch sind Sie in Gefahr, tödlichem Konsum zum Opfer zu fallen.

Der Gedankenlosigkeit widerstehen

- Die meisten unserer »Entscheidungen« treffen wir unbewusst.
- Selbst wenn wir unsere Handlungen begründen können, ist unser *Busy-Sein oft irrational*, getrieben von *Standards* und *sozialen Normen*.
- In Ermangelung echter Entscheidungen greifen wir einfach gedankenlos nach »mehr«, ohne die Folgen zu bedenken.

Busy zu sein ist die einfachste Wahl

- Allzu oft treffen wir »*Ja-Nein*«-Entscheidungen, die zumeist »Ja« lauten und nur dazu führen, dass wir noch busyer sind. Um diesen Zustand zu überwinden, müssen wir öfter »*Entweder-oder*«-Entscheidungen fällen.
- Wenn unser Gehirn erschöpft ist, neigen wir dazu, das zu tun, was uns weniger Entscheidungen abfordert. Einem *erschöpften Gehirn fällt es*

schwerer, die notwendigen schwierigen Entscheidungen zu treffen, um den Busy-Zustand zu beenden.

- *Mit kühlem Kopf treffen wir hervorragende Entscheidungen,* aber wenn die Versuchung zuschlägt (mit »heißem« Kopf), vergessen wir all unsere guten Vorsätze.

Wenn es genug ist

- Wir erkennen oft nicht, wann es reicht, deshalb müssen wir lernen, die Frühwarnsignale drohender Überforderung wahrzunehmen.
- Grenzen können uns schützen und verhindern, dass die Farben in unserem Leben zu einem einheitlichen Grau zusammenfließen. Sie funktionieren am besten, wenn sie präzise formuliert und im Vorhinein ausgehandelt werden.

Machen Sie dies sofort

Setzen Sie Prioritäten, bevor Sie in den Tag starten

Wenn Sie sich frisch und ausgeruht fühlen, am besten gleich frühmorgens, nehmen Sie ein Blatt Papier zur Hand (gehen Sie lieber auf altmodische Weise vor, damit Sie nicht von E-Mails und Ähnlichem abgelenkt werden). Notieren Sie all die wichtigen Dinge, an denen Sie heute arbeiten möchten. Wählen Sie nun die drei wichtigsten aus. Schreiben Sie diese (und nur diese) auf eine Haftnotiz, und zwar in der Reihenfolge ihrer Bedeutung. Heften Sie diesen Zettel an einen möglichst sichtbaren Ort. Arbeiten Sie an dem ersten Punkt, bevor Sie auch nur den Rechner anschalten.

Wählen Sie ab

Identifizieren Sie eine Tätigkeit, die Sie *nicht* erledigen können, wenn Sie sich auf die oben genannten Dinge konzentrieren wollen. Wenn Sie dies täglich tun, wird es Ihnen zunehmend leichter fallen, sich auf die wichtigen Dinge zu beschränken.

Probieren Sie das mal aus

Soziale Normen

Identifizieren Sie Menschen, denen es besser als Ihnen gelingt, einen bestimmten Aspekt ihres Busy-Seins zu steuern, und verbringen Sie mehr Zeit mit ihnen.

Den Außenseiter spielen

Machen Sie sich zum Außenseiter: Spielen Sie mit der Aussage, dass Sie niemals busy sind. Überlegen Sie sich weitere interessante Aussagen und beobachten Sie die Schockreaktionen in den Gesichtern Ihrer Gesprächspartner!

Kapitel 3
Betreiben Sie Aufmerksamkeitsmanagement

(Wie wir unsere grauen Zellen besser einsetzen)

Ihr Gehirn besteht aus gerade einmal anderthalb Kilo grauer Zellmasse. Das mag wenig beeindruckend wirken, aber das menschliche Gehirn wird von Wissenschaftlern als komplexestes Objekt unter der Sonne betrachtet. Es enthält etwa 100 Milliarden Neuronen und eine Billion Helferzellen. Zum Vergleich: Ihr Gehirn hat so viele Neuronen wie die Anzahl aller Menschen, die auf der Erde jemals geboren worden sind! Um die Kommunikationsdichte innerhalb dieser grauen Zellmasse zu verstehen, stellen Sie sich nun bitte vor, dass jeder dieser jemals geborenen Menschen auch ein fanatischer Anhänger sozialer Medien ist, 7.000 Facebook-Freunde hat (jedes Neuron ist durchschnittlich mit 7.000 anderen Neuronen verbunden) und zwischen fünf und 50 neue Statusmeldungen pro Sekunde aussendet!

Das Gehirn ist ein erstaunliches Organ. Doch sein Aufbau passt nicht zu der modernen Arbeitswelt und zu all den Herausforderungen, Ablenkungen und Anregungen, die das heutige Leben bereithält. Es hat sich in einer anderen Welt entwickelt, die von einfachen Entscheidungen sowie begrenzten Informationen und Ablenkungen gekennzeichnet war – einer technologiefreien Welt. So benötigten unsere Vorfahren ein gutes Gedächtnis, um zu wissen, welches Tier ihnen gefährlich werden könnte, oder um nach einer Jagdexpedition den Heimweg zu finden. Sie mussten nicht klug sein und über gewichtige weltwirtschaftliche Probleme nachdenken, dafür aber zuverlässig Gefahren in ihrer Umgebung erkennen und schnell darauf reagieren können. Mit anderen Worten: Unser Gedächtnis ist ziemlich gut, aber das Nachdenken fällt uns schwer und wir sind leicht ablenkbar.

Während sich biologische Entwicklungen nur sehr langsam vollziehen, legen kulturelle Veränderungen mitunter ein atemberaubendes Tempo vor. Unser Gehirn unterscheidet sich kaum von dem unserer Vorfahren vor Tausenden von Jahren, doch unsere Kultur hat sich laufend weiterentwickelt. Uns stehen heute neue Werkzeuge und Technologien zur Verfügung, die in puncto Gehirn alles über den Haufen werfen. Ein gutes Gedächtnis ist heute überflüssig: Wann haben Sie zuletzt versucht, sich eine Telefonnummer zu merken? Auf der anderen Seite haben wir unser Gehirn noch nie so schnell mit so viel Informationen und so viel Komplexität beworfen wie heute. Nie zuvor haben wir so viel Ablenkung auf unsere armen, überforderten Neuronen abgefeuert. Noch nie befanden wir uns so dauerhaft in Alarmbereitschaft, wozu die ständigen Nachrichten- und Klingeltöne nicht wenig beitragen.

Aufmerksamkeit entscheidet – nicht Zeit

Edward M. Hallowell, ein Experte zum Thema Aufmerksamkeitsdefizit-/Hyperaktivitätssyndrom (ADHS), beschreibt diese Störung folgendermaßen: »Menschen mit unbehandeltem ADHS eilen viel umher, sind immer ungeduldig, lieben Tempo, sind schnell frustriert, verlieren mitten in einer Aktivität oder einem Gespräch den Faden, da ihnen ein anderer Gedanke in den Sinn kommt, sprühen vor Energie, können sich aber kaum länger als ein paar Sekunden auf eine Sache konzentrieren [...], glauben, viel mehr zu leisten zu können, wenn sie sich nur zusammenraufen könnten [...], fühlen sich machtlos angesichts all dessen, was auf sie einstürmt, nehmen sich täglich vor, es morgen besser zu machen, und fühlen sich ganz allgemein unglaublich beschäftigt.«[1]

Kommt Ihnen das bekannt vor? Diese Beschreibung trifft auf viele Menschen im Alltag zu. In seinem Buch *CrazyBusy* erläutert Hallowell, dass unser Busy-Sein dem Aufmerksamkeitsdefizitsyndrom viel stärker ähnelt, als wir gerne zugeben möchten. Und darin liegt ein Problem. Maggie Jackson bezeichnet Aufmerksamkeit in ihrem aufschlussreichen Buch *Distracted* als Basis menschlichen Zusammenlebens. Die Bereitschaft und Fähigkeit, tief nachzudenken, sich mit komplexen statt mit oberflächlichen Sachverhalten zu beschäftigen und konzentriert statt zerstreut an Dinge heranzugehen, beeinflussen nicht nur unser Denken entscheidend, sondern auch unsere Moral, unsere Lebensfreude und unsere Kultur. Jackson befürchtet, dass die moderne Kultur unserem Aufmerksamkeitsvermögen schadet: Unser von Ablenkungen geprägtes Leben verringert unsere Fähigkeit, Lebensweisheit zu generieren und zu erhalten. Dies könne düstere Folgen nach sich ziehen: »Wir stehen als Gesellschaft kurz davor, uns nicht mehr dauerhaft auf etwas konzentrieren zu können. Kurzum, wir sind dabei, in ein neues dunkles Zeitalter abzugleiten.«[2]

Ob Sie nun davon überzeugt sind, dass wir uns auf dem Weg in eine intellektuell stumpfe, dunkle kulturelle Ära befinden, sei dahingestellt. Vermutlich würde aber jeder der Behauptung zustimmen, dass die vielen Informationen, Reize und Anforderungen, die heutzutage auf unser Gehirn einprasseln, unsere Aufmerksamkeit nachhaltig zerstreuen. Man gewöhnt sich so sehr an die Unruhe aufgrund der ständigen Reize, dass es immer schwerer fällt, sich auf eine einzige Aufgabe zu konzentrieren. Tatsächlich greifen mittlerweile viele ansonsten gesunde Menschen, die sich konzentrieren müssen, zu chemischen Hilfsmitteln. Dabei bleibt es oft nicht bei Koffein oder Red Bull. Der neueste Trend heißt »kosmetische Neurologie«: selbst verschriebene Medikamente gegen ADHS oder Schlafkrankheit, um Konzentrationsschwächen entgegenzuwirken. Eine bedeutende Studie mit mehr als 1.800 studentischen Teilnehmern zeigte, dass 34 Prozent illegalerweise zu Medikamenten wie Ritalin und Adderall gegriffen hatten, um ihre Konzentrationsfähigkeit zu steigern![3]

Ich bin davon überzeugt, dass Aufmerksamkeitsmanagement viel, viel wichtiger ist als Zeitmanagement. Wir können so viel und so lange arbeiten, wie wir wollen: Um etwas zu bewegen, Durchbrüche zu erzielen und echte Beziehungen aufzubauen, müssen wir unsere

Aufmerksamkeit maximieren. Schließlich ist unser Denkvermögen unsere wichtigste Fähigkeit – es erlaubt uns, die Spreu vom Weizen zu trennen, komplexe Probleme zu lösen und neue Ideen zu generieren. Nichts bereichert uns mehr als die Begabung, ganz im Hier und Jetzt zu leben: Sie beschert uns die Möglichkeit, wahre Freude zu finden, Augenblicke zu genießen und Verbundenheit zu erfahren. Wir können nicht darauf hoffen, erfolgreich zu sein und unsere Träume zu verwirklichen, wenn wir unser Aufmerksamkeitsmanagement nicht verbessern.

Die Aufmerksamkeit konzentrieren

Busy zu sein ist schädlich, aber das bedeutet nicht, dass es abträglich wäre, ein reichhaltiges und aktives Leben zu führen. Viele von uns haben umfangreiche Pläne, die sich nur mit harter Arbeit umsetzen lassen. Allerdings gibt es einen großen Unterschied zwischen der Konzentration auf eine wichtige Tätigkeit und wildem Aufgaben-Hopping. Es geht um Qualität, nicht um Quantität. Das wahre Lebenselixier sind Tage, Monate und Jahre, während deren man tief in Projekte, Interaktionen und Erfahrungen eintaucht, die einem wirklich etwas bedeuten. Wem das gelingt, der hat sein Leben gemeistert.

Eins nach dem anderen

Haben Sie schon einmal bemerkt, dass Sie während eines Handytelefonats innehalten und sich nicht mehr bewegen, wenn Ihnen Ihr Gesprächspartner eine schwierige Frage stellt? Das geschieht, weil Sie intuitiv all Ihre begrenzten geistigen Ressourcen in Ihren präfrontalen Kortex umlenken wollen. Tatsächlich konnte schon im späten 18. Jahrhundert der Wissenschaftler J. C. Welch nachweisen, dass der Denkvorgang uns körperlich schwächt! Welch bat seine Probanden, einen Hebel so kräftig wie möglich herunterzudrücken, und maß diesen Kraftaufwand. Er wiederholte dann den Test, wobei die Teilnehmer diesmal gleichzeitig eine Denksportaufgabe lösen mussten. Das führte dazu, dass sich ihre Körperkraft um bis zu 50 Prozent reduzierte![4]

Auch die umgekehrte Annahme trifft zu. Der angesehene Psychologieprofessor Harold Pashler von der University of California ließ seine Probanden gleichzeitig leichte körperliche und geistige Tätigkeiten ausführen. Wie er feststellte, sank die Leistung signifikant, sobald jemand versuchte, mehr als eine Aufgabe auf einmal zu bewältigen – obwohl es sich dabei um völlig unterschiedliche Aufgaben handelte.[5] Pashler zufolge erklärt sich dieser Befund zum Teil aus der *Doppelaufgaben-Interferenz*: Unser Gehirn ist nicht dafür gemacht, mehrere Dinge auf einmal zu tun. Multitasking kann anscheinend die Gehirnleistung eines MBA-Studenten in Harvard auf das Niveau eines Achtjährigen absenken.[6] Dem kann man nur entkommen, wenn man sich jeweils auf eine Aufgabe konzentriert.

Machen Sie Ihren Kopf frei

Zwei buddhistische Mönche kamen auf ihrem gemeinsamen Spaziergang an einen Fluss, an dessen Ufer sie auf eine schöne Frau trafen. Sie sprach die beiden Mönche an und bat sie, ihr über den Fluss zu helfen, auf dass ihr Kleid keinen Schaden nähme. Der erste Mönch lehnte entschuldigend ab, da er wusste, dass er Frauen nicht berühren durfte. Der zweite Mönch hingegen zögerte keinen Augenblick, hob sie auf und trug sie über den Fluss. Dann setzten die beiden Männer ihren Weg fort. Viele Stunden und Meilen später wandte sich der erste Mönch an den zweiten und erkundigte sich, warum dieser die Frau getragen habe. Daraufhin antwortete der zweite: »Ich habe sie nur ein paar Schritte übers Wasser getragen, aber du trägst seit vielen Meilen an ihr.«

Am Anfang dieses Buchs habe ich über den Zeigarnik-Effekt gesprochen, der dafür sorgt, dass schon wenige Minuten Beschäftigung mit einem noch nicht abschließend behandelten Thema eine Datei öffnet, an der unser Gehirn im Hintergrund weiterarbeitet. Mit dieser Strategie lässt sich die Fähigkeit, das Problem am nächsten Tag schnell zu lösen, wunderbar steigern. Allerdings hat der Zeigarnik-Effekt auch eine Schattenseite: Alle geöffneten Dateien verlangen nach Aufmerksamkeit. Sie überlasten das Gehirn und lenken Energie um; sie mindern unser Denkvermögen und lenken uns ab. Der zweite Mönch hat auf seinem Spaziergang nur deshalb den Zen-Zustand erreicht, weil er die auf die Frau bezogene Datei schließen konnte.

In seinem Buch *Wie ich die Dinge geregelt kriege* bezeichnet David Allen den Effekt eines Herumtragens vieler geöffneter Dateien als »Affenhirn«[7] – die Gedanken hüpfen von Aufgabe zu Aufgabe und von Idee zu Idee. Dieses Affenhirn besitzen wir, wenn wir »so viele Dinge im Kopf haben«: Gedanken, Sorgen oder Aufgaben. Das *ausführende Netzwerk* – jener Teil des Hirnsystems, der mit Konzentration befasst ist – weiß nicht, worauf es seine Aufmerksamkeit richten soll. Einem Affenhirn gelingt keine Konzentration.

Um Dinge aus seinem Kopf zu verbannen, schlägt Allen ein einfaches Werkzeug vor. Es erscheint mir so wertvoll, dass ich es hier vorstellen möchte. Ich bezeichne dieses Werkzeug als Hirndeponie; Allen nennt es *Eingangskorb*. Ein Korb ist etwas, in das man etwas abladen kann. Er ist keine To-do-Liste, sondern einfach ein Gefäß, um Dinge zu sammeln. Das ist das Schöne daran. Man kann alles hineinlegen, ganz ohne zu kategorisieren: kleine und große Dinge, wichtige und unwichtige, Einkäufe, kreative Einsichten und Tätigkeiten. Entscheidend ist, dass der Eingangskorb einen immer begleitet. Wenn Sie etwas altmodisch veranlagt sind, bevorzugen Sie vielleicht einen Notizblock, im anderen Fall womöglich Ihr Smartphone. Wann immer Ihnen eine Aufgabe, ein wichtiger Gedanke oder eine Tätigkeit einfällt, versuchen Sie nicht, sie im Kopf zu behalten – legen Sie sie in Ihrem Eingangskorb ab. Es geht jetzt nicht darum, Ihren Einfall zu verarbeiten, sondern lediglich darum, ihn aus dem Kopf zu verbannen. So wird Ihr präfrontaler Kortex frei und Sie können besser nachdenken.

Eingangskörbe funktionieren nur, wenn wir zuverlässig darauf reagieren. Wir müssen es uns daher zur Gewohnheit machen, den Korb regelmäßig zu leeren. Tun wir das nicht, lernt das Gehirn bald, dass es sich nicht entspannen kann. Die meisten Menschen, mit denen ich zusammengearbeitet habe, prüfen ihren Eingangskorb täglich zu einem festgelegten Zeitpunkt. Dabei sollte man beachten, dass es sich nicht um eine Maßnahmenliste handelt, sondern vielmehr um das intellektuelle Strandgut Ihrer geistigen Streifzüge. Wenn Sie nun auf die Liste dieser Dinge blicken, können Sie einen Schritt zurücktreten und rationale Entscheidungen treffen. Sie werden feststellen, dass viele Positionen einfach gelöscht werden können, andere wandern in eine »Irgendwann/Vielleicht«-Datei, wie es Allen nennt, während Sie sich bei einigen für ihre Umsetzung entscheiden. Bei mir selbst hat sich der »Eingangskorb« als einfache Übung bewährt, um Dinge aus dem Kopf zu befördern in der Gewissheit, dass ich mich um das Wichtige später kümmern werde. So kann ich beruhigt in den Augenblick zurückkehren, mich konzentrieren und besser über die wirklich entscheidenden Dinge nachdenken.

Externalisieren Sie Ihr Denken

Haben Sie jemals versucht, Schach nur im Kopf zu spielen? Das ist wirklich schwierig, denn Sie müssen sich nicht nur Ihren nächsten Zug überlegen, sondern sich auch die Positionen sämtlicher Figuren auf dem Spielfeld merken. Mit dem Schachbrett vor Augen ist das Spiel viel leichter. Das Brett befreit Ihr Gehirn von der Aufgabe, sich an die Position der Figuren zu erinnern. So kann es seine ganze Geisteskraft dafür einsetzen, sich kluge Züge zu überlegen. Das Gleiche gilt am Arbeitsplatz: Je besser wir unsere Gedanken externalisieren können, desto mehr intellektuelle Pferdestärken stehen uns zur Verfügung.

Eines meiner wichtigsten geistigen Werkzeuge ist mein bescheidenes Whiteboard. Wenn ich irgendwo feststecke oder gedanklich unflexibel werde, springe ich oft auf und greife zu einem Stift. Dann notiere ich alle Elemente des Problems auf der Tafel und beginne, mit ihnen herumzuspielen. Das hilft mir sehr, denn wenn wir ein komplexes Problem durchdenken, tun wir eigentlich drei Dinge auf einmal: Wir versuchen, alle Aspekte des Problems im Kopf zu behalten; wir bemühen uns, sie auf sinnvolle Weise zu organisieren; und schließlich strengen wir uns an, das Problem zu lösen. Mein Whiteboard befreit mich von der Last, all diese Informationen in meinem gedanklichen Arbeitsspeicher vorhalten zu müssen. Ich organisiere sie ebenfalls extern und kann dadurch meinen Verstand ganz auf die eigentliche Problemlösung konzentrieren. Mein Whiteboard macht mich intelligenter!

Tauchen Sie ein, anstatt zu ertrinken

Als Laird Hamilton das Seil losließ und sich auf jene Welle stürzte, dachte er nicht an seine Inbox, seine Boardshaping-Firma oder daran, was er sich zum Abendessen kaufen würde. Er war hundertprozentig auf den Augenblick konzentriert, auf die bevorstehende Aufgabe. In der Sportpsychologie besteht das größte Bestreben darin, Athleten darin zu unterstützen, »die Zone« zu erreichen – jenen Zustand höchster Leistungsfähigkeit. Wenn ein Athlet sich »in der Zone« befindet, holt er das Beste aus sich heraus, da er vollkommen in seine Tätigkeit vertieft und hoch konzentriert ist. Doch dieser Zustand ist nicht leicht zu erreichen: Wie alle Menschen lassen sich auch Athleten leicht ablenken.

Was müssen wir also tun, um öfter einzutauchen? Wie können wir die Zone erreichen? Daniel Gucciardi und James Dimmick, Privatdozent an der University of Western Australia, haben dies bei Golfprofis untersucht. Sie baten eine Gruppe von Golfern, sich auf drei Aspekte ihres Schwungs zu konzentrieren, zum Beispiel »Kopf«, »Schultern« und »Knie« (... oder »Zehen«??), während eine zweite Gruppe aufgefordert wurde, sich auf einen einzigen, umfassenden Aspekt zu konzentrieren, den sie erreichen wollten, etwa »geschmeidig« oder »mühelos«. Wenn keinerlei Druck ausgeübt wurde, zeigten beide Gruppen starke Leistungen (schließlich handelte es sich um Profis!). Doch sobald Ablenkungen in Form von Geldpreisen eingeführt wurden, traten große Unterschiede auf. Jene Profis, die sich auf drei Aspekte ihres Schwungs konzentrierten, schwächelten; solche mit einfacherer Zielsetzung schnitten weiterhin gut ab.[8]

Man könnte denken, dass die Konzentration auf mehrere Aspekte des Schwungs es dem Golfer erleichtert, sich in die Tätigkeit zu vertiefen, da sie volle Aufmerksamkeit erfordert. Doch sobald man unter Druck steht oder abgelenkt wird, erfordert dies ein Übermaß an geistigem Aufwand und die Leistung lässt nach. Man verliert sich im geistigen Spagat zwischen »Kopf« und »Schultern«. Durch übermäßiges Denken beginnt man zu ertrinken, anstatt einzutauchen.

Um sich längerfristig voll in etwas zu vertiefen, muss man sich auf eine einzige Sache konzentrieren. Das kann verschiedene Formen annehmen. Natürlich geht es darum, sich jeweils einzeln auf verschiedene Dinge zu konzentrieren. Wichtig ist aber auch, das »Wie« im Kopf zu behalten. Das Nachdenken über einen einzelnen Leistungsaspekt innerhalb einer Aufgabe fordert das Gehirn anscheinend gerade genug heraus, um einen in die Zone zu befördern. So wie Golfer sich auf »geschmeidig« konzentrieren, führen bei mir oft Herausforderungen, die sich mit einem einzigen Wort beschreiben lassen, zum selben Ergebnis. Wenn ich mit einer komplexen Aufgabe beginne, etwa dem Entwurf einer Präsentation oder eines Projekts, tauche ich schneller ein, wenn ich mir als Ziel setze, sie »überraschend« oder sogar »großartig« auszuführen.

Hören Sie auf zu grübeln

Eines der Dinge, die uns davon abhalten, uns in eine Tätigkeit zu vertiefen, ist die Angewohnheit, Gedanken zu wälzen – so als besäßen wir eine Wäschetrommel voller Bedenken und Befürchtungen, die sich unablässig dreht. Das fühlt sich schrecklich an und ermüdet und es wird Sie nicht überraschen zu erfahren, dass all diese offenen Dateien Ihre Denkfähigkeit reduzieren. Wie oben erwähnt, kann man diese Bedenken in seinem Eingangskorb ablegen, doch wenn sie gefühlsintensiver sind, hilft das oft nicht. Dieses Grübeln wird leicht als natürliche Folge einer zu hohen Arbeitsbelastung fehlinterpretiert – eine Folge, die erst verschwindet, wenn alles erledigt ist und wir wieder alles im Griff haben. Aber dieser Eindruck trügt. Wichtiger noch: Das Grübeln lässt sich leicht abstellen.

Ein Doktorand an der Florida State University entwarf gemeinsam mit dem Psychologen Roy Baumeister eine interessante Studie.[9] Er bat einige Studenten, an ihre Abschlussprüfung zu denken, während andere – die Kontrollgruppe – an eine wichtige Party zum Semesterabschluss denken sollten. Die Hälfte der ersten Gruppe wurde außerdem angewiesen, einen konkreten Lernfahrplan zu entwerfen. Niemandem wurde tatsächlich Lernzeit zugestanden.

Der Doktorand testete nun die Studenten dahingehend, ob sie Gedanken wälzten. Er gab ihnen Wortfragmente an die Hand, die sie vervollständigen sollten. So wurden sie etwa gebeten, »ex« und »re« zu Vier-Buchstaben-Wörtern zu ergänzen. Das konnten Wörter mit einem Bezug zum Studium sein (*exam, read*), aber auch solche mit völlig neutralem Hintergrund (*exit, real*). Man würde vermuten, dass lernbezogene Wörter eher solchen Teilnehmern einfallen würden, die begonnen hatten, sich Gedanken über ihre Prüfung zu machen. Und so war es auch: Wer seine Prüfung im Kopf hatte, fand viel eher prüfungsbezogene Wörter als diejenigen, die an eine Party dachten. Doch jene Studenten, die zwar an die Prüfung gedacht, aber auch einen Lernfahrplan entworfen hatten, zeigten keinerlei Anzeichen eines Gedankenwälzens; ihre Wortschöpfungen waren ebenso selten prüfungsbezogen wie jene der Kontrollgruppe.

Der erste Schritt, um das Grübeln massiv zu reduzieren, besteht darin, sich selbst dabei zu erwischen – und dann innezuhalten. Nehmen Sie sich einige Minuten Zeit, um einen Schlachtplan zu notieren. Besser noch: Warten Sie gar nicht erst darauf, bis die Gedanken Sie überrollen, sondern gewöhnen Sie sich an, einmal täglich einen Plan aufzuschreiben. Viele Menschen, mit denen ich arbeite, tun das bei Arbeitsbeginn oder kurz vor Dienstschluss. Es dauert nicht lange, einen einfachen Plan aufzuschreiben, aber es ist die wirksamste bekannte Technik, um den Kopf von dräuenden Gedanken zu befreien. Anschließend kann man sich wieder ganz seiner aktuellen Tätigkeit widmen.

Ad Kerkhof, Professor für Klinische Psychologie, Psychopathologie und Suizidprävention an der Vrije University in Amsterdam, untersucht seit 30 Jahren, welche Ereignisse und Gedanken Menschen in den Selbstmord treiben. Wie er festgestellt hat, grübeln Menschen vor einem Suizid äußerst intensiv über ihr Leben nach. Er hat einige simple, aber sehr effektive Gegentechniken entwickelt, die auf der kognitiven Verhaltenstherapie beruhen. Eine dieser Techniken war so erfolgreich, dass er in Versuchung geriet, sie bei Menschen auszuprobieren, die überhaupt nicht selbstmordgefährdet waren – Menschen, die einfach nur Gedanken wälzten oder sich Sorgen machten. Es zeigte sich, dass die Technik auch bei Probanden mit relativ geringfügigen Sorgen funktionierte.

Kerkhof rät dazu, sich aktiv und bewusst Sorgen zu machen, nur nicht ständig. Stattdessen sollte man zwei tägliche Zeitfenster als »Sorgenzeit« definieren – je fünfzehn Minuten morgens und abends. In dieser Zeit notiert man all seine Besorgnisse und denkt darüber nach. Nach Ende des Zeitfensters hört man auf, sich Sorgen zu machen.[10] Tritt zu irgendeinem Zeitpunkt eine neue Sorge auf, so beschließt man, sich darüber später Gedanken zu machen, nur nicht jetzt. Man schiebt seine Sorgen also einfach auf! Das mag seltsam klingen und vielleicht ist es das auch, aber zahlreiche empirische Belege sprechen dafür, dass es funktioniert. In den Worten von Tom Borkovec, eines Psychologieprofessors an der Penn State University: »Wenn wir in unseren Sorgen gefangen sind, hilft es wenig, wenn uns jemand rät, uns keine Gedanken mehr zu machen ... Aber wenn es heißt: Verschiebe doch die Sorgen für eine Weile, dann gelingt uns das tatsächlich.«[11] Diese Technik ist heute als *Stimuluskontrolle* bekannt. Indem wir unsere Sorgen abtrennen, gelingt es uns, sie zu kontrollieren. Dadurch können wir befreit von den Sorgenketten wieder neu nachdenken.

Die Aufmerksamkeit wahren

Bequem an meinem Schreibtisch sitzend, liegt mir die Welt zu Füßen. Ich habe unmittelbaren Zugang zu einem riesigen Informationsfundus, unzähligen Fernsehshows und schrägen Videos mit Hunden, die auf Drahtseilen balancieren. Selbst der allerreichste Regent hätte noch vor wenigen Jahren da nicht mithalten können. Alles, was zwischen einer gesunden, produktiven Existenz und einem sinnlosen, mit Informationskonsum verschwendeten Leben steht, ist unser ausführendes Netzwerk. Wir sind nun einmal evolutionsbedingt darauf ausgerichtet, Neuigkeiten zu entdecken. Aufmerksamkeitsmanagement beinhaltet mehr als die Fähigkeit, hoch konzentriert zu sein; es bedeutet auch, sich länger auf eine einzige Aufgabe konzentrieren zu können.

Bleiben Sie länger am Ball

Multitasking kann bedeuten, zwei Dinge gleichzeitig zu tun, aber die häufigste Form des Multitasking besteht darin, schnell zwischen verschiedenen Tätigkeiten hin und her zu wechseln. Bei jedem dieser Wechsel benötigt das Gehirn ein wenig Zeit, um sich neu zu orientieren und die Spielregeln der jeweiligen Aufgabe zu verinnerlichen. Dieser Zeitbedarf führt zu dem, was als »Wechselkosten« bezeichnet wird. Wie am Anfang dieses Buches erwähnt, hat Professor David Meyer entdeckt, dass die Kosten eines einmaligen Aufmerksamkeitswechsels zwar gering sein mögen, diese Kosten aber bei gehäuften Wechseln signifikant ansteigen. Meyer zufolge erhöht Multitasking in Form eines Hin- und Herspringens zwischen Aufgaben den Zeitbedarf für deren Fertigstellung um bis zu 40 Prozent.[12]

Die simple Erkenntnis lautet, dass wir mehr schaffen, wenn wir uns länger auf eine Aufgabe konzentrieren. Je mehr wir hin- und herspringen, desto mehr muss das Gehirn arbeiten und desto langsamer können wir denken. Wir sollten daher unsere Zeit in große Aktivitätsbrocken statt in mikroskopisch kleine Stückchen unterteilen. Ich bezeichne das als »Große-Brocken-Strategie«. So untersuchte beispielsweise die Betriebswirtschaftsprofessorin Teresa Amabile von der Harvard Business School 9.000 Beschäftigte in der Kreativbranche und fand heraus, dass diese häufiger Durchbrüche erzielten, wenn sie während eines Großteils ihres Arbeitstages an einem einzigen Projekt arbeiteten.[13]

Das mag naheliegend klingen, aber unser Gefühl sagt uns etwas anderes. Tatsächlich wird bei jedem Wechsel eine kleine Dosis Dopamin (ein Wohlfühlbotenstoff unseres Gehirns) freigesetzt und sorgt dafür, dass wir uns stark, effektiv und effizient fühlen. Je mehr wir zwischen den verschiedenen Aufgaben hin- und herspringen – Berichte schreiben, Telefonate beantworten, E-Mails lesen und so weiter – und sie eine nach dem anderen abhaken, desto effektiver *fühlen* wir uns. Mit zunehmender Taktzahl der Anforderungen steigt auch unser Dopaminspiegel. Wir müssen lernen, den durch Multitasking erzielten Beschäftigungsrausch nicht mit wohlverdienter Effektivität zu verwechseln. Dieser Rausch verstetigt unsere Effizienzillusion; wir reden uns ein, dass unsere Fähigkeit, unverbundene Tätigkeiten im Takt eines Schnellfeuergewehrs abzuarbeiten, gleichbedeutend sei mit guter Arbeit. Wie groß diese Multitasking-Illusion ist, hat Jonathan B. Spira, ein Analyst des Wirtschaftsforschungsunternehmens Basex, beschrieben. Er schätzt, dass Wissensarbeiter allein in den USA aufgrund von Ineffizienz und Ineffektivität, die auf Multitasking beruht, einen Verlust von 28 Milliarden Stunden erleiden.[14]

Unterteilen Sie Ihren Tag daher lieber in große Brocken. Je komplexer die Aufgabe, umso mehr ununterbrochene Arbeitszeit benötigen Sie. Natürlich kommt immer mal etwas dazwischen, vielleicht lenkt Sie beispielsweise der Geschäftsführer mit einem Anliegen ab, aber Ihr Ziel sollte es sein, sich so lange wie möglich auf eine Sache zu konzentrieren.

... mit Übung allein ist es nicht getan

Wenn Sie beim Lesen des letzten Abschnitts heimlich gedacht haben sollten: »Gut, ich verstehe das Argument, aber ich praktiziere Multitasking schon seit Jahren, ich bin darin Experte«, dann möchte ich Sie bitten, noch einmal neu nachzudenken. Multitasking ist einer der wenigen geistigen Bereiche, in denen Übung nicht den Meister macht. Eine Forschergruppe an der Stanford University hat Probanden in zwei Gruppen aufgeteilt: solche, die zumeist umfangreiches Multitasking zwischen verschiedenen Medien betrieben, und solche, die das nur selten taten. Sie vermuteten, dass diejenigen Probanden mit mehr Übung im Multitasking auch größere Fähigkeiten in dieser Hinsicht entwickelt hatten. Erstaunlicherweise war das Gegenteil der Fall.[15] Wer im Alltag viel Multitasking betrieb, erzielte bei entsprechenden Tests schwächere Ergebnisse. Der Grund: Serien-Multitasker gelang es weniger gut, die Spreu vom Weizen zu trennen; sie ließen sich schneller von irrelevanten und unwichtigen Informationen ablenken. Je mehr man Multitasking betreibt, desto weniger konzentriert ist man und desto schwerer fällt das Nachdenken. Machen Sie also weiter, wenn Sie möchten, aber behaupten Sie nicht, ich hätte Sie nicht gewarnt: Multitasking senkt Ihre geistigen Fähigkeiten und Ihre Leistung.

Ablenkungen vermeiden

Wie oft switchen Sie am Arbeitsplatz zwischen Ihren Tätigkeiten? Egal welchen Schätzwert Sie nun im Kopf haben, ich wette, er ist zu gering. Einer am Boston College durchgeführten Studie zufolge, die in der Zeitschrift mit dem wunderbaren Namen *Cyberpsychology, Behavior, and Social Networking* veröffentlicht wurde, unterschätzen Menschen ihre Ablenkungsfrequenz um den Faktor zehn.[16] Die Forscher beobachteten die Augenbewegungen von Probanden, die an einem PC arbeiteten, während sich ein Fernsehgerät im selben Raum befand. Tatsächlich wanderten die Augen – und damit auch die Aufmerksamkeit – durchschnittlich alle 14 Sekunden zwischen den beiden Bildschirmen hin und her! Eine andere Untersuchung bei Büroangestellten zeigte, dass Menschen etwa alle drei Minuten ihre Aktivität wechseln.[17] Das ist beunruhigend, denn wie Gloria Mark von der University of California herausfand, brauchen Angestellte durchschnittlich 23 Minuten, um sich von Unterbrechungen wie etwa Telefonaten oder eingehenden E-Mails und deren Beantwortung zu erholen und zu der ursprünglichen Aufgabe zurückzukehren.[18]

Manche Ablenkungen sind unvermeidlich. Viele jedoch verursachen wir selbst – genauer gesagt sind es 44 Prozent, wie Mark erläutert.[19] Wenn wir ehrlich zu uns sind, ist das Hin und Her ziemlich oft nicht notwendig; vielmehr ist das Neue einfach aufregender und das Einfache attraktiver als geistig fordernde Aktivitäten wie tiefes Nachdenken. Also reagieren wir auf das Ping-Geräusch einer neuen E-Mail und wechseln zu unserer Inbox; wir geben uns einem Chat hin, anstatt konsequent eine ernste Herausforderung zu durchdenken.

Besser wäre, die Ablenkung von vornherein zu vermeiden. Jeder Leser dieses Buches sollte sich zuallererst um seinen E-Mail-Notifier kümmern. Schalten Sie ihn ab oder, besser noch, schließen Sie Ihr E-Mail-Programm vollständig, während Sie an einem fetten Brocken arbeiten. Sie können Ihr Handy oder zumindest Ihren Notifier auf lautlos stellen. Ebenso können Sie optische Ablenkungsquellen entfernen.

So beschwerte sich die Frau eines Freundes regelmäßig über den Grad seiner »Anwesenheit«, wenn beide zusammen waren – sein Smartphone lag immer in Bereitschaft und lockte ihn von ihr weg. Er erklärte sich endlich bereit, bei abendlichen Restaurantbesuchen das Handy nicht mehr auf dem Tisch abzulegen. Es funktionierte; er war weniger abgelenkt.

Welche Ablenkungen könnten Sie vermeiden? Und wie werden Sie das anstellen?

Feuerstöße abgeben

Um sich auf die großen Aktivitätsbrocken konzentrieren zu können, muss man auch Gelegenheiten schaffen, sich um E-Mails und die einfachen Aufgaben auf seiner To-do-Liste zu kümmern. Ich nenne dies »Feuerstöße abgeben«. Das mag extrem klingen, aber ich stelle mir gern vor, mit dem Maschinengewehr durch E-Mails und sonstige Mitteilungen zu stürmen und diese Ablenkungen niederzumähen, bevor ich zu meinen Hauptprioritäten zurückkehre, denen ich die großen Zeitbrocken widme. Nur selten finde ich in meiner Inbox etwas Weltbewegendes vor, doch das heißt nicht, dass ich ihren Inhalt ignorieren kann.

Bei meinen Salven auf die Inbox und andere Aufgaben folge ich drei Regeln:

- *Die passende Uhrzeit wählen.* Das Maschinengewehr kommt nur zu festgelegten Tageszeiten zum Einsatz. In der restlichen Zeit bleibt das E-Mail-Programm geschlossen und die To-do-Liste unbeachtet. Sie benötigen diese Liste nicht, um zu erkennen, was wirklich wichtig ist: Das wissen Sie ohnehin (und wenn nicht, ist es nicht wichtig).

- *Die Salven zeitlich begrenzen.* Mikroaufgaben sind von Natur aus so beschaffen, dass sie leicht den Arbeitstag überschwemmen können, wenn man sie alle abzuarbeiten versucht. Setzen Sie sich eine Frist oder, besser noch, stellen Sie einen Wecker. Sie schützen damit nicht nur die Zeit für Ihre wichtigen Aufgaben, sondern verleihen Ihren Salven zudem ein Gefühl der Dringlichkeit.

- *Die Zwei-Minuten-Regel befolgen.* David Allen hat diese Regel formuliert: Jeder Punkt in Ihrer Inbox oder auf Ihrer To-do-Liste, der in weniger als zwei Minuten erledigt werden kann, sollte sofort angegangen werden. Der Zeitaufwand für die Organisation oder Ablage der Tätigkeit wäre sonst größer als der Zeitbedarf, um sie auszuführen.

Die Aufmerksamkeit wiederherstellen

Muskeln sind darauf angelegt, kurz und intensiv belastet zu werden, um sich anschließend wieder zu erholen. Wenn Sie jemals versucht haben, Ihre Vorderarme so lange wie möglich gestreckt zu halten, dann wissen Sie, dass Muskeln für eine dauerhafte Beanspruchung nicht taugen. Es wird nämlich rasch sehr unangenehm. Man kann sich das Gehirn wie einen Muskel vorstellen: Es funktioniert am besten bei stoßweiser Beanspruchung. Würde man ein Bild der optimalen Hirn- oder auch Körpernutzung zeichnen, gliche es der Aufzeichnung eines Herzfrequenzmonitors. Doch unser vielbeschäftigtes Leben hat damit wenig zu tun. Viele Menschen erleben stattdessen vom Moment des Aufstehens an bis zum Beginn der Nachtruhe einen ununterbrochenen Zustand des Busy-Seins – vergleichbar einer horizontalen Linie auf dem Herzfrequenzmonitor.

Die größte Hürde, die klarem Denken in unserer modernen Welt entgegensteht, ist womöglich das, was Linda Stone als *anhaltende Halbaufmerksamkeit* bezeichnet.[20] Wir konzentrieren uns nur zur Hälfte, dafür jedoch auf alles, und zwar ständig, weil wir nichts verpassen wollen. Ohne Unterlass suchen wir unsere Umgebung nach Informationen, Botschaften, Reizen und möglichen Bedrohungen ab. Wir sind immer wachsam, immer auf Empfang und immer bemüht, so effizient wie möglich zu sein.

In dieser Dosierung ist anhaltende Halbaufmerksamkeit fragmentierend, anstrengend und inhaltslos; sie gefährdet unser Denk- und Konzentrationsvermögen. Um sein Leben zu meistern, muss man ganz sicher nicht jede Minute wachsam und in Dinge vertieft sein. Stattdessen sollte man seine Tage begreifen als intensive Konzentrations- und Anstrengungsimpulse, gefolgt von Erholungspausen.

Doch wie bringt man beides in ein vernünftiges Gleichgewicht? Einer aktuellen Studie der Hersteller der Zeiterfassungs-App Desk-Time zufolge liegt das optimale Verhältnis bei 52 Minuten Konzentration, denen sich eine Pause von 17 Minuten fern des Schreibtischs anschließt. Um dies zu ermitteln, wurden die Verhaltensmuster des effektiven Zehntels aller untersuchten Büroangestellten elektronisch beobachtet.[21] Ich möchte Ihnen nicht vorschlagen, strikt einem 52/17-Schema zu folgen, sondern nur, Impulse in Ihren Arbeitstag einzuführen. Phasen intensiver Aktivitäten sollten von Erholungsphasen unterbrochen werden, sodass Ihr Körper sich entspannen und Ihre Aufmerksamkeitssysteme sich neu ordnen können.

Unwillkürliche Aufmerksamkeit

Da Aufmerksamkeit so wichtig ist: Wie frischt man sie wieder auf, wenn sie erlahmt? Wie lässt sich die Konzentrationsfähigkeit steigern? Diese Frage stellte sich der Psychologe Stephen Kaplan und entwickelte die sogenannte *Attention Restauration Theory* (ART),[22] die zwei Formen von Aufmerksamkeit unterscheidet: gezielte und unwillkürliche. Gezielte Aufmerksamkeit erfordert Anstrengung und Konzentration; das ausführende Netzwerk sorgt bewusst dafür, dass unsere gesamte Aufmerksamkeit dem jeweiligen Vorhaben gilt. Unwillkürliche Aufmerksamkeit liegt vor, wenn von Natur aus interessante Dinge wie ein schöner Sonnenuntergang unsere Aufmerksamkeit fesseln. Die ART behauptet, dass solche unwillkürliche Aufmerksamkeit es den Hirnrealen, die an gezielter Aufmerksamkeit beteiligt sind, ermöglicht, sich zu erholen und zu erfrischen.

Angesichts der Bedeutung von Konzentrationsfähigkeit beschlossen Marc Berman, John Jonides und Stephan Kaplan zu testen, wie Pausen beschaffen sein müssen, damit sich das Gehirn optimal erholt. Dafür baten sie ihre Probanden, einen Spaziergang zu machen. Manche mussten durch eine belebte Stadt spazieren, andere unternahmen einen Waldspaziergang. Es zeigte sich, dass der Waldspaziergang die kognitiven Leistungen signifikant verbesserte, während der Stadtspaziergang dies nicht bewirkte.[23] In der Stadt war gezielte Aufmerksamkeit erforderlich, um nicht von vorbeirasenden Taxis angefahren zu werden. Die angenehmen Anblicke und Geräusche der Wälder hingegen sorgten für unwillkürliche Aufmerksamkeit, sodass die gezielte Aufmerksamkeit ganz zum Erliegen kam.

Die Moral dieser Geschichte lautet nicht, dass wir unbedingt Wälder und Bäume benötigen, sondern vielmehr, dass wir nach Möglichkeiten suchen sollten, unsere unwillkürliche Aufmerksamkeit anzuregen, um unsere Konzentrationsfähigkeit zu regenerieren. Es trägt wenig zu unserer geistigen Erholung bei, wenn wir unsere Aufmerksamkeit lediglich von der Arbeit auf WhatsApp, den Fernseher oder ein beliebiges Computerspiel verlagern – sie alle erfordern Konzentration.

Erholungsphasen einplanen. Die vielbeschäftigten Unternehmensberater der Boston Consulting Group wurden praktisch gezwungen, geplante Erholungspausen einzulegen. Sie verpflichteten sich, unabhängig von ihrer jeweiligen Arbeitsbelastung sich einen Abend pro Woche freizunehmen. Selbst dieser kleine Schritt löste bei den Beratern die Alarmglocken aus: Sie befürchteten, dass sie ihre Kunden enttäuschen oder ihre Karriere gefährden könnten und dass sich die Arbeit auf ihrem Tisch stapeln würde. Stattdessen stieg ihre Arbeitszufriedenheit, ihre berufliche Entwicklung wurde positiv beeinflusst und sie hatten das Gefühl, ihren Kunden einen höheren Mehrwert zu bieten.[24] Der Trick bestand darin, die Erholungspausen zeitlich festzulegen; dies erhöhte die Chance, dass sie tatsächlich wahrgenommen wurden. Wie könnte Ihr persönlicher Zeitplan aussehen?

Aus dem Kopf heraustreten. Als Kopfarbeiter vergisst man leicht, dass wir aus mehr als einem Gehirn bestehen. Aufgrund unserer Arbeit, unserer Interessen und unserer Ablenkungen bewegen wir uns relativ wenig; wir sitzen überwiegend vor dem Bildschirm und denken nach. Doch falls Sie es vergessen haben sollten: Sie haben auch noch einen Körper. Um Ihren Geist zu erfrischen, müssen Sie auch Ihrem Körper Erholung bieten. Fangen Sie beispielsweise an zu atmen! Linda Stone entdeckte, dass 80 Prozent aller Menschen beim Tippen nicht richtig atmen (ein furchtbarer Gedanke angesichts all der Stunden, die ich mit dem Tippen dieses Buchmanuskripts zugebracht habe!). Sie bezeichnet dies als *E-Mail-Apnoe*.[25] Stehen Sie also auf, bewegen Sie sich und beginnen Sie zu atmen! Bauen Sie möglichst Aerobic-Übungen in Ihren Tagesablauf ein. Aber auch eine leichtere Verbesserung Ihrer Atemroutine (etwa durch einen Gang die Treppe hoch) wird Ihrer Aufmerksamkeit neuen Schwung verleihen.

Ruhepausen optimieren. Sie haben nicht viel Zeit zu verlieren – wie also sorgen Sie dafür, dass Ihre Erholungspausen möglichst effektiv sind? In Tabelle 1 finden eine kleine Übersicht der vier Elemente, die Sie beachten sollten, damit Ihre Erholungspausen sich optimal auf Ihre Konzentrationsfähigkeit auswirken.

Nahrung	Aufmerksamkeit
Kurbeln Sie Ihren Energiehaushalt mit Wasser und Nahrung an. Etwa die Hälfte aller Menschen lebt mit einem leichten bis chronischen Flüssigkeitsmangel. Achten Sie daher auf genügend Wasserzufuhr. Probieren Sie außerdem einmal Lebensmittel wie Nüsse und Bohnen, die den Blutzuckerspiegel nur langsam erhöhen.	Unterscheiden Sie zwischen konzentrierter, absichtsvoller und mäandernder, gedankenverlorener Aufmerksamkeit. Wenn Sie konzentriert waren, sollten Sie in Ihren Pausen zielloser sein. Haben Sie auf Ihren Bildschirm gestarrt, dann wenden Sie sich ab (umschalten zu Google, Twitter und Facebook lässt dem Gehirn keine Chance zur Erholung).
Bewegung	**Gefühl**
Wenn Sie während Ihrer Aktivitätsphase körperlich inaktiv waren, bewegen Sie sich. Sorgen Sie für eine veränderte Pulsfrequenz; legen Sie für einige Minuten Ihren Kopf beiseite und nehmen Sie Besitz von Ihrem Körper. Gehen Sie spazieren, strecken Sie sich, steigen Sie einige Treppen hoch. Alles, was Ihren Körper in Bewegung versetzt und Sie zu tieferem Atmen verleitet, ist erlaubt.	Eine hervorragende Methode, um sich schnell zu erholen, besteht in einem Stimmungswechsel. Versuchen Sie, mit Musik, einem Gespräch oder durch Bewegung in eine andere Grundstimmung zu kommen (siehe auch *Reversal-Theorie*).

Tabelle 1: Die vier Elemente Ihrer Erholung

... und schlafen. Die Stanford-Forscherin Cheri Mah führte folgenden Versuch durch: Sie bat einige Basketballspieler, ihren normalen Schlafrhythmus einige Wochen lang aufrechtzuerhalten. Anschließend sollten sie über fünf bis sieben Wochen hinweg mehr Nickerchen halten und nachts zehn Stunden lang schlafen. Mit zuneh-

mender Schlafdauer erzielten sie durchschnittlich 9 Prozent mehr Dreipunkt- und Freiwürfe![26] Schlaf ist wichtig; er stellt unsere Aufmerksamkeit wieder her und steigert so unsere Leistungsfähigkeit. Tatsächlich wird der Schaden für die US-Wirtschaft, den der Schlafverlust aufgrund unseres hektischen Lebensstils verursacht, auf jährlich 63 Milliarden US-Dollar geschätzt.[27]

Legen Sie Nickerchen ein, wann immer Sie dazu Gelegenheit haben. Da ich in Spanien lebe, liebe ich natürlich die Siesta! Doch ich schätze ebenso eine Empfehlung von Arianna Huffington, einer leidenschaftlichen Schlafbefürworterin: Stellen Sie sich den Wecker ... um sich daran zu erinnern, dass es Zeit ist, ins Bett zu gehen!

Das Wichtigste in Kürze

Ihr Gehirn ist das womöglich komplexeste Objekt der Welt. Es ist in jeder Hinsicht beeindruckend, aber es ist nicht dafür gemacht, all die Anforderungen, Reize und Ablenkungen zu verarbeiten, denen Sie es aussetzen.

Wie effektiv und glücklich wir sind, hängt vollständig von unserem Vermögen ab, uns zu konzentrieren und präsent zu sein. Daher ist Aufmerksamkeitsmanagement viel wichtiger als Zeitmanagement.

Drei Aspekte beeinflussen unsere Aufmerksamkeitssysteme: das ausführende Netzwerk, das uns beim Konzentrieren unterstützt; das Orientierungsnetzwerk, das Neuigkeiten entdeckt und uns ablenkt; und das Warnnetzwerk, das über den Grad unserer Aufmerksamkeit entscheidet.

Die Aufmerksamkeit bündeln

- Wenn wir mehrere Dinge gleichzeitig tun, senkt Doppelaufgaben-Interferenz unsere Leistung – bei einem MBA-Studenten in Harvard auf das Niveau eines Achtjährigen.
- Erledigen Sie eins nach dem anderen, indem Sie Dinge *aus dem Kopf befördern* und Ihr Denken *externalisieren*.
- *Tauchen Sie tief in Ihre Tätigkeit ein*, indem Sie ein Wort wie »*überraschend*« oder »*großartig*« wählen, *auf das Sie sich konzentrieren*.

- Machen Sie Ihren Kopf frei, indem Sie *einen einfachen Plan entwerfen, um sich künftig vom Grübeln abzuhalten.*

Die Aufmerksamkeit wahren

- Das ständige Wechseln zwischen verschiedenen Aufgaben verlangsamt Ihre Arbeit um 40 Prozent, selbst wenn Sie das Gefühl haben, produktiv zu sein.
- Reduzieren Sie Ihre Wechselfrequenz zwischen Aufgaben, indem Sie größere Zeitbrocken für jede Tätigkeit reservieren und Ablenkungen auf ein Mindestmaß zurückfahren.
- Übung macht nicht den Meister: Eingefleischte Multitasker lassen sich leichter ablenken.

Die Aufmerksamkeit wiederherstellen

- Das Gehirn ist wie ein Muskel; es funktioniert am besten, wenn es in Konzentrationsimpulsen mit eingebetteten Erholungsphasen arbeitet.
- Bei *anhaltender Halbaufmerksamkeit*, dem ständigen Abtasten der Umgebung nach Informationen, verweigern wir unserem Konzentrationsmechanismus die Möglichkeit zur Neuorganisation und Regeneration.
- Der beste Weg, um unsere Konzentrationsfähigkeit wiederherzustellen, besteht im Dekonzentrieren – dem Einlegen von Phasen ohne gezielte Aufmerksamkeit.

Machen Sie dies sofort

Teilen Sie Ihre Zeit in große Brocken auf

Beginnen Sie gleich heute damit, große, ununterbrochene Zeitbrocken einzuführen, damit Sie sich länger einer Tätigkeit widmen können. Vermeiden Sie dabei Ablenkungen, indem Sie Ihren E-Mail-Notifier und Ihr Intranet abschalten.

Schießen Sie Salven auf Ihre E-Mails ab

Legen Sie Zeitfenster fest, in denen Sie täglich Ihre E-Mails und sonstigen Benachrichtigungen abarbeiten. Normalerweise ist diese Tätigkeit nicht sehr fordernd, deshalb sollten Sie sich dafür eine Tageszeit aussuchen, in der Sie etwas weniger ausgeruht sind, und sich die wichtigen Dinge für Ihre hellwachen Momente aufheben.

Probieren Sie das mal aus

Schlafen

Stellen Sie sich einen Wecker, um sich daran zu erinnern, dass es Zeit ist, ins Bett zu gehen!

Grübeln

Wenn Sie sich wieder einmal beim Grübeln erwischen, dann nehmen Sie einen Stift zur Hand und entwerfen Sie einen cleveren Plan. Das hilft Ihnen, die grüblerischen Gedanken zu vertreiben.

Kapitel 4
Verhandeln Sie um Ihr Leben

(... um all die Geschosse abzuwehren)

Im Jahre 1962 stand der Weltuntergang fast vor der Tür. Die Sowjetunion hatte eine Schiffsladung voller Atomraketen in Richtung Kuba geschickt. Sie näherten sich bereits der Inselnation, von wo aus die Raketen auf Ziele in den USA gerichtet werden würden. Präsident Kennedy wusste, dass er dies verhindern musste. Er hatte drei Möglichkeiten: die Raketen durchzulassen und die Bedrohung des US-amerikanischen Festlands hinzunehmen, mit einer Bombardierung und Invasion Kubas zu antworten oder ernsthaft zu verhandeln. Klugerweise nahm er die Bedrohung nicht hin. Zum Glück entschied er sich außerdem gegen eine Invasion, da die Sowjets 40.000 Soldaten auf Kuba stationiert hatten (was er nicht wusste) und die Kubaner außerdem über ein gut ausgebildetes Heer von 250.000 Mann verfügten. Stattdessen suchte er das Gespräch. In geschickten Verhandlungen konnten beide Seiten die Gefahr eines Atomkriegs knapp abwenden.

Jeder von uns kann angesichts immer neuer Schiffsladungen voller Geschosse, die uns anstarren, seine eigene Entscheidung treffen. Wir können das ständige Busy-Sein einfach hinnehmen, wie es die meisten Menschen tun. Wahlweise können wir auch zurückschlagen, indem wir kündigen oder »Zum Teufel damit!« sagen. Oder aber wir entscheiden uns, den Mund aufzumachen. Vielen Menschen widerstrebt das Reden und Verhandeln. Sie befürchten, am Ende nur zu verlieren oder beim Versuch, über mögliche Alternativen zum Busy-Sein zu sprechen, ihr dunkles Geheimnis zu offenbaren: dass ihnen ihr Leben außerhalb der Arbeitswelt etwas bedeutet. Sie möchten sich keinesfalls durch offene Worte den betrieblichen Anforderungen widersetzen. Doch der Preis einer Gesprächsvermeidung ist hoch – diese Menschen nehmen viel zu viel in Kauf.

Das gilt auch im Privatleben. Wie lässt sich mit den geliebten Menschen eine Übereinkunft hinsichtlich des optimalen Zeit- und Energieeinsatzes finden? Ist es besser, sich noch ein paar Stunden einzubringen, dem Sohn bei den Hausarbeiten zu helfen und die Tochter zum Fußballspiel zu begleiten, oder sollte man lieber ins Fitnessstudio gehen? Ihre Familienmitglieder werden Ihre Arbeitsbelastung nie ganz nachvollziehen können und Sie deren Sichtweise vermutlich auch nicht. Viele Gespräche, die aus einer kreativeren Reaktion auf das »Zuviel« erwachsen, werden mühsam sein.

Doch wenn Sie nach einer Zukunft Ausschau halten, die weder die ineffektive Plackerei des Busy-Seins noch einen drastischen Schritt beinhaltet, dann kommen Sie irgendwann an einem Gespräch nicht mehr vorbei. Ist diese Erkenntnis in Ihnen gereift, dann wird Ihnen dieses Kapitel weiterhelfen.

Verhandeln, um das Busy-Sein zu überwinden

In einem unsterblichen Monty-Python-Sketch aus dem Film *Das Leben des Brian* versucht ein verzweifelter Brian, einer Gruppe römischer Soldaten zu entkommen, die ihm auf den Fersen ist. An einem Marktstand wählt er sich einen falschen Bart als Verkleidung aus und versucht, ihn zu bezahlen. Der Händler versteht Brians Verhalten nicht und sagt: »Moment mal, wir müssen noch feilschen.« Als Brian eine Kürbisflasche dazulegt, verlangt der Händler weitere zehn Schekel. Brian ist einverstanden, doch der Händler entgegnet: »Nein nein nein. Sie ist keine zehn wert. Sie müssen dagegenhalten! Zehn dafür, Sie müssen verrückt sein!«

Dieser witzige und verrückte Sketch verweist auf zwei Standardannahmen in Bezug auf Verhandlungen: Man müsse immer feilschen und man müsse stets dagegenhalten. Roger Fisher und William Ury, die Initiatoren des Harvard Negotiation Project an der Harvard Law School, würden dem widersprechen (auf nicht konfrontative Weise, versteht sich!).[1]

Stellen Sie sich vor, eine Geschäftsführerin würde von einer Dienstreise zurückkehren. Sie hat ein Seminar zur besseren Vereinbarkeit von Berufs- und Privatleben absolviert und – frisch inspiriert – beschlossen, an ihrer Gesundheit und Fitness zu arbeiten. Sie betritt ihr Haus und erklärt ihrem Gatten, dass sie jetzt eine lange Jogging-Runde drehen werde. Ihr treuer Gefährte, der sich in ihrer Abwesenheit allein um Haus und Kinder gekümmert hat, bedeutet ihr unmissverständlich, dass er jetzt sofort abgelöst werden möchte; er sei mit Freunden verabredet. Da in diesem Fall niemand auf die Kinder aufpassen würde, können nicht beide ihren Willen erhalten. Üblicherweise würde nun gefeilscht (oder wie die Kesselflicker gestritten).

In ihrem Buch *Das Harvard-Konzept* schlagen Fisher und Ury eine Herangehensweise vor, die es ermöglicht, dass am Ende beide den Verhandlungsprozess als Sieger verlassen. Mir erscheint dieser Ansatz am besten geeignet, um die kniffligen Lebensstilverhandlungen zu führen, mit deren Hilfe man den Busy-Zustand überwinden kann. Er wird als *prinzipienorientiertes Verhandeln* bezeichnet und beruht auf zwei Grundsätzen: der Konzentration auf Grundbedürfnisse und dem Bemühen um Zustimmung.

Konzentrieren Sie sich auf Grundbedürfnisse

In jeder Verhandlung gibt es Bedürfnisse oder Prinzipien, die wir erfüllt sehen möchten, und bei der Vorbereitung auf die Verhandlung werden wir nach Wegen suchen, dies zu gewährleisten. Hieraus ergeben sich unsere Positionen. Die eigentliche Verhandlung besteht nun in einer Aussprache und einer Kompromisssuche zwischen unseren jeweiligen Positionen. In unserem Beispiel lautet die Position der Geschäftsführerin, die von einem Seminar zurückkehrt, dass sie zu einer langen Jogging-Runde aufbrechen will – sofort. Die Position ihres Ehegatten besagt, dass er abgelöst werden will – unverzüglich. Ganz offensichtlich lassen sich beide Positionen nicht gleichzeitig durchsetzen. Es wird einen Gewinner und einen Verlierer geben oder einen Kompromiss (zwei Verlierer).

Prinzipienorientiertes Verhandeln strebt Vereinbarungen an, die auf Grundbedürfnissen beruhen. Würde beispielsweise die Geschäftsführerin sich nicht auf ihren Wunsch, unverzüglich joggen zu gehen, konzentrieren, sondern stattdessen den Wunsch äußern, Beruf und Privatleben besser zu vereinbaren, würde ihr Ehemann ihr höchstwahrscheinlich zustimmen und sie darin unterstützen. Wenn dieser gleichzeitig erzählen würde, wie sehr ihn die Kinder in den letzten Tagen fertiggemacht hätten und ihm zu Hause die Decke auf den Kopf gefallen sei, könnte sie diese Gefühle nachvollziehen und verstehen, warum er sich nach erwachsenen Gesprächspartnern außerhalb der eigenen vier Wände sehnt.

Sobald man sich über die jeweiligen Grundbedürfnisse einig ist, kann sich der Zauber entfalten. Mann und Frau müssen nun nicht mehr miteinander konkurrieren und auf die Durchsetzung ihrer Positionen drängen. Stattdessen versuchen sie gemeinsam, Lösungen für Bedürfnisse zu finden, die sie beide akzeptieren. Am Ende könnten sie beispielsweise vereinbaren, gemeinsam mit den Kindern den Park aufzusuchen, einen Ball mitzunehmen und Fußball zu spielen (Bedürfnis nach körperlicher Bewegung erfüllt). Für den Abend wird ein Babysitter engagiert und ein Tisch im Restaurant reserviert (Bedürfnis nach Abwechslung erfüllt). Tatsächlich lassen sich die meisten Bedürfnisse auf vielfältige Weise befriedigen. Wenn wir unsere Bedürfnisse zum Ausgangspunkt unserer Diskussionen machen, können wir gemeinsam kreativ werden und Lösungen erarbeiten, die beiden Parteien voll gerecht werden (anstatt beide nur teilweise zufriedenzustellen).

Bemühen Sie sich um Zustimmung

Haben Sie schon mal des Teufels Advokat gespielt? In normalen Gesprächen ist damit gemeint, eine Diskussion nur um ihrer selbst willen zu führen. Nehmen wir etwa an, jemand würde behaupten, Babe Ruth sei der beste Baseballspieler aller Zeiten gewesen. Sie mögen diesbezüglich relativ neutral sein, machen sich aber für Barry Bonds stark, nur um die Debatte anzuheizen. Jetzt geschieht etwas Interessantes: Je länger und je eindringlicher Sie für Bonds plädieren, umso mehr überzeugen Sie sich selbst davon, dass der berühmte linke Außenfeldspieler der Giants tatsächlich der großartigste Baseballstar der Geschichte war. Das liegt noch nicht einmal an Ihren glanzvollen Argumenten; tatsächlich ist Ihr Kontrahent gleichzeitig immer stärker davon überzeugt, dass Babe Ruth dieser Ruhm gebührt. Dies erklärt sich aus kognitiver Dissonanz: Wenn wir mit Verve für etwas argumentieren, gleichen sich unsere Überzeugungen unseren Argumenten an. Es ist wahrscheinlicher, dass wir uns selbst von etwas überzeugen als unseren Gegner!

Auf Verhandlungen angewandt bedeutet dies, dass ein Argumentieren oder »Verhandeln« auf der Grundlage unterschiedlicher Meinungen die Kontrahenten tatsächlich weiter auseinandertreiben kann, was die Chance, eine tragfähige Einigung zu erzielen, schmälert. Bemühen Sie sich stattdessen in Ihren Verhandlungen lieber um *Zustimmung*, um die Aussichten auf eine für beide Seiten akzeptable Lösung zu verbessern.

Nehmen wir an, Sie wollten Ihre Grenzen neu aushandeln: Sie möchten mehr gemeinsame Zeit mit Ihren Freunden und Ihrer Familie verbringen. Es geht Ihnen nicht darum, weniger zu arbeiten, aber Sie mussten feststellen, dass Sie angesichts all Ihrer Überstunden, der langen Arbeitswege und der E-Mails, die auch abends und am Wochenende eintrudeln, kaum noch zu Hause in Erscheinung treten. Sie könnten nun ins Zimmer stürmen und einen Dienstschluss um 16:30 Uhr verlangen (eine Position), da Sie einen langen Arbeitsweg hätten. Ihre Vorgesetzte hat daraufhin nur zwei Möglichkeiten: Sie kann Ja oder Nein sagen. Sagt sie Ja, ist alles gut, vorausgesetzt, dass Ihre Vorgesetzte sich über Ihre Anfrage nicht geärgert hat und in eine Ecke gedrängt fühlte. Sagt sie aber Nein, welche Optionen bleiben Ihnen dann? »Ich möchte um 16:30 Uhr nach Hause gehen ... [Nein] ... Aber ich habe einen so langen Arbeitsweg ... [Nein] ...

Ich sehe meine Kinder kaum noch ... [Nein] ... Sind Ihnen Kinder denn völlig egal?« Das führt nirgendwohin. Das Gespräch beginnt mit einer Meinungsverschiedenheit, und je hitziger die Diskussion wird, desto weiter entfernen Sie sich voneinander.

Wird das Gespräch hingegen auf eine viel breitere Grundlage gestellt, werden Bedürfnisse zur Sprache gebracht, so kann man auf einem Einvernehmen aufbauen. »Meine Arbeit und meine Familie sind mir beide wichtig. ... [Einverstanden] ... Ich möchte beides miteinander vereinbaren können ... [Einverstanden] ... Werden Sie mir dabei helfen, eine Lösung zu finden, die uns beide zufriedenstellt? ... [Einverstanden] ...«

Um Ihre Grenzen auf positive, produktive Art und Weise neu auszuhandeln, müssen Sie daher Folgendes tun:

- Vergewissern Sie sich, dass Sie Ihre zugrunde liegenden Bedürfnisse genau kennen. Überprüfen Sie, ob sich diese von Ihren aktuell vertretenen Positionen unterscheiden.
- Beschreiben Sie zunächst Ihre Bedürfnisse. Vergessen Sie dabei nicht, das Zauberwörtchen »weil« zu verwenden (wie zu Beginn des Buches erwähnt).
- Bemühen Sie sich, die Bedürfnisse Ihres Gegenübers zu verstehen.
- Stellen Sie ein Einvernehmen her, bevor Sie sich an einer Lösung versuchen.
- Werden Sie kreativ, sobald ein Einvernehmen erzielt wurde. Entwickeln Sie gemeinsam Lösungen, die den Bedürfnissen beider Seiten gerecht werden.

Wann Kompromisse hilfreich sind

Williams-Sonoma ist ein Hersteller hochwertiger Küchenausstattung. Nachdem das Unternehmen seine Brotmaschine einige Zeit lang angeboten hatte, entschied es sich, eine verbesserte Version herzustellen. Die neue Brotmaschine wurde mit einem Preisaufschlag verkauft, um ihre höhere Qualität und bessere Ausstattung zu betonen. Nun geschah das Unerwartete: In kürzester Zeit verdoppelten sich die Verkaufszahlen der ursprünglichen Brotmaschine.

Wie der Forscher Itamar Simonson erläutert, liegt dies an der Neigung von Verbrauchern, »Kompromissentscheidungen« zu treffen.[2] Die neue Brotmaschine erregt Aufmerksamkeit; es wäre wunderbar, sie zu besitzen, aber sie ist zu teuer. Dann erkennt man, dass sich mit dem Originalmodell ebenfalls gutes Brot backen lässt und es im Vergleich zur neuen Version preisgünstig wirkt – und so erscheint es plötzlich als attraktive Option. Man hat das Gefühl, eine vernünftige Entscheidung zu treffen.

Nehmen wir also an, Sie müssten wöchentlich einen lästigen Bericht schreiben, was Ihrer Meinung nach mehr Zeit erfordert, als es wert ist. Sie könnten nun Ihrem Vorgesetzten einen Vorschlag mit drei Optionen unterbreiten: erstens, den Bericht auch weiterhin zu schreiben; zweitens, eine aussagekräftige, aber deutlich abgespeckte Version zu erstellen; und drittens, einen Minimalbericht zu verfassen. Vor diese Auswahl gestellt, wird Ihr Chef sehr wahrscheinlich die mittlere Option wählen, die seine Bedürfnisse weiterhin erfüllt, Ihnen aber viel Zeit spart. Dieser Ansatz dürfte Ihre Belastung reduzieren und gleichzeitig Ihren Vorgesetzten zufriedenstellen – schließlich war er es, der entschieden hat, dass Sie weniger tun sollen.

Einen Fuß in die Tür bekommen

Steigt die Wahrscheinlichkeit, zur Wahl zu gehen, wenn man gefragt wird, ob man beabsichtigt zu wählen? Der Sozialwissenschaftler Anthony Greenwald hat potenziellen Wählern am Vorabend einer Wahl genau diese Frage gestellt und kam zu einem positiven Ergebnis. Diejenigen, die gebeten wurden, ihr Verhalten zu prognostizieren, gingen mit einer um 25 Prozent höheren Wahrscheinlichkeit zur Wahl als jene, die nicht befragt wurden (86,7 Prozent versus 61,5 Prozent).[3] Dieser Effekt tritt auf, weil wir uns im Zeitverlauf um widerspruchsfreies Verhalten bemühen. Wenn wir also in einer bestimmten Weise handeln oder einer Kleinigkeit zustimmen, steigt die Wahrscheinlichkeit deutlich, dass wir uns später in einer damit konsistenten Weise verhalten.

Wenn Sie Ihr Verhalten am Arbeitsplatz ändern wollen und Ihren Chef dazu bewegen möchten, dieser Veränderung zuzustimmen, dann beginnen Sie mit sehr, sehr kleinen Bitten, denen man kaum widersprechen kann. Hat Ihr Chef diese erst einmal akzeptiert, steigen die Chancen deutlich, dass er auch Ihrem echten und weit größeren Anliegen zustimmen wird. Möchten Sie beispielsweise einen Tag pro Woche von zu Hause aus arbeiten, könnten Sie damit beginnen, die Erlaubnis für ein einziges Mal einzuholen. Dies wird Ihnen den Weg für ein größeres Anliegen ebnen.

Zeit, »Nein« zu sagen

Würden Sie jemandem einen tödlichen elektrischen Schock versetzen, wenn ein Mann im weißen Laborkittel Sie dazu auffordern würde? Oder würden Sie »Nein« sagen? In einem der schaurigsten psychologischen Experimente aller Zeiten untersuchte der Psychologe Stanley Milgram die Wirkung von Autorität auf menschliches Handeln (das war im Jahre 1961, kurz nachdem in Jerusalem der Prozess gegen den Kriegsverbrecher Adolf Eichmann begonnen hatte).[4] Den Testpersonen wurde gesagt, dass sie »Lehrer« seien und den »Schülern« kleine elektrische Schocks verabreichen sollten, wenn sie die ihnen gestellten Fragen falsch beantworteten. Bei jeder falsch beantworteten Frage wurde die Stromspannung um 15 Volt erhöht (so erzählte man es den Testpersonen – tatsächlich wurden keinerlei Stromschläge verabreicht). Man versicherte den Probanden, dass sie ganz beruhigt sein könnten; sie seien für die Folgen nicht verantwortlich. Obwohl sie zunehmend lautere Schreie und verzweifelte Bitten, das Experiment zu beenden, hörten, befolgten 65 Prozent der Probanden weiterhin alle Anweisungen, bis hin zum stärksten Elektroschock: massiven 450 Volt! Zu keinem Zeitpunkt sagten sie »Nein«.

Im Arbeitsleben haben wir es mit zahlreichen Autoritätspersonen zu tun, die uns vorschreiben können, wie wir zu handeln haben. Autorität kann unser Bedürfnis, Verantwortung für unser Tun zu übernehmen, mindern: Wenn uns jemand etwas vorschreibt, müssen wir nicht mehr selbst entscheiden. Außerdem fällt das Neinsagen immer schwer, insbesondere gegenüber Vorgesetzten. Doch wer Grenzen setzen und die mit dem ewigen Ja verbundene Plackerei abwenden will, kommt irgendwann um dieses kleine Wort nicht mehr herum.

Die Kraft, »Nein« zu sagen

Bevor wir beleuchten, was man sagen sollte, lassen Sie uns kurz über Gefühle sprechen. In einer der populärsten TED-Reden aller Zeiten beschreibt Amy Cuddy, wie sehr sich unsere Körperhaltung auf unser Selbstvertrauen auswirkt. In einer Untersuchung bat sie Studenten, nur zwei Minuten lang »kraftvoll zu stehen«, wodurch sich ihr Testosteronspiegel um 10 Prozent erhöhte (ein Ausdruck von Selbstvertrauen) und ihr Cortisolspiegel (das Stresshormon) um 25 Prozent sank. Vor die Möglichkeit gestellt, eine Wette einzugehen, entschieden sich 50 Prozent mehr Mitglieder der Gruppe mit kraftvoller Körperhaltung für dieses Risiko als Mitglieder der Kontrollgruppe mit kraftloser Körperhaltung. All dies vollzog sich in nur zwei Minuten![5]

Wie sieht eine kraftvolle Körperhaltung nun aus? Ganz einfach: Machen Sie sich groß. Stehen Sie mit geöffneten Armen und Beinen, breiten Schultern und mit stolz erhobenem Kopf. Mein Lieblingsvorbild ist die Pose der »Wonder Woman«, einer Comic-Superheldin. Sie steht erhobenen Hauptes mit schulterbreitem Stand, die Hände in die Hüften gestemmt. Es mag Ihnen lächerlich vorkommen, sie nachzuahmen, aber das macht nichts, wenn es Ihnen die Schwere vor dem Neinsagen nimmt. Suchen Sie sich ein ruhiges Plätzchen, um sich dort für einige Minuten »großzumachen«, und gehen Sie dann los und sagen Sie kraftvoll: »Nein!«

Das ehrliche Nein

Im Jahre 1901 wurde Harry Houdini in Handschellen gelegt und in eine überdimensionierte, mit Wasser angefüllte Milchkanne gesteckt. Dort gefangen, blieb ihm nur eine überschaubare Zeit, bis der Sauerstoff ausging und er ertrinken würde. Nach heftigem Gezappel entstieg er der Kanne und wurde von der Menge frenetisch gefeiert. Seine Befreiungsaktion erlangte bald Kultstatus. Die Aussicht aufs Neinsagen hat die Angewohnheit, den Befreiungskünstler in uns hervorzulocken. Die Aufforderung, dies zu tun, bringt uns in Verlegenheit. Wir zieren und winden uns und hoffen, beizeiten einen Ausweg zu finden.

Nehmen wir einmal an, Sie wären gerade gebeten worden, am kommenden Wochenende an einer wichtigen Konferenz teilzunehmen. Was tun Sie? Lehnen Sie mit der Begründung ab, dass Sie lieber Zeit mit Ihrer Familie verbringen wollen, oder werden Sie kreativ? Unser Fluchtimpuls kann so stark werden, dass wir eine überzeugend klingende, von A bis Z erfundene Ausrede vorbringen, um zu beweisen, dass wir einfach nicht Ja sagen können: »Mein alter Schulfreund, dessen Spur ich jahrelang verloren hatte und der mit mir durch dick und dünn gegangen ist, kommt mich mit seinem dreibeinigen Chihuahua besuchen, der an Hundeleukämie leidet, deshalb ist das vielleicht meine letzte Chance, ihn zu sehen.« Der Drang, Ausreden zu erfinden, um unangenehmen Situationen zu entkommen, ist nahezu unwiderstehlich. Er überlagert alles. Zwar gelingt die Flucht damit oft tatsächlich, aber in ähnlichen Gesprächssituationen geht alles von vorn los: »Könnten Sie heute wohl länger bleiben, um mir bei meinem Bericht zu helfen?« – »Oh, das würde ich gerne tun [Lüge], aber [Ausrede ...] mein Wellensittich muss dringend zum Tierarzt.« – »Ach, das ist ja schade, aber wie wär's mit morgen?«

Ich bin zwar ein großer Anhänger von Kreativität, aber wenn es ums Neinsagen geht, ist es besser, bei der Wahrheit zu bleiben. Eine Flucht kann uns aus einer unangenehmen Situation befreien und ist oft der Versuch, eine Beziehung nicht zu beschädigen, aber sie führt mitunter in die Sackgasse. Es mag sich schwieriger anfühlen, die

Wahrheit zu sagen, aber es erleichtert oft das Abstecken von Grenzen und hilft einem, Prioritäten zu vermitteln.

Ach, und übrigens, sagen Sie zur Entschuldigung nicht: »Ich bin busy.« Das mag zwar stimmen, aber es ist nicht präzise genug und wird als unhöfliche Abfuhr empfunden.

Das gedankenvolle Nein

Eines der Dinge, die uns dazu bewegen können, statt eines ehrlichen Nein entweder Ja zu sagen oder uns eine Ausrede zu überlegen, ist das Gefühl, im Scheinwerferlicht zu stehen. Angesichts einer unerwünschten Anfrage, die wir eigentlich mit einem Nein bescheiden würden, sagen wir oft nur deshalb Ja, weil wir sie nicht schnell genug durchdenken können. Unter Druck ziehen wir uns auf die Standardantwort »Ja« zurück. Vielleicht benötigen wir etwas Zeit, um auf Grundlage unserer anderweitigen Verpflichtungen eine Antwort zu formulieren. Oder aber wir wissen schon, dass wir Nein sagen möchten, suchen aber noch nach der besten Verpackung dieser Aussage. Wie dem auch sei: Verlassen Sie das Scheinwerferlicht. Sagen Sie: »Lassen Sie mich darüber nachdenken« oder »Geben Sie mir fünf Minuten«. Überlegen Sie sich anschließend mit kühlem Kopf Ihre Antwort. Bestimmtheit ist nicht dasselbe wie schnelles Denken. Lassen Sie sich Zeit, treffen Sie die richtige Entscheidung und suchen Sie erst dann das Gespräch.

Das positive Nein

Um auf effektive Weise Nein zu sagen, muss man zuerst Ja sagen. Dieses Ja ist der entscheidende Grund für Ihr Nein. Wer ein wichtiges Ja im Rücken hat, dem fällt das Neinsagen viel leichter, denn er hat dafür einen guten Grund. Dieser Grund liefert auch die nötige Motivation, um Nein zu sagen. Wenn Sie Nein zum Busy-Sein sagen, dann geht es Ihnen nicht darum, nicht mehr busy zu sein, sondern

Sie möchten tiefer eintauchen, effektiver und energiegeladener sein und Verbundenheit verspüren. Finden Sie Ihr großes Ja, dann werden Sie auch Ihr Nein entdecken.

In seinem Buch *Nein sagen und trotzdem erfolgreich verhandeln* schlägt William Ury vor, sich das eigene Nein wie einen Baum vorzustellen.[6] Ursprung und Stärke des Nein leiten sich aus dem großen Ja ab, den Wurzeln. Hier beginnt jede Vorbereitung auf das Nein und dessen Artikulation. Nun folgt der Stamm, wo man ein einfaches, deutliches und emotionsfreies Nein äußert. Der letzte Teil des »positiven Nein« besteht in dem Versuch, eine Lösung zu finden, sprich, einen konstruktiven Vorschlag zu unterbreiten.

Dabei geht es nicht darum, das Nein wieder abzuschwächen. Ihr Vorschlag muss mit Ihrem großen Ja und Ihrem klaren Nein vereinbar sein. Er sollte auch keine falschen Hoffnungen wecken. Ihr Nein kann oft in Form einer dritten Möglichkeit geäußert werden. Angenommen, man bittet Sie, eine Mitarbeiterbefragung durchzuführen, um den Bedarf an Fortbildungsmaßnamen zu ermitteln. Ihre Stelle hat nichts mit Fortbildungen zu tun, aber Sie verfügen über einige Erfahrung bei Erhebungen. Sie arbeiten gerade an einem größeren Projektstart (Ihr großes Ja) und möchten nicht von einer Umfrageentwicklung abgelenkt werden. Nachdem Sie Ihr großes Ja erläutert und Ihr Nein deutlich kommuniziert haben, möchten Sie nun mit einem Ja schließen, einer dritten Möglichkeit. Sie könnten beispielsweise sagen: »Schauen Sie, ich bin gern bereit, als informeller Berater in dieser Sache zu fungieren. Wenn Sie Ihre Ziele und Vorstellungen formuliert haben, kommen Sie doch vorbei, und ich sage Ihnen meine Meinung dazu. Würde Ihnen das weiterhelfen?«

Das Projektmanagement-Nein

Im Projektmanagement gibt es das Bild des magischen Dreiecks. Dieses beinhaltet die drei zentralen Steuergrößen, die jedes Projekt beeinflussen; eine Änderung einer dieser Größen wirkt sich unmittelbar auf die anderen beiden aus (Abbildung 1).

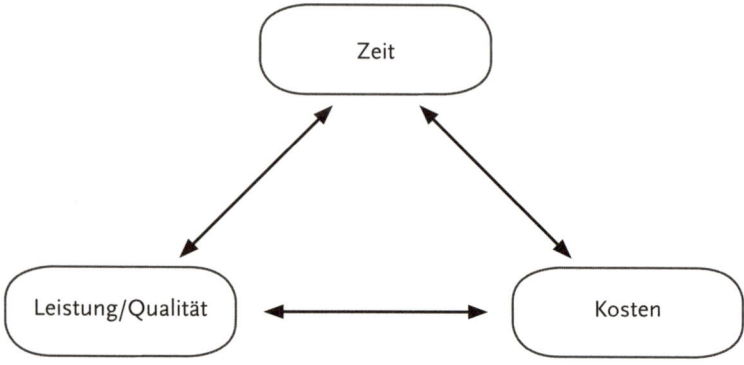

Abbildung 1: Das magische Dreieck

Stellen Sie sich vor, Sie müssten ein Sportstadion für die nächsten Olympischen Spiele bauen. Werden Leistungsumfang oder Qualität erhöht, zum Beispiel weil jemand sagt »Lasst uns das Stadion doch mit einem Schiebedach ausrüsten«, dann wird sich dies entweder auf das erforderliche Budget oder auf die Gesamtbauzeit auswirken – oder auf beides. Da es bei einer Olympiade einen festen Fertigstellungstermin gibt, haben Änderungen hinsichtlich des Leistungsumfangs oder der Qualität unmittelbare Folgen für den Ressourceneinsatz (zum Beispiel: »Wir müssen rasch viele zusätzliche Arbeiter einstellen«) und umgekehrt.

Eine Absage im Zusammenhang mit Busy-Sein gründet oft auf allgemeiner Arbeitsbelastung. Angesichts all der anderen zu bewältigenden Herausforderungen sagt man Nein zu unrealistischen Erwartungen. Dieses »Projektmanagement-Nein« beinhaltet, die Konsequenzen eines Ja zu erläutern. Es bedeutet, einerseits die ursprüngliche Forderung mit einem Nein zu bescheiden, andererseits aber ein bedingtes Ja offenzulassen für den Fall, dass Ihr Gegenüber bereit ist, die anderen Steuergrößen entsprechend anzupassen. Nehmen wir beispielsweise an, man hätte Sie gebeten, bis Freitag eine Präsentation über die Marketingausgaben Ihrer Abteilung im letzten Fiskaljahr auszuarbeiten. Sie mögen erkannt haben, dass dieses Ansinnen unerfüllbar ist. Dennoch könnten Sie sagen, dass Sie die Präsentation übernähmen, wenn ihr Umfang reduziert, sie eine Woche später terminiert oder wenn Ihnen Unterstützung bei der Ausarbeitung (oder bei Ihren anderen Aufgaben) zugesagt würde. Damit kann das Nein einer rationalen Verhandlung weichen.

Das Wichtigste in Kürze

Wir können nicht immer mehr Aufgaben übernehmen und immer mehr schaffen. Im Interesse unserer Familie und unserer Arbeit, aber auch in unserem eigenen Interesse müssen wir irgendwann beginnen zu verhandeln.

Verhandeln, um das Busy-Sein zu überwinden

- Wenn Sie verhandeln möchten, *feilschen Sie nicht!* Sprechen Sie über Ihre *Grundbedürfnisse* und über jene Ihres Gegenübers. Versuchen Sie, darüber ein *Einvernehmen* herzustellen, und entwickeln Sie auf dieser Grundlage *kreative Lösungen*, die beide Seiten zufriedenstellen.
- Bieten Sie nicht nur eine Auswahlmöglichkeit an, sondern drei; oft entscheiden sich Menschen in diesem Fall für die mittlere »Kompromiss«-Option. Menschen streben danach, sich widerspruchsfrei zu verhalten. Bitten Sie daher zunächst um wenig; so steigen Ihre Chancen beträchtlich, bei einer späteren größeren Bitte ein Ja zu erhalten.

Zeit, »Nein« zu sagen

- Die *Autorität* eines Mannes im Laborkittel genügte, um normale Menschen dazu zu bringen, jemandem einen tödlichen Elektroschock zu verabreichen, nur weil sie nicht Nein sagen wollten. *Lernen Sie, Nein zu sagen*; wenn nicht, sind Sie für die Folgen selbst verantwortlich!
- Das *ehrliche Nein*: Aufrichtigkeit ist die beste Politik. Mit *kreativen Ausreden* bringen Sie sich leicht in die Bredouille!
- Das *gedankenvolle Nein*: Oft sagen wir Ja, weil wir nicht wissen, wie wir auf elegante Weise Nein sagen können. *Nehmen Sie sich etwas Zeit, um nachzudenken.* Überlegen Sie sich eine gute Antwort und äußern Sie diese dann.

▷

- Das *positive Nein*: Hinter jedem Nein sollte ein großes Ja stehen. Stellen Sie den *positiven Grund für Ihr Nein heraus.*
- Das *Projektmanagement-Nein*: In jedem Projekt gibt es drei Steuergrößen – den *Zeitbedarf*, den *Ressourcenaufwand* sowie *Umfang oder Qualität* der zu erbringenden Leistung. Im Projektmanagement-Nein taucht das Wörtchen »nein« gar nicht auf. Es geht hier allein um Verhandlungen hinsichtlich der Steuergrößen: Ändert sich eine dieser Größen, müssen zum Ausgleich auch die anderen angepasst werden.

Machen Sie dies sofort

Neu verhandeln

Setzen Sie sich mit einem Menschen zusammen, mit dem Sie die Erwartungen, die Sie aneinander stellen, neu verhandeln müssen. Konzentrieren Sie sich auf Ihre Grundbedürfnisse, um eine neue, fruchtbarere Übereinkunft zu erzielen.

»Nein« sagen

Bescheiden Sie in den nächsten sieben Tagen mindestens eine Anfrage, der Sie normalerweise zugestimmt hätten, mit Nein. Erleben Sie, wie sich das anfühlt. Übung macht den Meister.

Probieren Sie das mal aus

Der Instrumentenkasten des Neinsagens

Testen Sie verschiedene Möglichkeiten, Nein zu sagen. Welche kommt am besten an? Welche erscheint Ihnen besonders authentisch?

Einen Kompromiss anbieten

Versuchen Sie, ein besseres Verhältnis zwischen Berufs- und Privatleben auszuhandeln, indem Sie einen Kompromiss anbieten oder mit sehr kleinen Vereinbarungen beginnen.

Teil 2
Alleinstellungsmerkmale entwickeln

In diesem Teil geht es um die zweite Variante von Busy-Sein, jener Idee, Busyness sei eine Erfolgsstrategie. Wir nehmen irrigerweise an, dass wir unserer Karriere durch harte Arbeit, schnelles Reagieren und pausenloses Produzieren von Arbeitsergebnissen einen Schub verleihen können. Diesem Verständnis zufolge erreichen wir mehr, wenn wir mehr tun. Wir werden das Busy-Sein jedoch nie überwinden, wenn wir uns nicht von der impliziten Annahme verabschieden, dass Erfolg auf persönlicher Produktivität beruht. Ein Blick auf unternehmensstrategische Konzepte zeigt zweierlei: Wir müssen unser Augenmerk darauf richten, etwas zu bewegen, anstatt einfach nur Dinge zu erledigen, und wir können in einer Wissensökonomie nur erfolgreich sein, wenn wir uns von anderen unterscheiden.

Kapitel 5
Seien Sie weniger produktiv!

(Gehen Sie besser strategisch vor)

In den 1980er-Jahren schien der Aufstieg japanischer Unternehmen unaufhaltsam. Sie hatten fantastische Produktivitätsfortschritte erzielt und konnten so ihre Produkte immer schneller und immer günstiger fertigen, während sie gleichzeitig immer höhere Standards erfüllten. Doch nach einem Jahrzehnt, in dem sie den Weltmarkt unangefochten beherrschten, begann sich das Blatt zu wenden. In den Neunzigerjahren trat Japan in eine Rezession ein, die mehr als zehn Jahre anhalten sollte und dem Land ein Nullwachstum, steigende Arbeitslosigkeit und Deflation bescherte. Andere Länder weltweit hatten die Erfolgsrezepte der japanischen Hersteller kopiert und ihren Wettbewerbsvorteil zunichtegemacht.

Produktivität kann durchaus entscheidende Wettbewerbsvorteile zeitigen, die sich positiv auf die Rentabilität auswirken, aber sie sichert einem Unternehmen nur selten eine langfristige Marktführerschaft. Wer in neue Technologien investiert, kann seine Produktivität steigern, doch Erfolgsrezepte verbreiten sich rasch. Und so steigern auch die Wettbewerber bald ihre Produktion, sodass der Wettbewerbsvorteil ausbleibt und folglich auch die Gewinnmarge stagniert. In der Regel geschieht sogar Folgendes: Die Produktivität sämtlicher Wettbewerber steigt, wodurch die für weitere Produktivitätszuwächse nötigen Investitionen immer teurer werden. Dies wiederum belastet das Ergebnis. So entsteht ein Rüstungswettlauf, bei dem alle verlieren.

Computer, Laptop, Mobiltelefon, Internet, Smartphone und Cloud: Unsere persönliche Produktivität ist durch jede dieser Innovationen drastisch gestiegen. Jede dieser Neuerungen hat unser Leistungsniveau auf eine neue Stufe gehoben, indem sie es uns ermöglichte, mehr zu produzieren. Unsere berufliche Entwicklung hat dies in dreifacher Hinsicht beeinflusst: Zum einen können wir nun alle viel mehr produzieren, also tun wir es auch. Dadurch steigt der Gesamtarbeitsberg unaufhaltsam an. Zum anderen fällt es uns immer schwerer, uns anhand unserer Produktivität abzuheben, da alle dieselbe Technologie verwenden. Und schließlich wird es immer teurer, unsere Produktivität in der Hoffnung, wieder einen der beständig schrumpfenden Wettbewerbsvorteile zu erzielen, weiter zu steigern (insbesondere wenn wir an Nassim Nicholas Taleb und sein Konkavitätskonzept denken).

Das »Mehr«-Spiel

Im Industriezeitalter war das Hauptziel allen Wirtschaftens die Maximierung der Produktion: Je mehr man bei gegebenem Qualitätsniveau produzieren konnte, desto besser. Als sich die Produktionsprozesse mit der Zeit verbesserten, erkannten immer mehr Führungskräfte, dass sich vor allem der Faktor Mensch bremsend auf den Output auswirkte. Die Arbeiter mussten also dazu gebracht werden, härter und effizienter zu arbeiten. Nun betrat Frederick Winslow Taylor mit seinem Konzept des *Scientific Management* die Bühne. Taylor analysierte die Arbeitsabläufe mithilfe von Zeit- und Bewegungsstudien, um herauszufinden, wo Effizienzgewinne erzielt werden könnten. Seit damals und bis heute besteht das Hauptbestreben der meisten Managementteams darin, ihre Mitarbeiter zu verstärkter Produktion zu animieren.

Eine kürzlich von einer Forschergruppe der Carnegie Mellon University durchgeführte Studie zu der Frage, was die Effektivität heutiger Computersysteme beeinträchtige, bildet eine eigentümliche Parallele hierzu. Die Studie ergab, dass Computer nicht von Prozessorgeschwindigkeiten, Speicher- oder Netzwerkkapazitäten ausgebremst werden, sondern wiederum vom Faktor Mensch. Wir erlegen dem Fortschritt

Grenzen auf. Doch in diesem Fall geschieht das nicht, weil wir nicht effizient genug wären oder nicht hart genug arbeiteten, sondern aufgrund unserer mangelnden Konzentrations- und Denkfähigkeit.[1]

In unserem wahnhaften Bestreben, immer mehr Effizienz, immer mehr Kommunikationskanäle und immer mehr Output aus unseren Arbeitskräften herauszupressen, haben wir übersehen, dass unsere Gehirne keine Maschinen sind. Wir tun immer mehr, denken dabei jedoch immer weniger nach. Eine seltsame Erkenntnis, denn im Informationszeitalter kommt es auf unsere kognitiven Fähigkeiten an: auf den kollektiven Intellekt, die Vorstellungskraft und die Problemlösungsfähigkeiten unserer Gesamtbevölkerung. Mit anderen Worten: Genau jene Fähigkeit, die unsere Unternehmen kultivieren müssten, wird täglich durch das ewige »Mehr« beschädigt. Unsere armen Hirne quälen sich durch die Lawine an unternehmensinterner Kommunikation und Anforderungen und schaffen kaum mehr, als sich von einer Mikroaufgabe zur nächsten zu hangeln. Wir sind produktiv, aber dumm; unsere ramponierten und abgelenkten Aufmerksamkeitssysteme verlangsamen das Gesamtsystem und höhlen den betrieblichen Fortschritt aus.

»Mehr« gefährdet Ihre Karriere

Aus Sicht des Einzelnen bedeutet dies: Wir erkennen den Wunsch des Managements nach Produktivitätssteigerung an und schließen daraus, dass wir umso wertvoller sind, je mehr wir produzieren. Und so beteiligen wir uns alle am »Mehr«-Spiel. Dieses folgt ganz einfachen Regeln: Es gewinnen jene, die am produktivsten sind (und so wahrgenommen werden). Man arbeitet hart, bleibt lange im Büro und schon bemerken die Vorgesetzten, dass man offenbar motivierter ist als die Kollegen. Rasch steigt die Arbeitsbelastung: Man erhält zusätzliche Aufgaben und mehr Verantwortung.

Das »Mehr«-Spiel *kann* auch heute durchaus noch funktionieren. Wenn Ihre Kollegen deutlich weniger fleißig sind als Sie, wird man Ihre besonderen Bemühungen und Ihre überlegene Produktivität bemerken und belohnen. Normalerweise geschieht dies jedoch nur ganz am Anfang der Karriere. Irgendwann funktioniert es nicht mehr. Wir stellen dann fest, dass wir nicht mehr mit den Unmotivierten konkurrieren, sondern dass auch unsere Kollegen auf ihr Fortkommen bedacht sind und sich am »Mehr«-Spiel beteiligen! Schon beginnt der Rüstungswettlauf, bei dem der Erfolg sich nach der Reaktionszeit auf E-Mails, geleisteten Arbeitsstunden und schierer Ausstoßmenge bemisst. Wenn das »Mehr«-Spiel nicht die gewünschten Ergebnisse zeigt, verdoppeln wir unsere Anstrengungen und versuchen, noch mehr Aktivität, noch mehr Output und noch mehr Reaktionsbereitschaft aus unseren müden Hirnen herauszupressen. Die Qualität unserer geistigen Leistungen sinkt, unsere Vorstellungskraft schwindet und unsere Energie verkümmert. Langsam, ganz langsam blenden wir uns aus dem Geschehen aus.

E-Mails: Das Fernsehen der Arbeitswelt. Ein besonders naheliegender Bereich, in dem sich blindwütige Produktivität zeigt, ist unsere Reaktion auf eingehende E-Mails. Eine Untersuchung bei 2.000 britischen Arbeitskräften zeigte, dass 77 Prozent der Befragten einen Tag, an dem sie ihre Inbox erfolgreich geleert hatten, als »produktiven Arbeitstag« bezeichnen würden.[2] Jonathan B. Spira fand heraus, dass allein das Lesen und Verarbeiten von nur 100 E-Mails (wer von uns bekommt nur 100 E-Mails!) rund die Hälfte der Arbeitszeit eines Wissensarbeiters beansprucht.[3]

Meines Erachtens sind E-Mails heute das Fernsehen der Arbeitswelt. Sie bieten wenig, verlangen aber auch wenig von einem. Statt die großen Aufgaben in Angriff zu nehmen, die wirklich etwas bewegen, öffnen wir lieber unser E-Mail-Programm und verbringen damit unsere Zeit (natürlich produktiv).

Auf dem Weg zu einer neuen Erfolgsstrategie

Das Busy-Sein mag uns zwar nicht behagen, doch nur die wenigsten sind bereit, ihre Karriereaussichten auf dem Altar einer ruhigeren Existenz zu opfern. Wenn also unser Erfolgswille ungebrochen ist, welche Alternativen zum »Mehr«-Spiel haben wir dann? Die Antwort findet sich meiner Meinung nach in der abgebrühten Welt der Unternehmensstrategie. In dieser Welt gibt es kaum heiße Luft: Entweder funktioniert eine Strategie oder nicht und der Erfolg bemisst sich in Heller und Pfennig. Unternehmensstrategien sollen den Weg zum Erfolg ebnen. Darüber hinaus eignen sie sich aus zwei Gründen wunderbar, um nach Hinweisen darauf zu suchen, wie man sich in einer Welt des Zuviel verhalten sollte:

1. Unternehmensstrategien beantworten in erster Linie die Frage, wie man mit begrenzten Ressourcen in einem Wettbewerbsmarkt erfolgreich agieren kann. Kein Unternehmen kann auf allen Hochzeiten tanzen. Die finanziellen und personellen Ressourcen sind stets begrenzt. Um zu überleben, muss ein Unternehmen kritische Auswahlentscheidungen über den effektivsten Ressourceneinsatz treffen. Auf individueller Ebene sind unsere zeitlichen Ressourcen und unsere Aufmerksamkeitsspanne begrenzt. Im ersten Teil dieses Buches haben wir gesehen, dass wir Auswahlentscheidungen treffen müssen, da wir nicht alles tun *können*. Michael Porter, einer der weltweit führenden Unternehmensstrategen, würde vielmehr sagen, dass wir Auswahlentscheidungen treffen müssen, da wir nicht alles tun *sollten*. Um erfolgreich zu sein, müssen wir die Schlagkraft unserer begrenzten Ressourcen maximieren. Und das bedeutet, unsere Anstrengungen auf eine begrenzte Anzahl von Bereichen zu konzentrieren.
2. Ein Unternehmen, das auf den heutigen überbordenden Märkten erfolgreich sein will, muss die Aufmerksamkeit potenzieller Kunden erringen, die unter Dauerstress stehen und von dem Überangebot erschlagen werden. Dazu müssen sie sich von anderen unterscheiden, sich von ihnen sichtbar abheben. Auch die Menschen, die über unsere weitere Karriere entscheiden, sind abgelenkt und überfordert. In einer Wirtschaft, in der Aufmerksamkeit Mangelware ist, entscheidet allen unternehmensstrategischen Erkenntnissen zufolge nicht Produktivität über den Erfolg, sondern Differenzierung.

Dieser Teil des Buches dreht sich darum, Ihre Erfolgsstrategie neu zu justieren. Wir werden zeigen, wie Sie mithilfe einer Strategie der Differenzierung erfolgreich sein können. Diese Strategie hat zwei Hauptkomponenten: das Bestreben, die eigenen Anstrengungen so effektiv wie möglich zu fokussieren, um mit den begrenzten eigenen Ressourcen die größtmögliche Wirkung zu erzielen, und das Bemühen, die Aufmerksamkeit seiner abgelenkten und überforderten Kundschaft zu erringen. Dieses Kapitel beschäftigt sich mit der ersten der beiden genannten Komponenten.

Strategische Fokussierung

1993 rief Continental Airlines mit großem Tamtam seine neue Low-Cost-Fluglinie Continental Lite ins Leben. Ihre Ziel bestand darin, gegen hoch erfolgreiche Low-Cost-Wettbewerber wie Southwest Airlines zu konkurrieren. Continental konnte viele Wettbewerbsvorteile aufbieten: Es besaß ein großes und vermögendes Mutterunternehmen; es bot einige der günstigsten Tarife in der gesamten Branche an; es trat mit einem ebenso dichten Flugplan an wie andere Low-Cost-Fluglinien; es versprach seinen Passagieren die Möglichkeit, ihr Gepäck bei Umsteigeverbindungen bis zum Zielort aufzugeben; und es nahm automatische Sitzplatzreservierungen vor. Alles klang perfekt. Doch zwei Jahre und 300 Millionen US-Dollar später hob Continental Lite zu seinem letzten Flug ab. Nicht zuletzt aufgrund dieses Desasters sah sich das Mutterunternehmen Continental Airlines einem feindlichen Übernahmeversuch seitens Delta und Northwest Airlines ausgesetzt. Am Ende schloss Northwest ein Abkommen mit Continental, das es dem Unternehmen erlaubte, seine Marke zu behalten. Doch alle Macht lag fortan beim Vorstand von Northwest.

Warum blieb dieser aussichtsreichen und mit so vielen Wettbewerbsvorteilen gesegneten Fluglinie der Erfolg versagt? In seinem Artikel »What Is Strategy?«[4], dem vielleicht berühmtesten Beitrag der *Harvard Business Review* aller Zeiten, schreibt Michael Porter diesen Fehlschlag einem Mangel an strategischer Fokussierung zu. Angesichts der starken Konkurrenz gelang es Continental nicht, Full Service und Low Cost unter einen Hut zu bringen. Das Unternehmen stützte sich für sein Full-Service-Geschäft auf die Dienste von Reisebüros, die es sich bei seiner Low-Cost-Option aber nicht leisten konnte. Daher strich es die Kommissionen für sämtliche Flüge zusammen. Auch die Vielflieger-Vergünstigungen konnte Continental auf seinen Low-Cost-Flügen nicht gewähren, weshalb nun sämtliche Teilnehmer des Vielfliegerprogramms auf allen Flügen weniger Leistungen erhielten. An den Drehkreuzen kam es außerdem oft zu Verspätungen aufgrund von Gepäcktransfers, um die sich andere Low-Cost-Anbieter nicht kümmern mussten. Die Folge waren verärgerte Reiseagenturen, enttäuschte Kunden und verspätete Flüge. Porter beschreibt den von Continental Lite verfolgten Ansatz als »Spreizung strategischer Positionen«. Er schlug fehl, weil das Unternehmen zu allzu vielen Dingen Ja sagte. Für den Verlust an strategischer Fokussierung zahlte Continental einen hohen Preis.

Worauf werden Sie sich fokussieren?

Porter erläutert das Konzept der strategischen Fokussierung anhand von IKEA. Das schwedische Unternehmen richtet sich an junge Menschen, die stilvolle Möbel zu günstigen Preisen erwerben wollen. Dieser Ansatz ist an sich nicht einzigartig. Die Besonderheit liegt in seiner Umsetzung. Man durchwandert den Ausstellungsraum allein, nur mit einem Katalog bewaffnet, was teure Verkäufer überflüssig macht; man holt seine Einkäufe selbst ab, wodurch Transportkosten entfallen; und man baut seine Möbel zu Hause selbst zusammen, was die Lagerhaltung minimiert. All diese Einsparungen ermöglichen es IKEA, seinen Schwerpunkt auf die Bereitstellung maximal stilvoller Einrichtungsgegenstände zu geringstmöglichen Kosten zu legen. Da die Zielgruppe jung und in Vollzeit berufstätig ist, sind die Möbelhäuser außerdem lange geöffnet und bieten oft kostenlose Kinderbetreuung an. IKEA ist einzigartig, aber nicht aufgrund seiner ungewöhnlichen Möbel, sondern weil es eine besondere strategische Marktposition besetzt hat. Während seine Wettbewerber nur mit der Qualität und Werthaltigkeit ihrer Möbel zu punkten versuchen, hat IKEA einen anderen Fokus gewählt. Strategisch gesprochen hat es eine andere strategische Position eingenommen. Dabei hat es einen nachhaltigen Wettbewerbsvorteil erlangt.

Wenn wir versuchen, uns durch besondere Produktivität von den Wettbewerbern abzusetzen, erbringen wir letztlich die gleichen Leistungen wie diese, nur möglichst schnell, effizient oder umfangreich. In der Wettbewerbsstrategie geht es dagegen nicht um ein »Mehr«, sondern um zielgerichtete Differenzierung. Es geht darum, *andere* Dinge als die Konkurrenz zu tun oder die gleichen Dinge *anders* zu tun.

Eine strategische Position beschreibt, auf welche Aktivitäten man sich fokussieren oder welches Problem man für seine Kunden lösen möchte. Unternehmen, die eine strategische Position entwickeln, definieren damit sehr genau den Mehrwert, den sie ihren Kunden anbieten. So hat sich beispielweise IKEA entschieden, nicht primär Menschen über 40 mit viel Geld und wenig Zeit anzusprechen, obwohl diese Zielgruppe sehr lukrativ ist. Sie würde aber Geschwindigkeit, guten Service und geringen Aufwand erwarten. Wollte IKEA die Bedürfnisse sowohl der jüngeren als auch der älteren Generation befriedigen, müsste es Geschwindigkeit und Service anbieten, was entweder zulasten der Designqualität oder der günstigen Preise ginge. Beides würde die jüngeren Möbelkäufer enttäuschen. Es wäre genau der Fehler, den Continental beging. Indem IKEA sich nur auf junge Kunden konzentriert, kann es weit mehr leisten, als einfach nur günstigste Qualitätsmöbel anzubieten; es kann sich in die Bedürfnisse seiner Zielgruppe wirklich hineinversetzen. So kann es Zusatzleistungen wie lange Öffnungszeiten und Kinderbetreuung anbieten, weil es weiß, wie sehr seine Zielgruppe diese Angebote schätzt. Und so gewinnt das Unternehmen ein Alleinstellungsmerkmal.

Wer seine strategische Position definiert, dem gelingt es, seine Prioritäten neu zu ordnen: weg von dem simplen Erledigen von Aufgaben und hin zu proaktiveren und stärker zielgerichteten Tätigkeiten.

Es gilt, seine begrenzten Ressourcen so effektiv wie möglich einzusetzen, indem man sich auf die wirksamsten Dinge konzentriert. Die strategische Positionierung hilft zudem bei der Entscheidung, wie man sein Angebot einzigartig macht und dadurch ein Alleinstellungsmerkmal entwickelt.

Ihre strategische Position. Ich spreche mit meinen Kunden über die vier Möglichkeiten einer Positionierung aus beruflicher Perspektive: universell, kostenorientiert, zielgruppenorientiert und produktorientiert. Die meisten Menschen fühlen sich nur von den beiden zuletzt genannten Optionen angesprochen.

Universelle Positionierung. Ein mir bekanntes Restaurant hatte sich hinsichtlich der Qualität und Kreativität seiner Speisen einen guten Ruf erarbeitet. Von seinem Erfolg ermutigt, zog es in größere Räumlichkeiten um. Schon in der ersten Woche war die Nachfrage am neuen Standort groß. Doch dann begann sich alles in die falsche Richtung zu entwickeln. Um der Nachfrage zu begegnen, entschied sich das Restaurant, Köche von einem bekannten, qualitativ minderwertigen Betrieb mit hoher Fluktuation abzuwerben. Anstatt zu erkennen, dass man die Gästezahl während der Einarbeitungszeit der neuen Mitarbeiter begrenzen musste, lastete man alle Tische voll aus und ließ das Küchenpersonal einfach sein Bestes geben. Darüber hinaus zeigte sich, dass nicht alle Gäste die innovative Haute Cuisine zu schätzen wussten, und so senkte man das Niveau der Speisekarte ab. Anstatt seinem Erfolgsrezept, interessante und qualitativ hochwertige Gerichte anzubieten, zu folgen, versuchte das Restaurant, es jedem recht zu machen. Nach nur wenigen Monaten erschien der glorreiche Start mit prächtigen Zukunftsaussichten wie eine ferne Erinnerung. Das Restaurant büßte seine Marktposition ein; es gelang ihm nicht mehr, seine Kunden zufriedenstellen, und so schloss es bald darauf seine Pforten.

Wer versucht, es allen recht zu machen, nimmt im Grunde gar keine strategische Position ein. Unternehmen oder Einzelpersonen, die diesem Ansatz folgen, verzetteln sich und liefern am Ende sehr wenig Belangvolles. Dieser Ansatz ist typisch für jene Menschen, die sich auf Produktivität konzentrieren – jene, die andauernd busy sind.

Kostenorientierte Positionierung. Eine legitime und oft erfolgreiche Strategie besteht in dem Versuch, der günstigste Anbieter zu sein. Das gilt auch im Berufsleben. Es bedeutet nicht, dass man ein qualitativ minderwertiges Produkt oder eine entsprechende Dienstleistung anbietet, sondern lediglich, dass man diese auf demselben Markt für weniger Geld anbietet. Ich kenne viele Berater, die entweder freiberuflich oder für kleinere Firmen arbeiten, aber eine hochwertige Dienstleistung anbieten. Doch während dieser Umstand ihre Kunden bei der Stange hält, erklärt er nicht, warum man sie beauftragt. Sie werden gebucht, weil sie die gleichen Leistungen wie große, bekannte Unternehmensberatungen anbieten, nur weitaus günstiger. Dieses Modell kann aufgrund der niedrigeren Fixkosten dieser Anbieter durchaus tragfähig sein.

Diese strategische Position ist also berechtigt, aber ich möchte mich damit nicht weiter aufhalten, da sie nur wenige meiner Kunden begeistert (was zweifellos seinen Grund hat).

Zielgruppenorientierte Positionierung. Diese Strategie bezeichnete Porter in seinem Beitrag für die Zeitschrift *Harvard Business Review* als »bedarfsorientierte« Positionierung. Sie beinhaltet, einer genau definierten Zielgruppe eine große Bandbreite an Produkten oder Dienstleistungen anzubieten. Betrachten wir etwa das Beispiel einer Privatbank, die sich auf eine kleine Auswahl an wohlhabenden Individuen spezialisiert hat. Durch die Fokussierung auf eine kleine Gruppe von Kunden kann die Bank deren Bedürfnisse eingehend ergründen und enge Beziehungen zu ihnen aufbauen. Sie bietet eine integrierte Produktpalette aus einer Hand, die sich an Menschen mit sehr ähnlichen Ansprüchen richtet. Unternehmen mit zielgruppenorientierter Positionierung streben nach einem Wettbewerbsvorteil, indem sie den Kunden besser zu verstehen suchen, ihm eine individuell zugeschnittene Dienstleistung anbieten und eine vertrauensvolle Partnerschaft begründen.

Könnte es Ihnen gelingen, ein Alleinstellungsmerkmal auszubilden, indem Sie eine konkrete Zielgruppe identifizieren und sich bemühen, diese besser zu verstehen als andere; indem Sie engere Beziehungen zu diesen Kunden entwickeln und ihnen überraschend maßgeschneiderte Lösungen anbieten? Dazu ein Beispiel: Frank ist Vertriebsleiter in einem großen Medienunternehmen. Sein Kundenstamm deckte ein weites Spektrum an Umsätzen ab, aber der überwiegende Teil seiner Umsätze (etwas mehr als die Hälfte) ging auf 5 Prozent seiner Kunden zurück. Als er über seine Zeitaufteilung nachdachte, wurde ihm bewusst, dass diese sich kaum an den von den einzelnen Kunden generierten Umsätzen orientierte. Er hatte zugelassen, dass sein Tagesablauf von den Wünschen und Rückfragen der verschiedenen Kunden diktiert wurde; er brauchte also eine Strategie.

So traf er die bewusste Entscheidung, seine Zeitaufteilung radikal zu verändern und mehr als die Hälfte seiner Arbeitszeit den 5 Prozent zu widmen. Er tat dies nicht, weil die 5 Prozent darum gebeten hatten, sondern weil er diese Kundengruppe als besonders vielversprechend betrachtete. Er bot ihnen mehr Zeit an, nicht um weitere Verkäufe tätigen zu können, sondern um ihr Geschäft wirklich zu durchdringen und persönliche Beziehungen zu ihnen aufzubauen. Er begann zu verstehen, wie er sie besser unterstützen konnte. Dank der Partnerschaften mit seinen Kunden erkannte er, dass sie ihre Werbeleistungen bei einzelnen Medienbetrieben einkauften, die relativ enge Standardprodukte anboten. Da er ihre Bedürfnisse genau kannte, entwickelte er eine preisgekrönte Lösung, indem er eine Fluglinie, ein Reisebüro, einen Fernsehsender und eine Tageszeitung mit ins Boot holte. So kam es, dass sich die 5 Prozent bald zunächst an ihn wandten, wenn sie Werbung einkaufen wollten, aber auch, wenn sie eine Idee oder ein Problem hatten. Frank stellte seinen Erfolg auf ein neues Fundament: Seine Verkaufszahlen stiegen, seine Kunden liebten ihn und in den Augen seines Arbeitgebers hatte er ein Alleinstellungsmerkmal entwickelt.

Wenn Sie glauben, dass Sie diesen Weg beschreiten sollten, so denken Sie über die folgenden Fragen nach:

- Wenn Sie Ihre Kernzielgruppe genau definieren müssten, welche wäre das?
- Wie genau verstehen Sie die Bedürfnisse Ihrer Zielgruppe?

- Wie könnten Sie intensiver auf Ihre Zielgruppe eingehen?
- Welche Probleme, die Ihre Zielgruppe bislang noch nicht einmal mit Ihnen bespricht, könnten Sie gemeinsam mit ihr lösen?
- Wie könnten Sie die Beziehung zu Ihrer Zielgruppe stärken und Ihre Partnerschaft vertiefen? Wie könnte es Ihnen gelingen, ihr das Leben zu erleichtern?

Produktorientierte Positionierung. Bei dieser Strategie geht es darum, eine enge Palette an Produkten oder Dienstleistungen zu entwickeln, die für einen möglichst großen Kundenkreis attraktiv ist. Die Ökonomen Kjell Nordström und Jonas Ridderstråle gehen davon aus, dass es dafür nur zwei effektive Strategien gebe: Man müsse entweder »fit« oder »sexy« sein.[5] »Fit« bedeutet, ein bestimmtes Kundenbedürfnis besser als irgendjemand sonst befriedigen zu können. Mit »sexy« ist gemeint, dass man ein Produkt oder eine Dienstleistung mit emotionaler Anziehungskraft anbietet – etwas, das sich von der Masse abhebt, weil es cooler und begehrenswerter ist. Beide Strategien ermöglichen eine produktorientierte Positionierung. Henkel entwickelte einst den Klebestift, mit dem sich Papier leicht und sauber zusammenkleben lässt. Der Pritt-Stift kam 1969 auf den Markt und füllte in Schulen und Büros eine Marktlücke (von der wir gar nicht wussten, dass sie existierte) – er passte einfach (englisch: »fit«) zum Bedarf. 2001 verkaufte er sich bereits in 121 Ländern. Apple ist das naheliegende Beispiel für »sexy«. Als die iPods sich anschickten, den Markt zu beherrschen, gab es viele andere MP3-Spieler, aber keiner war so cool. Es geht darum, einige wenige Dinge richtig gut zu machen, damit sie sich in einem engen Markt vom Wettbewerb abheben.

Welche Alleinstellungsmerkmale können Sie mit Ihrer Tätigkeit vorweisen? Welche Kompetenzen oder welche Expertise könnten Sie entwickeln, mit der Sie sich wirklich von der Konkurrenz abheben? Welche Dienstleistung könnten Sie anbieten, die exakt ein bestimmtes Bedürfnis in Ihrem Unternehmen oder Markt befriedigt oder die regelrecht »sexy« ist?

Ein Beispiel: Amy arbeitet für einen multinationalen Lebensmittelkonzern, dessen Wachstum auf einer starken Verkaufskultur beruht sowie auf der Fähigkeit, andere Firmen zu übernehmen und zu integrieren. Aufgrund der Turbulenzen in der Lebensmittelbranche und der Übernahmebereitschaft ihres Unternehmens stellte Amy fest, dass es viele Veränderungsinitiativen gab. Da sie schnell gelangweilt war, glaubte sie, dass eine Tätigkeit im Veränderungsmanagement gut zu ihr passen würde. Sie beschloss, sich zu engagieren ... doch sie arbeitete im Rechnungswesen.

Amy begann, sich für Veränderungsinitiativen jeglicher Art zu bewerben, wodurch sie allmählich auffiel. Sie bewies bei diesen Initiativen echte Hingabe und nicht wenig Talent. Mit dem Segen ihres Vorgesetzten legte sie einen Masterabschluss in Change-Management ab. Sie schrieb eine Reihe von Artikeln für die Hauszeitung und später für die Fachpresse. Ihr Nutzen für das Unternehmen wuchs und man nahm sie zunehmend als Expertin wahr, die Fragen des organisatorischen Wandels mit ihrem soliden finanztechnischen Wissen beleuchten konnte. Ihr Durchbruch kam, als man ihr die wirtschaftliche (anstatt finanzielle) Leitung einer von der Schließung bedrohten Fabrik übertrug. Sie schaffte die Wende mithilfe eines Veränderungskonzepts, das die gesamte Belegschaft miteinbezog und zudem eine Reihe schwieriger Entscheidungen beinhaltete, sich von einigen alteingeführten Produktlinien zu trennen. Danach arbeitete sie gemeinsam mit dem CEO an der größten Firmenübernahme in der Geschichte des Unternehmens. Heute ist sie eine der leitenden Führungskräfte, nicht aufgrund ihrer Buchhaltungskünste oder ihres Fleißes, sondern weil sie durch ihre beharrliche Konzentration auf die Herbeiführung von Veränderungen ein Alleinstellungsmerkmal erworben hat. Ihre Expertise in Veränderungsmanagement in Kombination mit ihren finanztechnischen Kenntnissen hob sie aus der Masse heraus.

Wenn Sie glauben, dass Sie diesen Weg beschreiten sollten, so stellen Sie sich die folgenden Fragen:

- Welchen einzigartigen Nutzen bieten Sie Ihrem Unternehmen? Welche Ihrer Fähigkeiten, Kenntnisse oder Erfahrungen sind besonders wertvoll?
- Was können Sie, das sonst niemand kann?
- Welche Ihrer Kompetenzen werden im Unternehmen derzeit am meisten gebraucht oder bewundert? Wie stellt sich dies künftig dar?
- Wie könnten Sie eine Erfolgsbilanz aufbauen, die Ihre Stärken belegt?
- Welche besonderen Produkte oder Dienstleistungen werden Sie entwickeln oder bereitstellen?
- Wie wirken sich Ihre Kompetenzen auf die Innovations- und Veränderungsfähigkeit Ihres Unternehmens aus?

Immer noch unentschlossen? Wenn es um Sie und Ihre Karriere geht, können solche strategischen Fragen schwer zu beantworten sein. Manche Unternehmen benötigen Jahre, um ihre strategische Position wirklich zu klären, und vielen gelingt das nie. Ich empfehle Ihnen dringend, Abstand von der Universalstrategie zu nehmen und sich klarzumachen, wo Ihr Schwerpunkt liegen sollte. Dieser sollte entweder zielgruppen- oder produktorientiert sein. Sobald Sie das wissen, können Sie Ihre Zielgruppe oder Ihr primäres Produkt genauer definieren. Wenn es Ihnen gelungen ist, Ihre strategische Position zu bestimmen, fällt die Entwicklung von Alleinstellungsmerkmalen viel leichter.

Spielen Sie Ihre Stärken aus

Ich treffe ständig Leute, deren Hauptaugenmerk darauf liegt, schnell zu reagieren, Leistungen zu erbringen und alle zufriedenzustellen. Diese Menschen sind talentiert und verfügen über ein großes Potenzial, doch der stete Handlungsdrang, der darauf gerichtet ist, alles zu schaffen, lähmt sie. Sie bewerten sich allein auf der Grundlage ihrer Effizienz und Produktivität (»Wie viel schaffe ich und wie schnell?«) und so fühlen sie sich auch von anderen bewertet. Das ist, als würde man einen Ferrari anhand seines Spritverbrauchs beurteilen.

Welches ist Ihre besondere Stärke? Jede Unternehmens- und Karrierestrategie sollte auf den Kernkompetenzen des betreffenden Unternehmens oder Mitarbeiters beruhen, nicht nur auf der Marktnachfrage. Ihre Strategie könnte einfach darin bestehen, einen geeigneten Weg zu finden, um doppelt so viel Zeit wie bisher mit den Aktivitäten zuzubringen, die Sie besonders gut beherrschen. Das Meinungsforschungsinstitut Gallup hat herausgefunden, dass nur jeder dritte Angestellte großer Konzerne täglich seine Kernkompetenzen einsetzt[6] – eine absurde Verschwendung von Fähigkeiten. Suchen Sie nach Möglichkeiten, Ihre Kernkompetenzen deutlich häufiger einzusetzen, und überlegen Sie dann, was Sie mit dem ganzen Rest tun können, der Ihnen bisher so viel Zeit gestohlen hat. Es sind unsere besonderen Fähigkeiten, die es uns ermöglichen, Besonderes zu leisten – für unser Unternehmen, für unsere Familie und für die Welt.

Trade-offs

Es gibt einen Dokumentarfilm über Ryanair, die erfolgreiche, nach dem Vorbild von Southwest Airlines modellierte europäische Billigfluglinie. Der Film entstand in den Anfangsjahren des Unternehmens und war als Enthüllungsbericht konzipiert, der den schrecklichen Service der Airline an den Pranger stellen sollte. Man erfuhr von Passagieren, die nach Flugstornierungen an obskuren Flughäfen gestrandet waren und kaum oder gar keine Unterstützung seitens Ryanair erfuhren, von unerwarteten Gebühren oder Strafgeldern sowie von unverschämten und streitlustigen Angestellten. Das Ganze war regelrecht schockierend. Zum Schluss der Sendung führte der Enthüllungsjournalist ein Kurzinterview mit dem Firmenchef Michael O'Leary, um dessen Reaktion zu erfahren. Seine brillante Antwort lief mehr oder weniger auf die Aussage hinaus: Wir bieten keinen Service an, sondern billige Flüge. In meinen Augen war das eines der prägnantesten Beispiele für klares strategisches Denken: Er verstand, dass guter Service etwas kostet – und dass dieser Aufwand die Flugpreise hochtreiben könnte. Seine strategische Kosten-Nutzen-Abwägung war klar: Wer mit uns fliegt, erhält vielleicht nicht den bestmöglichen Service, aber ganz sicher günstige Tarife. Ryanairs Positionierung mag nicht jedem gefallen und verärgert manche Menschen sogar; dieses Risiko geht das Unternehmen ein. Aber sie kommt bei der Zielgruppe ganz ausgezeichnet an.

Frank und Amy mussten bestimmte Abwägungen treffen, um sich auf ihre Strategien fokussieren zu können. Frank musste überlegen, wie er mit den anderen 95 Prozent seiner Kunden umgehen sollte, auf deren Unterstützung er nun absichtlich weniger Zeit verwendete. Amy musste ausreichend Gelegenheit für ihr Veränderungsmanagement finden, obwohl dieses ihr weniger Zeit für ihre reine Buchhaltungstätigkeit ließ. Unsere Ressourcen sind nicht unendlich, daher müssen wir in einer von Konkurrenzkampf geprägten Arbeitswelt einige schwierige Entscheidungen treffen. Dieser Entscheidungsprozess ist eine strategische Aktivität. Nur mithilfe solcher Entscheidungen und Abwägungen können wir Schwerpunkte setzen und Alleinstellungsmerkmale entwickeln.

Welche Trade-offs müssen Sie vornehmen?

- Welche Aktivitäten sollten Sie einstellen, um sich besser auf Ihre Kernstrategie konzentrieren zu können?
- Welche Aktivitäten sollten Sie einschränken?
- Welches Risiko müssen Sie eingehen oder welchen Verlust hinnehmen, um sich auf Ihre Strategie konzentrieren zu können?

Weniger ist mehr

Wir sind das am stärksten fokussierte Unternehmen, das ich kenne, über das ich gelesen habe oder von dem ich je gehört habe. Jeden Tag entscheiden wir uns gegen gute oder sogar großartige Ideen. Wir tun das, um unsere Aufmerksamkeit auf sehr wenige, ausgewählte Dinge richten zu können, die wir dann mit enormer Energie vorantreiben.[7]

Tim Cook, CEO, Apple

Wer in einer Welt des Zuviel erfolgreich sein will, darf nicht »mehr« produzieren, sondern muss vielmehr weniger tun, das jedoch besser und mit höherer Wirkung. Es geht darum, sich mit ganzem Einsatz auf wenige wichtige Dinge zu fokussieren. So wie Apple. Hier einige praktische Tipps, wie dies gelingen kann.

Bearbeiten Sie zuerst die größten Brocken

Das folgende kleine Experiment mit Steinen, Kies und Sand hat uns Stephen Covey überliefert: Man befüllt einen großen Krug mit Gestein. Wenn keine weiteren Steine mehr hineinpassen, fügt man Kies hinzu, bis wiederum die Kapazitätsgrenze erreicht ist. Zum Schluss wird Sand hineingefüllt. Nun leert man den Krug wieder und geht genau umgekehrt vor. Die gleiche Menge Sand wird eingefüllt, dann der Kies und schließlich die Steine. Das Ergebnis: Auch beim besten Willen gelingt es diesmal nicht, mehr als nur einige wenige Steine im Krug unterzubringen.

Diese bekannte Zeitmanagement-Demonstration illustriert ein einfaches, grundlegendes und selten beachtetes Prinzip: Kümmere dich zuerst um die großen Dinge und gruppiere die kleineren Dinge darum herum. Wenn wir unser Zeitmanagement oder unsere Leistungserbringung planen, überlegen wir oft, was wir tun möchten oder bis wann wir etwas getan haben wollen. Doch die so wichtige *Reihenfolge* spielt in unseren Gedanken kaum eine Rolle. Diese Reihenfolge ist bedeutend, denn wir ermüden, lassen uns ablenken oder schaffen es nicht, unsere To-do-Liste vollständig abzuarbeiten. Was immer wir zuerst anpacken, wird höchstwahrscheinlich auch erledigt.

Allzu leicht verfällt man der »Falls«- oder »Sobald«-Mentalität: *Falls* ich es schaffe, meine E-Mails abzuarbeiten, kümmere ich mich um meine strategische Arbeit; *sobald* ich mehr Zeit habe, werde ich strategischer agieren. Wenn Sie wirklich etwas bewegen wollen, müssen Sie sich nachhaltig und längerfristig auf Ihre Strategie – die dicken Brocken – fokussieren. Um in dieser Welt des Zuviel echte Alleinstellungsmerkmale auszubilden, sollten Sie sich zunächst um die großen Steine kümmern und erst dann um den Kies und den Sand.

Wichtigen Praktiken nachspüren: Die Balanced Scorecard. Das Konzept der Balanced Scorecard wurde bereits 1992 von Robert S. Kaplan und David P. Norton eingeführt.[8] Diese bemängelten seinerzeit, dass eine Leistungsbewertung allein anhand finanzieller Kriterien zu schädlichen Praktiken innerhalb von Organisationen führe. Im Wesentlichen dient die Balanced Scorecard zur besseren Erkenntnis, worauf es in einer Organisation wirklich ankommt. Sie geht davon aus, dass Menschen sich bemühen werden, das zu liefern, was gemessen wird. Eine ausgewogenere Palette an Messkriterien führt demnach zu ausgewogeneren und nachhaltigeren Geschäftspraktiken.

Seit den frühen Neunzigerjahren hat sich viel verändert, doch nie war ein umfassender Blick auf das Konzept der Leistungserbringung so wichtig wie heute. Wie stellt sich dies aus der Sicht des einzelnen Berufstätigen dar? Wir überprüfen ganz selbstverständlich, ob wir unsere Inbox geleert haben, alle Termine einhalten, unsere To-do-Liste abarbeiten und so weiter. Diesen Punkten gehen wir nach, weil sie so sichtbar und auffällig sind. Es mag wichtig sein, sie zu überprüfen, aber ein sonderlich ausgewogenes Bild vermitteln sie nicht.

Die meisten Balanced Scorecards messen vier Bereiche, darunter die Finanz- und Ertragslage. Ich verwende selbst eine Balanced Scorecard, um mich ständig an die Dinge zu erinnern, auf die ich mich konzentrieren möchte. Sie umfasst vier Elemente: zunächst Lieferung, mein tägliches Geschäft; Schreiben, was auch Recherche und Reflektion beinhaltet; Beziehungen aus betrieblicher Sicht. Und schließlich Energie, was zwei Aspekte umfasst: emotionale Energie, die ich aus der mit Familienangehörigen und Freunden verbrachten Zeit ziehe, und physische Energie. Ein echtes Erfolgserlebnis stellt sich ein, wenn ich mich allen vier Bereichen im Laufe eines Monats intensiv gewidmet und überall signifikante Fortschritte erzielt habe.

Welches wären Ihre vier Gebiete?

Mehrdad Baghai und seine Kollegen von McKinsey & Co. haben das Drei-Zeithorizonte-Modell als Instrument der strategischen Unternehmensführung vorgestellt.[9] Horizont 1 ist die kurzfristige Perspektive: Er beinhaltet die Steuerung der Unternehmensgeschäfte innerhalb der nächsten zwölf Monate. Horizont 2 ist mittelfristig: Hier geht es darum, die kommenden vielversprechenden Wachstumschancen zu identifizieren und zu entwickeln. Horizont 3 nimmt einen langfristigen Blickwinkel ein: Geschäftsideen werden ausgebrütet und in Zukunftsoptionen überführt, die das Unternehmen langfristig tragen können. Erfolgreiche Unternehmensführung muss alle drei Horizonte umfassen.

Der zweite, mittelfristige Zeithorizont ist ein gefährliches Terrain. Führungsteams lieben es, sich an einen schönen Ort zurückzuziehen und dort kühne, wohlklingende Visionen und langfristige Strategien zu entwerfen. An ihren Arbeitsplatz zurückgekehrt, stürzen sich dieselben Führungskräfte nur allzu gern in den aufregenden, adrenalinschwangeren Nervenkitzel des Alltagsgeschäfts. So haben beispielsweise gescheiterte Unternehmen wie Kodak, Sun und Xerox viel Zeit und Geld in Horizont 3 investiert, während sie gleichzeitig ihre Geschäfte sehr effektiv mithilfe von Horizont-1-Strategien führten. Jedoch vergaßen sie, ihre langfristigen Vorhaben konkret in die Realität zu überführen. Sie widmeten Horizont 2 nicht genügend Aufmerksamkeit.

Gilt dasselbe nicht für viele von uns, die andauernd busy sind? Horizont 2 fehlt die emotionale Anziehungskraft, die langfristigen, mit Horizont 3 verknüpften Träumen oder Aktivitäten wie dem geplanten Masterstudiengang innewohnt. Auch der Adrenalinschub des unmittelbaren ersten Zeithorizonts bleibt hier aus. Und doch sind es die Initiativen des zweiten Horizonts, welche die größte strategische Wirkung entfalten.

Horizont-2-Aktivitäten definiere ich als konkrete Initiativen mit einem Zeithorizont von drei bis sechs Monaten. Das können Projekte, Prozessveränderungen oder netzwerkorientierte Aktivitäten sein.

Oft werden solche Aktivitäten nach eingehender Analyse, an welcher Stelle man am meisten bewegen kann, proaktiv angestoßen. Es handelt sich nicht um allgemeine Vorsätze, sondern vielmehr um spezifische Aktivitäten, die ein Ergebnis zeitigen sollen, typischerweise binnen zweier Quartale. Folglich erfordern Horizont-2-Aktivitäten ein beträchtliches Engagement. Sie zeitigen allerdings auch substanzielle Ergebnisse.

- Welche Horizont-2-Aktivität wird Ihre Strategie am stärksten positiv beeinflussen?
- Auf welche Horizont-2-Aktivitäten konzentrieren Sie sich derzeit zu wenig?
- Wie können Sie vermeiden, in endlose Horizont-1-Aktivitäten hineingezogen zu werden?

Behalten Sie das große Ganze im Blick. Wir wissen, dass wir mithilfe eines Plans mehr leisten können, doch wie sollte dieser Plan aussehen? In einer sorgfältig kontrollierten Studie wurde untersucht, wie Studenten ihre Lernkompetenzen durch geeignete Planung verbessern können. Die Probanden wurden dazu in drei Gruppen unterteilt. Eine Gruppe wurde angewiesen, ihre Lerninhalte, -orte und -zeiten täglich neu zu planen. Eine zweite Gruppe bat man, ähnliche Pläne zu entwerfen, allerdings auf Monatsbasis. Die dritte Gruppe verzichtete vollständig auf Pläne. Die monatlichen Planer konnten ihre Lerngewohnheiten und ihre Noten am stärksten verbessern und behielten diese Errungenschaften auch bei: Nach einem Jahr erzielten sie immer noch höhere Noten als die täglichen Planer (wenngleich beide Gruppen jene Probanden schlugen, die überhaupt nicht planten).[10]

Offensichtlich ist es effektiver und motivierender, sich ein Gesamtbild der erhofften Leistungen zu machen. Wer sich zu sehr mit Details beschäftigt, verliert das große Ganze aus dem Blick. Entwickeln Sie im Rahmen Ihrer Horizont-2-Initiativen daher umfassende Pläne und setzen Sie diese um.

Wie viele Horizont-2-Initiativen? Ein Psychologe befragte eine Gruppe von Generälen der US-Armee nach ihrer allgemeinen Vorgehensweise. Eine kampferfahrene Generälin, die einzige Frau in der Gruppe, fasste ihren Ansatz wie folgt zusammen: »Zuerst erstelle ich eine Liste von Prioritäten: erstens, zweitens, drittens und so weiter. Dann streiche ich ab dem dritten Punkt alles durch.«[11] Ich habe weiter oben den Nutzen einer Balanced Scorecard mit vier Schwerpunktbereichen erläutert. Mithilfe dieser gelingt es, die Aufmerksamkeit auf die wichtigsten Determinanten Ihrer Leistung zu richten. Doch wenn es um substanzielle Horizont-2-Initiativen geht, ist der Tipp der Generälin hilfreich: Eine oder zwei gleichzeitig verfolgte Initiativen genügen, um die Aufmerksamkeit voll zu beanspruchen.

Das Wichtigste in Kürze

Nachhaltiger Erfolg stellt sich nicht durch Produktivität ein. Jede kleine Verbesserung findet rasch ihre Nachahmer. Da sich alle anstrengen, ist der Versuch, schneller zu arbeiten als alle anderen, töricht.

Das »Mehr«-Spiel

- Im Industriezeitalter war Erfolg an Produktivität geknüpft. Seit jener Zeit besteht die Kernaufgabe von Managementteams darin, Menschen zu harter Arbeit anzutreiben.
- Infolgedessen wird angenommen, dass derjenige erfolgreich ist, der das »Mehr«-Spiel beherrscht: härter arbeiten, viel produzieren, Aufmerksamkeit erringen und Erfolg haben. Das funktioniert aber nicht mehr (außer im Frühstadium einer Karriere).
- Man *kann* nicht alles tun, und wer beruflichen Erfolg anstrebt, *sollte auch nicht alles tun*. Setzen Sie Schwerpunkte mithilfe einer Strategie. Unternehmensstrategien sind hilfreich, weil sie beschreiben, *wie man in einer Wettbewerbssituation mit begrenzten Ressourcen erfolgreich sein kann*.

Strategische Fokussierung

- Eine weitaus bessere Strategie als *Produktivität* (das »Mehr«-Spiel) ist *Differenzierung*.
- Es gibt vier Möglichkeiten einer strategischen Positionierung: Die *universelle* Positionierung ist am weitesten verbreitet und sie ist völlig nutzlos. Eine *kostenorientierte* Positionierung ist legitim und funktioniert, wird aber oft als wenig attraktiv wahrgenommen. Mit einer *zielgruppenorientierten* Positionierung befriedigt man die speziellen Bedürfnisse der Kernzielgruppe, während die *produktorientierte* Positionierung beinhaltet, einzigartige Kompetenzen oder Expertise zu entwickeln.
- *Konzentrieren Sie sich auf Ihre Stärken*: Entwickeln Sie eine Strategie, die es Ihnen erlaubt, weit mehr als 20 Prozent Ihrer Zeit auf die Nutzung Ihrer größten Stärken zu verwenden.
- *Trade-offs*: Es fällt schwer, großartigen Ideen nicht nachzugehen, um dafür andere vollständig zu entwickeln, aber das ist Strategie.

Weniger ist mehr

- Wir erreichen mehr, wenn wir weniger tun, indem wir uns auf einige ausgewählte große und wichtige Dinge konzentrieren. Wie Apple.

Machen Sie dies sofort

Strategische Positionierung

Entscheiden Sie sich, welche strategische Positionierung Sie einnehmen wollen: zielgruppen-, produkt- oder kostenorientiert. Sobald Sie darüber Klarheit gewonnen haben, entwerfen Sie jährlich einen strategischen Plan, um Ihre strategischen Kernbereiche besser zu definieren.

Ihre Balanced Scorecard

Identifizieren Sie die vier Bereiche, auf die Sie sich konzentrieren werden, und messen Sie Ihren Erfolg regelmäßig.

Probieren Sie das mal aus

Trade-offs

Beenden Sie Tätigkeiten, die nicht zum Kern Ihrer Strategie gehören. Bisweilen wird dies zu Problemen führen; oft fällt es gar nicht weiter auf. Auf diesem Wege werden Sie erkennen, worauf es wirklich ankommt.

Die großen Brocken zuerst

Üben Sie, jeden Tag mit den großen Brocken zu beginnen. Überlassen Sie die Kleinigkeiten sich selbst und füllen Sie später die Lücken, wenn Sie müde geworden sind.

Kapitel 6
Überzeugen Sie durch Innovationen

(Seien Sie nicht der unsichtbare Mann)

Zu den Erzählungen des britischen Schriftstellers G. K. Chesterton mit dem Hobby-Kriminologen Pater Brown gehört auch eine Kurzgeschichte mit dem Titel »Der unsichtbare Mann«. In dieser Geschichte geht es im Kern darum, dass alle Beteiligten (mit Ausnahme von Pater Brown) verblüfft sind angesichts eines Mordes, der scheinbar von einem unsichtbaren Mann begangen wurde: Zum Zeitpunkt des Mordes wurde niemand beim Betreten oder Verlassen des Gebäudes beobachtet. Pater Brown gelingt es, den Fall zu lösen, als er bemerkt, dass Gewöhnliches und Erwartbares oft unsichtbar wird – in diesem Fall der Briefträger. Zeugen, die beteuerten, niemanden gesehen zu haben, brachten in Wirklichkeit zum Ausdruck, dass ihnen niemand *aufgefallen* war. Da jedermann mit dem Erscheinen des Briefträgers rechnete, nahm man ihn nicht wahr und vergaß ihn einfach.

Der Kern der Karrierestrategie, die ich Ihnen in diesem Teil des Buches vorschlage, lautet Differenzierung: die Ausbildung von Alleinstellungsmerkmalen. Dieses Kapitel beschreibt genauer, wie es Ihnen gelingt, sich mithilfe von Innovationen von Ihren Wettbewerbern abzuheben – in großem oder kleinem Stil. Innovationen sind grundsätzlich wertvoll, da das Überleben eines Unternehmens von ihnen abhängt. Sie sind außerdem von Natur aus neuartig und sorgen daher für Aufmerksamkeit, die sich auch auf Ihre Person überträgt. In einer Aufmerksamkeitsökonomie können wir nicht damit rechnen, allein aufgrund unseres Fleißes oder unserer guten Leistungen wahrgenommen zu werden. Die Menschen, die über unseren

Karriereweg entscheiden, sind alle schrecklich busy und von ihren anderen Aufgaben abgelenkt und überfordert. Um ihre Aufmerksamkeit zu erringen, müssen wir durch unsere strategische Fokussierung überzeugen (wie im letzten Kapitel beschrieben), aber auch durch Innovationen, die wir in unseren Arbeitsbereich, unser Unternehmen und unsere Gemeinschaft einbringen. Dies sichert uns ein Alleinstellungsmerkmal und dadurch Erfolg.

Ohne Innovation geht es nicht

Im Agrarzeitalter war Landbesitz gleichbedeutend mit einem Wettbewerbsvorteil. Später, im Industriezeitalter, entstand dieser Vorteil durch hohe Produktivität. Im Informationszeitalter wiederum genoss einen Wettbewerbsvorteil, wer Informationen digitalisieren und analysieren konnte. Ich vermute, dass sich das Informationszeitalter seinem Ende zuneigt, denn Informationen sind heute kaum noch etwas wert. Tatsächlich sind sie so omnipräsent, dass sie zu einem Gebrauchsgut geworden und oft sogar kostenlos verfügbar sind. Wikipedia hat kostenpflichtigen Lexika wie Microsofts Encarta und der *Encyclopedia Britannica* den Garaus gemacht. Twitter ist dabei, kostenpflichtige News-Feeds zu ersetzen, die schnell und verlässlich über aktuelle Ereignisse berichten. Ein Großteil der Verbraucher kann Musik und Filme kostenlos empfangen. Die alte Gewissheit, dass Informationen wertvoll seien, gerät allenthalben ins Wanken.

Wenn Informationen aber heutzutage ein Gebrauchsgut sind, was ist dann wertvoll? Die knappe Antwort: Innovation. Dafür gibt es drei Gründe. Erstens werden Produkte und Dienstleistungen in den heutigen Wettbewerbsmärkten immer schneller kopiert. Zweitens vollzieht sich der technologische Fortschritt immer schneller; auch unsere Lebens- und Konsumweisen sowie unsere Erwartungen sind einem immer schnelleren Wandel unterworfen. Ein Produkt, das heute ungemein cool ist, wird schon in wenigen Monaten oder Jahren veraltet und vergessen sein. Und schließlich sind Verbraucher notorisch überfordert und werden so sehr mit Informationen überschwemmt, dass sie sich kaum noch auf irgendetwas konzentrieren können. Wenn Unternehmen daher keine neuartigen, interessanten Angebote machen, werden sie wie der unsichtbare Mann in der Kriminalgeschichte nicht beachtet und das Geld der Verbraucher wandert anderswohin.

Das Nomura Research Institute, eine hoch angesehene Managementberatung, glaubt, dass wir derzeit in das vierte Zeitalter wirtschaftlicher Aktivität eintreten.[1] Es bezeichnet diese Periode als »Kreativzeitalter«. Im Kreativzeitalter können Unternehmen nur dann einen Wettbewerbsvorteil erringen, wenn sie schneller Neuerungen einführen als ihre Konkurrenz. Noch nie war Innovationsfähigkeit so wirtschaftlich bedeutsam wie heute. Auch aus Karrieresicht war sie noch nie so wichtig. Die Gründe gleichen den oben genannten: Im Konjunkturabschwung wurden unsere Unternehmen von allem Ballast befreit und sind daher heute schlank und wettbewerbsfähig. Um mit den wirtschaftlichen und gesellschaftlichen Veränderungen Schritt zu halten, müssen sie sich schneller verändern und anpassen als je zuvor und sie leiden unter dem erwähnten Mangel an Beachtung. Unsere Unternehmen schreien geradezu nach Innovationen. Doch hinter den Mauern regiert die Inbox, hagelt es Meetings und die Mitarbeiter springen von Aufgabe zu Aufgabe. Die gesamten internen Abläufe begünstigen ein arbeitsdrohnenähnliches Verhalten. Wer seine Karrierestrategie auf das Ersinnen von Neuerungen gründet, kann seine Werthaltigkeit glaubhaft unter Beweis stellen und ein Alleinstellungsmerkmal ausbilden.

Dieses Kapitel gibt Ihnen einige praktische Empfehlungen an die Hand, um Ihre Innovationsfähigkeit zu steigern. Dazu müssen Sie gar nicht sonderlich »kreativ« sein. Die meisten Innovationen sind klein und nur die wenigsten gelten als bahnbrechend. Doch wenn Sie sich beharrlich auf kleinere oder größere Innovationen konzentrieren, bringen Sie nicht nur Ihr Unternehmen voran, sondern machen andere Menschen zudem auf sich aufmerksam. Schauen wir uns an, wie das gelingt.

Kreativ werden

Wollten Sie schon einmal ein Klavier besitzen ... aus Beton? Oder einen Bilderrahmen, ein Bad oder einen Kleiderschrank aus Beton? Die Idee, fast alles aus Beton herzustellen, kam von niemand anderem als dem vielleicht genialsten Erfinder aller Zeiten, Thomas Edison. Seine Betonobsession entstand, als eines seiner anderen Vorhaben fehlschlug: die Gewinnung von Eisenerz mittels Magneten und riesigen Zerkleinerungswalzen. Von seinem Traum blieb nichts übrig als ein ganzes Dorf voller großer Maschinen – ideal zur Betonherstellung geeignet. Also rief er ein neues Projekt ins Leben und gründete 1899 die Edison Portland Cement Company (die später den Beton zum Bau des Stadions der New York Yankees liefern sollte). Trotz großer Investitionen verlor sein Betonunternehmen 1906 eine Menge Geld. Daher beschloss er, sich seine eigene Nachfrage zu schaffen. In einer Tischrede in New York City verkündete er der Welt, dass er Häuser aus Beton erfunden habe. Diese könnten aus einem einzigen Guss erbaut werden und würden nur 1.200 US-Dollar pro Stück kosten – ein Betrag, den sich sogar Slumbewohner leisten könnten. Sie würden mit Badewannen und Bilderrahmen und ja, sogar mit Klavieren ausgestattet. Die Farbe müsse niemals aufgefrischt werden und schon kleinere Anpassungen der Gussform ermögliche den Anbau weiterer Stockwerke.

Klingt zu schön, um wahr zu sein, oder? Das war es auch. Die ersten Prototypen waren eine Katastrophe, und obwohl man die Gussformen wiederverwenden konnte, belief sich die Erstinvestition für einen Bauherrn auf 175.000 US-Dollar. Und warum würde überhaupt jemand in einem Haus leben wollen, das unter dem Spitznamen »des Slumbewohners Rettung« bekannt war? Heute stehen nur noch zwölf von Edisons weltbewegenden Häusern.

Wenn wir an Thomas Edison denken, fallen uns Glühbirne, Grammofon und Film ein. Doch mich inspiriert an Edisons Lebensgeschichte weniger seine großen Erfolge als vielmehr seine schier unendliche Kreativität. Er war ein Ideengenerator! Edison meldete unglaubliche 1.093 Patente für Erfindungen an, auch wenn viele davon fehlschlugen! Er war ständig auf der Suche nach neuen Ideen und nach Möglichkeiten, Abläufe zu verbessern. Er stellte laufend alles infrage und experimentierte ohne Unterlass. Nicht alle seine Einfälle funktionierten, aber letztlich konnte Thomas Edison nicht nur auf eine erfolgreiche Karriere zurückblicken, sondern er veränderte unser aller Leben.

Beschließen Sie, kreativ zu werden

*Neue Ideen entstehen nur,
wenn man sich selbst die Erlaubnis dazu gibt.*

Mark Benioff, CEO, Salesforce[2]

Ich höre oft Menschen sagen »Ich bin nicht kreativ«, und das beunruhigt mich – weniger die Worte an sich als vielmehr der Nachdruck, mit dem sie geäußert werden. Menschen bezeichnen sich selbst als unkreativ, und damit basta. Sie überlassen das Kreativsein jenen, die schon in der Schule gut im Zeichnen waren. Doch querzudenken und neue Ideen zu entwickeln gehören in allen Unternehmensbereichen zu den wichtigsten Erfordernissen. In meinen Augen ist »kreativ« eine Aktivität und kein Etikett; es ist ein Verb, kein Adjektiv. Hierin liegt der Kern der Kluft zwischen »kreativ« und »nicht kreativ«: Menschen, die sich selbst als kreativ bezeichnen, sind viel eher geneigt, bewusst nach kreativen, alternativen Lösungen zu suchen.

Neurowissenschaftler haben Hirnscans von Menschen angefertigt, die sich an einer Problemlösung versuchen. Sie verglichen unter anderem die Hirnaktivität vor dem Lösungsversuch mit der Qualität der letztlich gefundenen Lösung. Jene Probanden, die eine vernünftige, aber eher naheliegende Problemlösung entwickelten, hatten zuvor andere Hirnbereich aktiviert als diejenigen, denen kreativere Lösungen einfielen. Letztere aktivierten bei der Problemanalyse ihren anterioren cingulären Kortex. Sie waren offen für verschiedene Optionen und Ansätze; sie waren für Kreativität gerüstet.

Kreativität beginnt mit der Entscheidung, Neues zu erschaffen. Diese Entscheidung können wir alle treffen.

Plan C. Mein Schwiegervater unterrichtete Design. Wenn er seinen Studenten ein Projekt gab, dauerte es normalerweise nicht lange, bis sie einen ersten Versuch wagten. Sobald dieser fertiggestellt war, kam er vorbei und fragte sie, ob sie mit ihrem Entwurf zufrieden seien. Unabhängig von ihrer Antwort sagte er dann:»Gut. Nun legen Sie das beiseite und entwerfen Sie einen Plan B«... und später drängte er auf einen Plan C. Unweigerlich seufzte und stöhnte der Student daraufhin. Doch fast ebenso unweigerlich war Plan B besser als Plan A und Plan C beinhaltete wiederum eine Verbesserung.

Wie es Emile-Auguste Chartier einst ausdrückte:»Nichts ist gefährlicher als eine Idee, wenn man nur eine hat.« Ich habe allzu oft erlebt, wie ein Team, das an komplexen unternehmerischen Entscheidungen arbeitete, relativ schnell eine Lösung entwickelte und den Rest der gemeinsamen Zeit damit zubrachte, ihre Implementierung zu planen. Was verrückt ist. Es dauert nicht sehr lange, sich etwas einfallen zu lassen, aber die Implementierung einer Lösung kann Monate oder gar Jahre in Anspruch nehmen. Wenn Plan A auf dem Tisch liegt, lohnt es sich doch ganz zweifellos, über einen Plan B und C nachzudenken, bevor man sich auf die Implementierung stürzt. Sobald drei Optionen zur Auswahl stehen, kann man sich ganz rational für die beste entscheiden. Im schlimmsten Fall verliert man dabei 30 Minuten. Viel wahrscheinlicher ist es, dass man sich qualvolle Monate erspart.

Leihen Sie sich Ideen aus. Manchmal kommt die Lösung eines Problems von unerwarteter Stelle. Devi Shetty ist der führende Herzchirurg Indiens, doch mit seinen Fähigkeiten allein konnte er seine Ziele nicht erreichen. Die schiere Anzahl an hilfebedürftigen Patienten überwältigte ihn. Dann gab es da auch noch die Kostenfrage: Eine typische Herzoperation kostet in den Vereinigten Staaten 20.000 bis 100.000 US-Dollar. Er sah keine Möglichkeit, in Indien den Bedarf zu vertretbaren Preisen zu befriedigen. Bei vielen Chirurgen hätte nun die»realistische« Erkenntnis eingesetzt, dass Herzoperationen eben überall in der Welt ihren Preis haben. Doch Devi Shetty beließ es nicht bei diesem Fatalismus. Er suchte außerhalb seiner Branche und seines Berufsfelds nach Einfällen.

Shetty erkannte, dass Henry Ford Anfang des 20. Jahrhunderts vor einer ähnlichen Herausforderung gestanden und das Problem mit der Erfindung des Fließbands gelöst hatte. Und so wurde Shetty zum Pionier eines neuen Ansatzes in der Chirurgie, indem er Henry Fords Prinzipien der Massenproduktion auf offene Herzoperationen anwandte. So ist etwa die Ausbildung von Herzchirurgen eine sehr langwierige und teure Angelegenheit, da Herzoperationen komplexe Vorgänge sind. Doch in Shettys Modell übernahm jeder Chirurg nur einen kleinen Teil der Gesamtoperation, wodurch sich die Ausbildungszeit wesentlich verkürzte und verbilligte, während die Chirurgen gleichzeitig sehr rasch eine sehr spezifische Expertise erlangten. Mithilfe dieses Ansatzes konnten 40 Kardiologen 600 Operationen pro Woche durchführen – zu einem Zehntel der in westlichen Krankenhäusern üblichen Kosten, aber mit der gleichen Erfolgsquote.[3]

Shetty hatte nicht versucht, mit einem neuen Einfall zu glänzen; er lieh sich einfach eine Idee von anderswoher aus. Seine schlichte Frage lautete: »Wer hat bereits ein ähnliches Problem gelöst?« Wenn Ihnen das nächste Mal nichts Rechtes einfällt, fragen Sie sich einfach, von wem Sie etwas ausleihen könnten.

Von der Idee zur Innovation

Im Jahre 1959 versprach Henry Kremer jenem Team ein hohes Preisgeld (2,5 Millionen US-Dollar in heutiger Währung), dem es als Erstes gelingen würde, ein muskelkraftbetriebenes Fluggefährt herzustellen, das den Ärmelkanal überwinden konnte. Zahlreiche Teams nahmen diese Herausforderung an und alle scheiterten. Es schien einfach unmöglich.

Und so blieb es 16 Jahre lang, bis der amerikanische Ingenieur Paul MacCready beschloss, es einmal zu versuchen. Es dauerte nicht lange, bis er eine überraschende Entdeckung machte: Alle seine Vorgänger hatten versucht, das falsche Problem zu lösen! Sie glaubten alle, dass es darum ginge, ein muskelkraftbetriebenes Fluggefährt zu bauen. Daher entwarfen sie monatelang Theorien, bastelten an dem Entwurf herum und testeten das Gefährt. Stets mit dem Ergebnis, dass es beim Erstflug zerstört wurde – ein krasser Fehlschlag.

MacCready erkannte, dass man das Problem nur durch systematisches Ausprobieren in den Griff bekommen konnte – man musste herausfinden, was funktionierte und was nicht. So betrachtet lautete das Problem nicht »Entwirf und baue ein muskelkraftbetriebenes Fluggefährt«, sondern »Entwirf und baue muskelkraftbetriebene Fluggefährte, die sich in Stunden, nicht Monaten, wieder zusammensetzen lassen«.[4]

Die von ihm entwickelten Fluggefährte konnten so schnell und preisgünstig repariert werden, dass er oft vier Flüge (und Abstürze) pro Tag durchführen konnte. Achtzehn Jahre nach Kremers Aufgabenstellung überflog Gossamer Albatross erfolgreich den Ärmelkanal. MacCready war nach nur achtzehn Monaten (und weit mehr als achtzehn Abstürzen!) am Ziel. Innovation beginnt damit, dass wir das richtige Problem in Angriff nehmen.

Lösen Sie das richtige Problem

Von 1990 bis 1995 leitete Mihaly Csikszentmihalyi, damals Psychologieprofessor an der University of Chicago, ein Team, das 91 außergewöhnliche Menschen untersuchte, darunter 14 Nobelpreisträger. Alle 91 Testpersonen wurden aufgrund ihrer bahnbrechenden Leistungen auf ihrem Spezialgebiet ausgesucht. Csikszentmihalyi wollte in erster Linie begreifen, wie ihnen diese Leistungen gelungen waren. Sein Befund war kontraintuitiv (jedenfalls aus heutiger betriebswirtschaftlicher Sicht): Es fiel ihnen leicht, die Lösung zu finden; viel schwieriger war es hingegen, die richtige Frage zu stellen. Sobald dies gelungen war, sprudelten die Ideen nur so aus ihnen heraus.[5]

Professor Mike Marquardt ist ein inspirierender Kollege und eine der führenden Köpfe in der Welt des *Active Learning*, einer Methode zur Lösung komplexer strategischer Fragestellungen. In seiner Arbeit mit Action-Learning-Gruppen stellt er wiederholt die folgende Frage: »Welches Problem versuchen wir gerade zu lösen?« Sie hat stets eine durchschlagende Wirkung, denn sie zielt auf den Kern der Sache: Wir vergeuden jede Menge Zeit und Energie damit, eine Lösung zu finden und einen Plan zu schmieden, halten uns aber kaum mit dem Versuch auf, das Problem zu begreifen.

Immer wieder unterbricht er eine Diskussion mitten im Verlauf und bittet alle Teilnehmer, unabhängig voneinander zu notieren, welches Problem die Gruppe ihrer Meinung nach gerade zu lösen versucht. Es ist erstaunlich, wie oft die Diskussionsteilnehmer das Problem immer noch missverstehen oder ganz unterschiedliche Fragestellungen lösen wollen – sogar nach stundenlanger Debatte! Diese Frage nimmt den Teilnehmern den Wind aus den Segeln, führt aber fast immer zu besseren, innovativeren Lösungen.

Denken Sie an einen Bereich Ihres Arbeits- oder Privatlebens, in dem Sie sich wiederholt um Fortschritte bemüht haben. Fragen Sie sich: Beschäftige ich mich mit dem richtigen Problem?

Versuch und Irrtum

Es gibt ein lebendes Beispiel für ein funktionierendes Innovationssystem, das die Zeiten überdauert hat. Wir sind davon geradezu umgeben. Die Rede ist von der Evolution. Genauer gesagt, vom Prozess von Variation und Selektion. Der Komplexitätstheoretiker Stuart Kauffmann hat gezeigt, dass die Evolution nicht nur ein vernünftiges, sondern sogar das optimale System ist, um komplexe Probleme zu lösen.[6] Geschlechtliche Fortpflanzung und Erbgutveränderung sorgen für reichlich Variation. Manche dieser Variationen versagen, andere überleben und einige entwickeln sich zu spektakulären Erfolgsgeschichten. Dank zahlloser Wiederholung über Millionen von Jahren treten fantastische Lösungen zum Vorschein, die sich mit sorgfältiger Planung niemals entwickelt hätten, die aber dennoch funktionieren.

Wie Tim Harford, der Autor von *Trial and Error: Warum nur Niederlagen zum Erfolg führen*, erläutert, kommt es bei der Herstellung von Waschmitteln vor allem auf das Design des Ausgießers an.[7] Unilever tat sich damit sehr schwer; auch zu Rate gezogene Experten brachten nicht den gewünschten Erfolg. Schließlich entschied man sich für eine Serie von Experimenten. Zehn verschiedene Ausgießer wurden entwickelt und getestet. Vom besten Design wurden jeweils zehn Abwandlungen erschaffen und erneut getestet. Nach 45 weiteren Experimenten, in denen jeweils der beste Ausgießer identifiziert und erneut zehnmal abgewandelt wurde, stieß Unilever auf ein brillantes Design, das kein Experte der Welt jemals entwickelt hätte.

Edison lehrt uns, dass Innovation nicht entsteht, indem ein Genie eine einzelne weltbewegende Idee hat. Wer Innovationen entwickeln will, sollte von der Evolution lernen und experimentieren. Verschiedene Dinge ausprobieren. Manches wird funktionieren, anderes nicht. Also wählt man die brauchbaren Lösungen aus, verwirft die unbrauchbaren und beginnt dann erneut zu variieren.

Welcher Aspekt Ihres Arbeitslebens funktioniert nicht? Welche drei alternativen Ansätze haben Sie noch nicht ausprobiert? Tun Sie es und bleiben Sie bei demjenigen, der sich als besonders effektiv erweist.

Überleben Sie die Fehlschläge. Chris Rock ist einer der erfolgreichsten Komiker unserer Tage. Berühmt wurde er durch seine Auftritte in der US-Fernsehshow *Saturday Night Live* in den frühen 1990er-Jahren. Seitdem hat er in zahlreichen Filmen mitgewirkt und wurde von dem Fernsehsender Comedy Central zum fünftbesten Komiker aller Zeiten gewählt. Chris ist ständig bemüht, sich neue Witze einfallen zu lassen, weiß aber wie die meisten Komiker nie genau, welche davon ankommen werden. Um erfolgreich zu bleiben, testet er neue Einlagen laufend an kleineren Spielorten, wo sein Ruf auch einige schlechte Witze überstehen wird.[8] Szenen und Witze, die erfolgreich getestet worden sind, übernimmt er dann für seine Auftritte auf großen Bühnen.

Wenn Sie innovativ sein wollen, überlegen Sie, wie Sie im kleinen Stil experimentieren könnten. Wie können Sie Ihre Idee so testen, dass ein Fehlschlag keinen großen Wirbel verursacht?

Ziehen Sie aus Ihren Fehlschlägen objektive Lehren. Eine holländische Wohltätigkeitsorganisation, International Child Support (ICS), hatte sich vorgenommen, Schulen in Kenia finanziell zu unterstützen.[9] Wie jede derartige Organisation wollte sie mit ihren begrenzten Mitteln möglichst viel bewegen. ICS wählte 25 Schulen per Zufallsprinzip aus, stellte ihnen Lehrbücher zur Verfügung und maß den Erfolg. Es zeigte sich, dass im Vergleich zu anderen Schulen, die keine Lehrbücher erhalten hatten, kaum ein Unterschied erkennbar war. ICS gab jedoch nicht auf und wagte ein zweites Experiment. Erneut wählte die Organisation 25 Schulen per Zufallsprinzip aus und versorgte sie diesmal mit illustrierten Flipcharts. Die Ergebnisse waren wiederum enttäuschend. Schließlich gab ICS den Schulkindern Tabletten zur Bekämpfung von Darmwürmern. Mit durchschlagendem Erfolg: Die Körpergröße der Schüler stieg an und die Infektionsrate sowie die Fehlzeiten gingen zurück. Nun war der Boden für ein umfangreiches finanzielles Engagement bereitet, auf dessen nachhaltige Wirkung man vertrauen konnte.

Man kann nicht immer für alles Zufallsproben und Kontrollgruppen einrichten. Doch es ist schon erstaunlich, wie viele unserer Handlungen im Arbeits- und Privatleben niemals einen Test bestehen mussten. Ernest Hemingway sagte einmal: »Schreibe betrunken, aber redigiere nüchtern.« Wir haben zu viel zu tun, um unsere Zeit mit nutzlosen Ideen zu verschwenden. Probieren Sie Neues aus, aber blicken Sie dann mit nüchternem Blick auf die Ergebnisse. Erfolgreich ist nicht, wer gleich beim ersten Mal richtig geraten hat, sondern derjenige, der immer wieder neue Ideen testet und sie dann bei Tageslicht betrachtet, gute von schlechten Ideen scheidet und darauf reagiert. Bleiben Sie in Bewegung. Probieren Sie Dinge aus. Verwerfen Sie alles, was nicht funktioniert, um den Kopf für neue Experimente freizubekommen. Identifizieren Sie jene Dinge, die wirklich etwas bewegen. Investieren Sie darin anschließend so viele Ressourcen wie nur möglich – schließlich können Sie ja darauf vertrauen, dass es eine weise Investition ist. In Abwandlung eines Zitats des großen Muhammad Ali: *Um wie eine Biene stechen zu können, muss man wie ein Schmetterling schweben.*

Das Wichtigste in Kürze

Wir leben in einer Aufmerksamkeitsökonomie. Um erfolgreich zu sein, müssen wir die Aufmerksamkeit von stark beschäftigten Menschen erringen, indem wir Alleinstellungsmerkmale entwickeln. Das gelingt durch strategische Fokussierung (wie im letzten Kapitel erläutert) und durch aktiv betriebene Innovationen.

Ohne Innovation geht es nicht

- Angesichts schnelllebiger Märkte, rasch wechselnder Konsumtrends und der begrenzten Aufmerksamkeitsspanne der Konsumenten lässt sich ein Wettbewerbsvorteil nur durch beständige Innovationen erzielen. Das Gleiche gilt für unsere beruflichen Karrieren.

Kreativ werden

- Innovation setzt den Entschluss voraus, kreativ zu sein. »Kreative Menschen« sind nicht von Natur aus mit einem Ideenhaushalt ausgestattet; sie machen es sich schlicht zur Regel, immer Ausschau nach Alternativen zu halten.
- Vermehren Sie Ihre neuen Ideen, indem Sie stets Plan B und C entwickeln und sich gute Ideen von anderen Branchen ausleihen.

Von der Idee zur Innovation

- Nehmen Sie sich genügend Zeit, um sicherzustellen, dass Sie an der Lösung des eigentlichen Problems arbeiten.
- Nicht jede Idee funktioniert. Verlieben Sie sich nicht zu sehr in eine bestimmte Idee. Machen Sie es wie die Evolution: Probieren Sie Dinge aus und verwerfen Sie jene, die sich als unbrauchbar erweisen.
- Sorgen Sie dafür, dass Ihre Fehlschläge überschaubar und wenig folgenreich bleiben.

Machen Sie dies sofort

Plan C

Wenn Sie gerade an einem großen Projekt arbeiten, dann halten Sie inne und fragen Sie sich, ob es nicht eine völlig andere Möglichkeit geben könnte, die aktuelle Aufgabe auszuführen. Fordern Sie sich bei jeder größeren Aufgabe immer wieder neu heraus: Hebt Sie Ihre Tätigkeit von anderen ab? Haben Sie sich die Zeit genommen, einen Plan B und C zu entwickeln?

Ideen ausleihen

Werfen Sie einen Blick auf die Praktiken in anderen Branchen und Umgebungen. Wer hat bereits ein ähnliches Problem gelöst? Was können Sie daraus für Ihre Zwecke lernen?

Probieren Sie das mal aus

Die Killerfrage

Testen Sie in Meetings und Diskussionsrunden den Einsatz der folgenden Killerfrage: »Welches Problem versuchen wir hier zu lösen?« Sie kann eine durchschlagende Wirkung haben.

Fehlschläge üben

Trainieren Sie Ihre Fähigkeit, konstruktiv zu scheitern, aus Fehlern zu lernen und Ihre Versagensängste zu überwinden. Wählen Sie gezielt eine Aktivität oder ein Projekt aus, bei dem Sie mit einem Fehlschlag rechnen, und nehmen Sie sich vor, daraus zu lernen.

Kapitel 7
Busy-Sein ist eine furchtbare Marke

(Entwickeln Sie eine bessere)

Auf jedem der 20 Tische standen drei Gläser mit den Beschriftungen A, B und C. In jedem Glas befand sich eine andere Biermarke: Budweiser, Coors und Miller. Damian Horner, ein brillanter Marktstratege (und die Quelle vieler meiner besten Ideen zum Thema Markenbildung), bat gemeinsam mit mir die Teilnehmer, die Biere zu kosten und das Glas mit Budweiser zu identifizieren. Wir hielten den Atem an. Dieses Experiment hatten wir noch nie gemacht und nun führten wir es ausgerechnet mit 140 leitenden Managern durch! Wir waren uns nicht sicher, ob es klappen würde, aber wir hatten die Forschungsberichte zu diesem Test gelesen. Nacheinander gaben die Tische ihre Rückmeldung ab. Vier entschieden sich richtig, sieben lagen falsch und die anderen neun hielten das Ganze für einen Trick: Sie waren der Meinung, dass sich in jedem Glas das gleiche Bier befinde! Das Experiment hatte funktioniert. (Puh!)

In den Vereinigten Staaten ist fast jedes zweite verkaufte Bier ein Budweiser: eine erstaunliche Marktdominanz angesichts der riesigen Auswahl, die den Verbrauchern zur Verfügung steht. Viele Budweiser-Trinker würden behaupten, dass sie sich lieber die Hand abhacken ließen, als ihre Geschmacksknospen mit Miller, Coors und Konsorten zu besudeln. Doch in allen Untersuchungen, wie auch bei unserer eigenen Blindverkostung, können die meisten Budweiser-Trinker die drei Biere nicht voneinander unterscheiden und jedenfalls das Budweiser-Bier nicht identifizieren.

Die Leute entscheiden sich für Budweiser, weil es eine tolle Marke ist.

Die Bedeutung von Marken

Sie stehen in einer Filiale einer größeren Supermarktkette und möchten eine Suppe auswählen. Der ökonomischen Theorie zufolge sind Wahlmöglichkeiten eine gute Sache: Mithilfe von Logik findet man das Produkt, das die eigenen Bedürfnisse optimal erfüllt. Also lesen Sie sorgfältig die Etiketten, prüfen Zutaten und Preise und treffen eine rationale Entscheidung. Drei Stunden später begeben Sie sich in den Gang mit den Frühstückszerealien und beginnen wieder von vorn. Von wegen.

Der einfachere Weg

Es ist wirklich erstaunlich, wie selten wir angesichts komplexer Entscheidungen ins Straucheln geraten. Gelegentlich müssen wir einige schriftliche Berechnungen vornehmen, wenn kein Taschenrechner zur Hand ist, aber normalerweise treffen wir unsere Entscheidungen mühelos. Dafür gibt es zwei Gründe: Zum einen ziehen wir bei übergroßer Auswahl einfach weiter, ohne eine Entscheidung zu treffen. Den zweiten Grund, warum wir so selten ratlos sind, entdeckten Amos Tversky und Daniel Kahneman schon zu Beginn ihrer gemeinsamen Arbeit: Wir ersetzen schwierige Fragen einfach durch leichtere. Das folgende Experiment illustriert dies sehr schön. In einer Umfrage mussten deutsche Studenten unter anderem die folgenden beiden Fragen beantworten:

- Wie glücklich sind Sie zurzeit?
- Wie viele Verabredungen hatten Sie letzten Monat?

Bei der späteren Analyse zeigte sich nahezu keine Korrelation zwischen den Antworten auf diese beiden Fragen. Wurden die Fragen jedoch in umgekehrter Reihenfolge gestellt, war die Korrelation zwischen den Antworten extrem hoch. Die Experimentatoren hatten nämlich den Studenten mit der »Verabredungsfrage« praktischerweise eine leichte Frage an die Hand gegeben, die sie als Ersatz, als Substitut, für die schwierigere Frage »Wie glücklich sind Sie zurzeit?« verwenden konnten.[1]

Zurück im Supermarkt

Wir haben bereits festgestellt, dass man nicht drei Stunden damit zubringt, rational aufgrund festgelegter Kriterien die beste Suppe zu ermitteln. Was geschieht stattdessen? Da gibt es zwei Möglichkeiten: Entweder gehen wir weiter und entscheiden uns gegen einen Suppenkauf oder wir substituieren. Anstatt die Frage zu beantworten, welche Suppe angesichts meiner geschmacklichen, gesundheitlichen und preislichen Vorstellungen ideal zu mir (und meiner Familie) passen würde, fragen Sie sich: »Wo ist die Suppe, die ich letztes Jahr gekauft habe?« oder »Welches Etikett gefällt mir am besten?« oder einfach »Wo ist die Hühnersuppe von dem bekanntesten Hersteller?«. Marken sind wirkmächtig, da sie uns bei diesen Substitutionen helfen; sie erleichtern und vereinfachen Entscheidungsprozesse. Daher sind Marken so wichtig.

Sie besitzen eine Marke, ob es Ihnen gefällt oder nicht

Das Gleiche gilt in Bezug auf berufliche Karriere und Leistungen. Ihr Umfeld hat nicht genügend Informationen über Sie. Nur wenige Menschen in Ihrem Unternehmen können präzise beurteilen, was Sie täglich leisten; sie sehen Sie einfach zu selten. Doch jeden Tag treffen diese Menschen Entscheidungen, die Ihre Karriere beeinflussen. Diese Entscheidungen können bedeutend sein, etwa wenn es um die Frage geht, ob man Ihnen einen Job anbieten soll, oder darum, Ihre Leistung zu beurteilen. Sie können aber auch weitaus Geringeres betreffen: ob man Sie zu einem Meeting oder zur Teilnahme an einem Projekt einladen soll, ob man Ihren Rat einholt oder auch, wie man in Ihrer Abwesenheit über Sie spricht. Diese Entscheidungen haben Auswirkungen. Da Ihren Mitmenschen die nötigen Kapazitäten fehlen, um ausgewogene und objektive Entscheidungen treffen zu können, substituieren sie eine schwierige Frage durch eine leichte. Ihre Entscheidung fällt nicht auf der Grundlage Ihrer Leistung, sondern Ihrer Marke. Dabei spielt es keine Rolle, ob Sie das für moralisch richtig oder verwerflich halten oder ob Ihnen diese Vorstellung gefällt oder nicht: In den Köpfen Ihres Umfelds existiert Ihre Marke bereits. Sie beeinflusst schon heute Ihre Karriere und dieser Einfluss nimmt zu, je busyer die Menschen sind. Die Frage lautet nicht: »Möchte ich eine Marke verkörpern oder nicht?«, sondern: »Möchte ich aktiv am Aufbau meiner Marke mitwirken oder nicht?«

Busy-Sein als (furchtbare) Marke

Busy zu sein ist nicht nur eine Tatsache, busy zu sein ist auch eine Marke. Täglich versuchen wir, unserer Umwelt auf vielfältige Weise zu vermitteln, wie busy wir sind, und wir erzählen es anderen Menschen – was merkwürdig ist. Nichts am Busy-Sein könnte erwähnenswert, denkwürdig oder besonders sein, da schließlich jeder busy ist. Es ist weder cool noch interessant noch gar effektiv. Doch da wir es als Erfolgsstrategie betrachten, verbreiten wir keine Botschaft über uns selbst so gern und häufig wie jene, dass wir wahnsinnig busy sind.

Das ist eine echte Schande, denn wenn wir schon einmal die Aufmerksamkeit anderer Menschen gewonnen haben, dann sollten wir sie doch nicht damit verschwenden, ihnen zu erläutern, dass wir unfähig sind, unser Leben zu meistern. Stattdessen möchte ich Ihnen vorschlagen, eine Marke aufzubauen, die um Ihre Strategie kreist – um die Art und Weise, wie Sie ein Alleinstellungsmerkmal entwickeln wollen. Ihre Marke hilft Ihnen dabei, auf deutliche und einfache Weise Ihren Kernbeitrag zu vermitteln: das, wofür Ihr Name stehen soll.

Die eigene Marke bestimmen

Worin würden Sie investieren? In ein an der New Yorker Börse gelistetes Unternehmen mit dem Börsenkürzel »KAR« oder in eins mit dem Kürzel »RDO«? Nun, die Antwort KAR würde Ihnen um 9 Prozent höhere Erträge sichern als die Wahl von RDO.[2] Dieses Beispiel illustriert ein Phänomen, das als *Verarbeitungsflüssigkeit* bezeichnet wird. Es beschreibt die Leichtigkeit, mit der eine Information verarbeitet werden kann, mit anderen Worten: den Kompliziertheitsgrad einer geistigen oder Wahrnehmungsaufgabe. Unser Hirn schätzt leichte Aufgaben. Damit verbunden ist ein Halo-Effekt: Dinge, die wir flüssig verarbeiten können, lösen in uns positive Gefühle aus. Das funktioniert auf verschiedenen Ebenen: Wenn wir beispielsweise zwei Aufsätze lesen, halten wir den Autor des besser lesbaren und leichter verständlichen Texts für intelligenter; einen besonders einprägsamen Satz halten wir für glaubwürdiger.[3] Informationen mit hoher Verarbeitungsflüssigkeit lassen sich leichter merken, wir bevorzugen sie und schenken ihnen eher Vertrauen.

Das wirkt sich auch beim Marketing aus. Als Procter & Gamble die Anzahl der Varianten seiner Head-&-Shoulders-Shampoos halbierte, stieg der Absatz der verbleibenden Produkte um mehr als das Doppelte.[4] Die Zurich Versicherung konnte ihre Umsätze um 7 Prozent steigern, indem sie die Werbebroschüren für ihre Lebensversicherungen um technische Informationen bereinigte und diese durch leicht verständliche Kundengeschichten ersetzte.[5] Unser Hirn schätzt einfache Dinge, also entscheiden wir uns dafür.

Eine sehr einfache Marke

Marken funktionieren unter anderem deshalb so gut, weil sie etwas sehr Komplexes in etwas viel leichter Verständliches umwandeln. Wenn wir beispielsweise an Volvo denken, dann fallen uns nicht die verschiedenen Fahrzeugmodelle und deren Ausstattungen ein. Wir vergleichen all diese Modelle nicht detailliert mit der Modellpalette des nächsten Wettbewerbers. Stattdessen hören wir das Wort »Volvo« und denken »sicher«. Eine leicht verständliche Marke, die wir flüssig verarbeiten können, bleibt uns eher im Gedächtnis haften, wir schätzen sie mehr und vertrauen ihr auch mehr.

Eine gute persönliche Marke sollte eindeutig und extrem einfach sein. Sie sollte es Menschen, die wahnsinnig busy sind, ermöglichen, aus Ihnen schlau zu werden, Sie zu verstehen, Ihnen zu vertrauen und Ihre Botschaft zu erklären. Und schließlich sollte Ihre Marke Sie in Stellung bringen, um die richtigen Chancen wahrzunehmen. Wenn Sie also davor zurückschrecken, alle Ihre Kompetenzen und Erfahrungen auf ein einziges Wort oder eine Phrase herunter zu nivellieren, dann vergessen Sie diese Sorge einfach! Ihrem Publikum fehlt die nötige Zeit und Aufmerksamkeit, um Ihre ganze Vielseitigkeit und Komplexität zu würdigen; es wünscht sich Einfachheit und wird sich dafür entscheiden.

Zur Illustration hier ein kurzer Bericht von einer Managertagung in Singapur, die ich vor einigen Jahren leitete. Im Laufe des Tages hielten zwei leitende Führungskräfte ihre Vorträge. Der erste Manager sprach über seine Rolle und seine Lernerfahrungen. Während seiner Präsentation sagte er an drei Stellen: »Ich vereinfache komplexe Dinge.« Jedes Mal bezog sich sein Kommentar auf das eben Gesagte und fasste es in gewisser Weise zusammen. Es war keine Prahlerei im Spiel, er sprach nur eine Tatsache aus. Der nächste Redner hielt eine klare und eloquente Ansprache, fasste aber zu keinem Zeitpunkt seine Gedanken in persönlichen Worten zusammen.

Ich war von den unterschiedlichen Vortragsstilen fasziniert. Am Ende des Tages erkundigte ich mich bei den Teilnehmern, was sie von den beiden Präsentationen behalten hatten. Zuerst fragte ich nach dem zweiten Vortrag. Die Teilnehmer erinnerten sich an einige unterschiedliche Dinge. Dann befragte ich sie nach dem ersten Redner. Ohne nachzudenken und fast simultan antworteten alle: »Er vereinfacht komplexe Dinge.« Dieser Manager hatte gerade seine Marke in der Gruppe platziert. Die Teilnehmer erinnerten sich auch noch an andere Dinge, die er gesagt hatte, vielleicht sogar an mehr als im Fall des zweiten Redners. Doch all diesen Erinnerungen lag das Verständnis des Kernbeitrags zugrunde, den der Manager für das Unternehmen leistete. Sie hatten ihn »kapiert«. Ich vermute, dass sie sich auch bei einer erneuten Begegnung nach einigen Monaten an seine Marke erinnern würden.

Sie, aber an einem richtig guten Tag

Berocca ist ein Multivitaminprodukt von Bayer. In einem der Werbespots dafür sieht man einen Mann im Anzug, der sein Fahrrad besteigt (eines dieser Klappräder, die man auf Reisen mitnehmen kann), seinen Helm aufsetzt und sich auf den Weg ins Büro macht. Statt des normalen, monotonen Pedaltretens beginnt der Radfahrer, allerhand Tricks vorzuführen: Auf seinem Weg zieht er das Vorderrad hoch, springt über Hindernisse und dreht Pirouetten. Am Ende des Spots heißt es: »Berocca. Sie, aber an einem richtig guten Tag.« Genau das sollte Ihre Marke leisten: Sie sollte Sie in einem möglichst positiven Licht zeigen, nicht einfach nur Ihre Tätigkeiten zusammenfassen. Ihre Marke sollte Ihre Persönlichkeit wahrheitsgetreu widerspiegeln, aber an einem richtig guten Tag.

Denken Sie an Momente, an denen Sie geglänzt haben. Reflektieren Sie darüber und fragen Sie sich, warum Sie damals so gut aussahen. Erkennen Sie bestimmte Elemente, die all diesen Situationen gemein waren?

Behalten Sie diese Elemente im Hinterkopf, wenn Sie sich an die folgende Übung heranwagen. Sie wird Ihnen dabei helfen, eine Marke zu definieren, die nicht nur Ihre Strategie zusammenfasst, sondern Ihren Kernbeitrag zum Unternehmen ausdrückt.

Welches ist nun Ihre Marke?

Kreisen Sie in der Tabelle 2 jene fünf Begriffe ein, die Sie und Ihre Karrierestrategie am besten widerspiegeln.

analytisch	auf das große Ganze ausgerichtet	aufrichtig
bedächtig	clever	direkt
diszipliniert	durchsetzungsfähig	dynamisch
effektiv	effizient	ehrlich
einfallsreich	einfühlsam	energisch
enthusiastisch	entschlossen	fachkundig
flexibel	fokussiert	freimütig
freundlich	gelassen	geradeheraus
gewissenhaft	gründlich	hartnäckig
hilfreich	humorvoll	innovativ
kann Zusammenhänge herstellen	kaufmännisch	Klarheit
kooperativ	kundenorientiert	logisch
methodisch	motiviert	mutig
organisiert	originell	positiv
praktisch	Problemlöser	produktiv
pünktlich	qualitätsbewusst	realistisch
risikofreudig	scharfsinnig	schlagfertig
selbstständig	standhaft	teamorientiert
unkonventionell	unternehmerisch	verlässlich
weitsichtig	zielgerichtet	zielorientiert

Tabelle 2: Beschreiben Sie sich und Ihre Karrierestrategie in fünf Begriffen

Warum verkörpern diese fünf Begriffe Sie und Ihre Strategie am besten? Notieren Sie einen kurzen Satz oder auch nur ein einziges Wort, das den Kern Ihrer Marke beschreibt. Bemühen Sie sich nicht um Perfektion, sondern schreiben Sie einfach los. Ich nenne diesen ersten Versuch »Markenhypothese«. Sobald Sie diese aufgeschrieben haben, hängen Sie sie an einen gut sichtbaren Ort auf und sprechen

Sie mit Freunden und Kollegen darüber. Überprüfen Sie, ob dieser Satz oder dieses Wort für Sie und jene Menschen funktioniert. Schlafen Sie darüber, denken Sie immer wieder darüber nach, spielen Sie mit Alternativen. Vermutlich werden Sie im Verlauf der nächsten Wochen ein viel sichereres Gefühl dafür bekommen, was daran stimmt und was nicht. Passen Sie Ihre Markenaussage dann an, verfeinern Sie sie und verwenden Sie sie schließlich, sobald alles passt.

Vielleicht helfen Ihnen folgende Beispiele für Marken, die einige meiner Kunden entwickelt haben:

- »Ich stelle die Zusammenhänge her.« Diese Person konnte besonders gut Menschen und Ideen zusammenführen.
- »Klarheit«. Diese Person war äußerst begabt darin, den roten Faden in Diskussionen und Projekten zu finden.
- »Kein Problem!« Dieser Kunde entschied sich einfach für den Spitznamen, den man ihm innerhalb seines Unternehmens verpasst hatte. Er sagte ständig: »Kein Problem!« Seine Kollegen liebten diese Redewendung, da sie seine zupackende Haltung zum Ausdruck brachte. Zu Beginn des Prozesses waren ihm langweilige Begriffe wie »zupackend« und »hilfreich« eingefallen, bevor er schließlich feststellte, dass sein Spitzname eine großartige Marke war.

Bauen Sie Ihre Marke auf

Eine Bemerkung vorab: Ich bin mir darüber bewusst, dass Sie wenig Zeit haben, um sich selbst zu vermarkten. Vielleicht sind Sie wenig geneigt, sich künftig selbst anzupreisen und nichtsahnende Führungskräfte per Aufzugspräsentation in Ihren Bann zu schlagen. Selbst wenn Sie Markenbildung für sehr wichtig halten sollten, fehlt Ihnen sowohl die Zeit dazu als auch der Hang zur Angeberei. Daher möchte ich Ihnen einige einfache Methoden vorstellen, mit deren Hilfe Sie Ihre Marke aufbauen können, ohne in Zeitnot zu geraten oder Ihr Umfeld zu verärgern.

Marktforschung

Stellen Sie sich vor, zwei Kollegen sprächen Sie an. Der eine würde Ihnen erzählen, wie geschäftstüchtig er ist, der andere Sie fragen, worin Ihrer Meinung nach seine Stärken lägen. Welche Person wäre Ihnen sympathischer? Ich vermute, die Letztere. Wir werden lieber nach unserer Meinung gefragt, als etwas erzählt zu bekommen.

Niemand wird es Ihnen je verübeln, nach seiner Meinung über Ihre Marke befragt zu werden – darüber, wie Sie die Unternehmensziele am besten fördern. Die meisten Menschen haben dagegen keine Lust, ungefragt zu erfahren, welche Stärken Sie sich selbst zuschreiben. Sobald Sie Ihre Markenhypothese entwickelt haben, sollten Sie sich an andere wenden. Bitten Sie sie um ihre Meinung und sagen Sie ihnen, worin Sie Ihre Marke erkennen, falls Sie danach gefragt werden. Lassen Sie sich Feedback geben. Das bringt Ihnen nicht nur einige sehr wichtige Erkenntnisse ein, sondern Sie werden dabei auch Ihre Marke bei diesen Menschen platziert haben.

Lösen Sie Ihr Markenversprechen ein

War Einstein ein Organisationstalent?

Kurz gesagt, ich weiß es nicht und es ist mir auch egal. Allerdings habe ich einen Verdacht: Wie könnte jemand mit so einer Frisur organisiert sein? Sein Beitrag zur Weltgeschichte bestand nicht darin, dass er in vielen Dingen gut war, sondern dass er in einem bestimmten Bereich Hervorragendes leistete. Man wird sich nicht an ihn erinnern, weil er so pünktlich war, gut Darts spielen konnte oder rauschende Feste gab (übrigens habe ich mir das alles eben ausgedacht, ich habe keine Ahnung, ob er darin gut war), sondern wegen seiner physikalischen Entdeckungen.

Eine der besten und authentischsten Methoden, die eigene Marke aufzubauen, ist gleichzeitig einer der größten Vorteile, die Ihnen eine klare Marke beschert. Man kommuniziert am eindrücklichsten durch sein Handeln. Der Aufbau einer Marke gelingt, indem man deren

Versprechen erfüllt. Wenn Sie versuchen, bei Ihrer Schwerpunktsetzung, Ihren Innovationen und Ihren Interaktionen mit anderen Ihrer Marke treu zu bleiben, tragen Sie in genau der Weise zum Unternehmenserfolg bei, die Sie als Ihre bestmögliche identifiziert haben. Das mag alles ein wenig wie ein Zirkelschluss klingen, aber das ist es auch und genau das ist das Geniale daran.

Nehmen wir beispielsweise an, Ihre Marke wäre »Klarheit«. Sobald Sie sich entschieden haben, diesen Begriff zu Ihrer Marke zu machen, können Sie es zur ständigen Herausforderung erklären, diesem Versprechen gerecht zu werden. Suchen Sie nach Möglichkeiten, Geschäftsprozesse durch Innovationen transparenter zu machen. Regen Sie ein Projekt an, das erkunden soll, wie man den Entscheidungsprozess der Kunden verdeutlichen kann. (Sie könnten dieses Projekt sogar »Klarheit!« nennen.) Alle Ihre Präsentationen, Meetings und E-Mails können so gestaltet werden, dass sie spürbar Klarheit schaffen. Ihre E-Mails sind nun kurz und prägnant, sie erwähnen das Hauptthema im ersten Absatz und in der Betreffzeile. In Meetings sind Sie derjenige, der die chaotische Diskussion zusammenfasst, indem Sie sagen: »Um Klarheit hineinzubringen, die drei Hauptpunkte bisher sind ...«

Ihre Marke beschreibt Ihre große Stärke, und indem Sie deren Versprechen einlösen, wachsen Sie mit ihr.

Signale mit großer Hebelwirkung

Kleine Dinge sind ebenso wichtig wie große. Wenn Sie regelmäßig ganz kleine Dinge tun, die Ihre Marke stärken, werden sich die Menschen daran erinnern und daraus schließen, dass auch die großen Dinge wahr sind. Diese kleinen Dinge bezeichnet man als »Signale mit großer Hebelwirkung«. Einer meiner früheren Kunden bei Shell hatte sich eine Marke als verlässlicher, pünktlicher Lieferant aufgebaut. Er suchte nach einer sehr einfachen Möglichkeit, diese Marke beständig zu stärken. Daher änderte er die Ansage auf seinem Anrufbeantworter. Sie lautete nun: »Bitte hinterlassen Sie eine Nachricht und ich rufe Sie innerhalb von drei Arbeitsstunden zurück.« Entscheidend war, dass er dies wirklich tat. Ich erinnere mich daran, wie ich bei jedem Anruf seiner Nummer unwillkürlich auf die Uhr schaute, während ich meine Nachricht hinterließ. Ich stoppte seine Zeit. Jedes Mal wenn er vor Ablauf der Frist zurückrief, hatte er seine Marke gestärkt. Mit jedem pünktlichen Rückruf stieg das Vertrauen, dass er pünktlich liefen würde, wenn man ihm ein Multimillionen-Dollar-Projekt übertrüge.

Spielen Sie damit. Ich hatte beispielsweise einen Kunden, der beweisen wollte, dass er nicht nur ein seriöser Topmanager war, sondern auch eine kreative und unorthodoxe Seite besaß. Deshalb begann er, knallrote Socken unter seinem unternehmenstypischen grauen Nadelstreifenanzug zu tragen. Ich habe die Visitenkarte eines Scheidungsanwalts gesehen, der zeigen wollte, dass er diese ernsten Angelegenheiten mit Menschlichkeit und gelegentlich sogar mit Humor meistern konnte. Seine Visitenkarte war in der Mitte vertikal gelocht (sodass man sie leicht in zwei Hälften zerreißen konnte!).

Welches könnten Ihre Signale mit großer Hebelwirkung sein?

Das Wichtigste in Kürze

Indem wir »Busy-Sein« als Erfolgsstrategie einsetzen, vermitteln wir unserer Umwelt nur eine einzige echte Botschaft, nämlich jene, dass wir wahnsinnig busy sind. Das ist jammerschade, denn es sagt nichts über uns aus und ist ganz sicher kein Alleinstellungsmerkmal (außerdem ist es langweilig).

Die Bedeutung von Marken

- Wir alle sind von der Vielzahl an Informationen und Wahlmöglichkeiten überfordert. Marken helfen uns bei der Entscheidungsfindung, indem sie eine schwierige Entscheidung durch eine einfache ersetzen.
- Marken beeinflussen Auswahlentscheidungen und Präferenzen, insbesondere bei Menschen, die busy sind.
- Sie besitzen eine Marke, ob es Ihnen gefällt oder nicht. Ihr Einfluss beschränkt sich auf die Frage, ob Sie diese Marke steuern möchten oder nicht.

Die eigene Marke bestimmen

- Achten Sie darauf, dass Ihre Marke eindeutig und sehr einfach ist.
- Sie sollte Ihre besten Seiten beschreiben (und mit Ihrer Karrierestrategie harmonieren).

Bauen Sie Ihre Marke auf

- Wir bauen unsere Marke optimal auf, indem wir in allen unseren Interaktionen und mit allen unseren Handlungen ihr Versprechen erfüllen. Dadurch wirkt sie authentisch und bringt unsere besten Seiten zum Vorschein.

Machen Sie dies sofort

Definieren Sie Ihre Marke

Entwickeln Sie Ihre eigene Markenaussage auf der Grundlage Ihrer Strategie und Ihres Kernbeitrags zu den Unternehmenszielen.

Marktforschung

Sobald Sie Ihre erste Hypothese entwickelt haben, sprechen Sie mit fünf Personen, die Sie beruflich gut kennen, und holen sich deren Feedback zu Ihrer Marke ein. Reflektieren Sie Ihre Marke und passen Sie sie an.

Probieren Sie das mal aus

Lösen Sie Ihr Markenversprechen ein

Wie könnten Sie Ihre nächste E-Mail, den nächsten Bericht oder Ihr nächstes Meeting so gestalten, dass es Ihre Marke ausdrückt?

Signale mit großer Hebelwirkung

Welche kreativen Ideen könnten Sie entwickeln, um Ihre Marke subtil zu stärken?

Kapitel 8
Gehen Sie Ihren eigenen Weg

(Radioreparatur durch Nachdenken)

Richard Feynman war einer der Großmeister der theoretischen Physik im 20. Jahrhundert und wurde mit dem Nobelpreis ausgezeichnet. Als Zwölfjähriger richtete er in seinem Zimmer ein kleines Labor ein und erstand sein erstes Rundfunkgerät, nutzte es aber nicht zum Radiohören, sondern schraubte es auseinander. Bald war er recht versiert im Reparieren von Radios. Damals, während der Weltwirtschaftskrise in den frühen 1930er-Jahren, war ein Junge, der günstig Radios reparieren konnte, sehr gefragt. Einmal wurde er von einem Kunden angesprochen, der alles andere als überzeugt war, dass er an diesem Jungen nicht nur seine Zeit und sein Geld verschwendete. Auf dem Weg zu seinem Zuhause fragte der Kunde unablässig, wie ein Junge denn irgendetwas Nützliches über Rundfunkgeräte wissen könne. Feynman fühlte sich in die Enge getrieben und schaltete das Radio an. Es begann zu vibrieren, stieß dann ein entsetzlich lautes Geräusch aus, bevor es sich nach einigen Minuten beruhigte und normal spielte. Feynman war verwirrt. So etwas hatte er noch nie erlebt. Er schaltete das Radio ab, lief im Zimmer umher und dachte nach. Der Kunde zeigte sich völlig unbeeindruckt. Er wollte, dass etwas passierte, dass der Junge arbeitete und wusste, was er tat. Er begann, sich zu beschweren, und erklärte, Feynman solle seine Zeit nicht verschwenden und entweder das Radio sofort reparieren oder den Raum verlassen.[1]

Doch Feynman ließ sich von diesen Zwischenrufen nicht beirren. Er fragte sich, wie ein Radio nur so ein lautes Geräusch machen könne. Wenn Radios ihren Dienst aufgaben, lag es meist an schadhafter Ausrüstung oder an losen Drähten. Beides erschien ihm wenig wahrscheinlich. Nach einer Weile verfiel er auf eine Theorie: Radios bestanden seinerzeit aus einer Serie von Röhren. Wenn er sie herausnahm und sie in umgekehrter Reihenfolge wieder einsetzte, könnten das Zittern und das Geräusch vielleicht verschwinden. Jetzt war Feynman endlich bereit zu handeln. Er wechselte die Röhren und schaltete das Radio ein. Es funktionierte perfekt. Der Mann war überrascht. Er wurde zu einem der größten Fürsprecher Feynmans und erzählte allen seinen Bekannten von dem Jungen, der »Radios durch Nachdenken repariert«.

Unter Leistungsdruck hätten sich die meisten von uns in blinde Aktivität gestürzt, nur um zu beweisen, wie hart wir arbeiten und wie gut wir alles im Griff haben. Wir hätten unmittelbares Handeln dem Nachdenken vorgezogen und uns dabei vielleicht so sehr im Kabelsalat verfangen, dass wir die besseren Optionen übersehen hätten. Feynman war selbstsicher genug, sein eigenes Ding zu machen. Er erkannte, dass ein Herumfummeln an den Drähten den Kunden zufriedenstellen würde; doch alles, was er über Radios wusste, deutete darauf hin, dass die Drähte nicht das Problem waren und er über andere Möglichkeiten nachdenken musste. Wir können hier etwas von Feynman lernen: Selbst wenn wir begriffen haben, wie wertvoll es ist, nachzudenken, uns auf unsere Strategie zu konzentrieren und Neues zu ersinnen, müssen wir dennoch dem täglichen Druck und den Handlungserwartungen anderer standhalten. Feynman besaß das nötige Selbstbewusstsein, um das zu tun, was er für richtig hielt. Dieses Selbstvertrauen brauchen wir auch.

Unterwegs auf dem eigenen Pfad

Es hat wohl noch nie eine bessere Zeit gegeben, um einer angestellten Beschäftigung nachzugehen. Heutzutage bestehen mehr Möglichkeiten für autonomes, innovatives und flexibles Handeln als je zuvor. Noch nie bot das Leben so viele Optionen, gab es so viele Gelegenheiten, Großes zu leisten, sich mit anderen Menschen zu vernetzen und erfüllte Beziehungen zu pflegen. Wir leben in der besten aller Zeiten, doch ob man sein Leben als permanente Überforderung empfindet, weil man immer busy ist, oder als großen Strauß voller Möglichkeiten, hängt von der eigenen Herangehensweise ab.

Fast jeder Mitarbeiter moderner Organisationen würde der Aussage zustimmen, dass er sich auf die wichtigen Dinge konzentrieren und mehr Zeit zum Nachdenken reservieren sollte. Die allermeisten finden sogar, dass sie viel zu busy sind. Doch im Alltag verpuffen alle guten Vorsätze; sie lösen kein Handeln aus. Warum ist das so?

Meines Erachtens gibt es dafür zwei Hauptgründe: Vermeidung und Ängstlichkeit. Wer seinen eigenen Weg gehen und sich selbst neue Chancen eröffnen will, benötigt genügend Selbstkontrolle und Selbstbewusstsein, um der Versuchung und dem allseitigen Druck zu widerstehen, ein konformes Verhalten an den Tag zu legen und einfach busy zu sein. Alle in diesem Teil des Buches vorgestellten Strategien wirken nicht, wenn es bei guten Vorsätzen bleibt. Ihre strategische Position und Ihre Schwerpunktbereiche können noch so klar definiert sein: Es nützt Ihnen nichts, wenn Sie zulassen, dass permanentes Busy-Sein Sie vom Handeln abhält. Sie können unzählige großartige Ideen entwickeln, doch wenn Sie das Risiko scheuen, werden Sie keine Innovationen und keinen Wandel herbeiführen.

Wir haben die Wahl: Möchten wir Opfer der Anforderungslawine bleiben oder unsere berufliche Karriere auf produktivere Weise in Angriff nehmen? Um unseren eigenen Weg zu gehen und ein Alleinstellungsmerkmal zu entwickeln, müssen wir den Stier bei den Hörnern packen und alles beiseiteräumen, was uns davon abhält, jene Dinge zu tun, die wirklich etwas bewegen. Wir müssen aufhören, uns vor den großen Brocken zu drücken und auf Defensive zu spielen. Schließlich gilt das Wort des Dichters Ted Hughes, wonach die Menschen stets am meisten bereuen, ihr Leben nicht tapfer genug gelebt zu haben. Dieses Kapitel zeigt Ihnen, wie das geht.

Busy zu sein heißt vermeiden

Das *Oxford Concise Dictionary of the Christian Church* definiert den Begriff »Acedia« (Trägheit) wie folgt: »ein Zustand der Unruhe und des Unvermögens, zu arbeiten oder zu beten«.[2] Ich würde diese Definition in einen modernen Kontext einbetten. Entsprechend wäre Acedia »ein Zustand der Unruhe und des Unvermögens, sich zu konzentrieren und nachzudenken«. Mit anderen Worten: Acedia ist gleich »busy«, oder auch: Busy zu sein bedeutet, träge zu sein. Wir haben gesehen, wie wichtig Fokussierung, Prioritätensetzung, das Lösen von Problemen sowie Innovationen sind. Jede dieser Aktivitäten ist unverzichtbar, wenn man von einer Karrierestrategie des »Mehr« zur Entwicklung von Alleinstellungsmerkmalen übergehen will. Doch gleichzeitig ist jede dieser Aktivitäten schwierig. Sie alle reizen die Kapazitäten des präfrontalen Kortex bis zum Anschlag aus und unser Hirn ist bekanntlich träge (oder zumindest energiebewusst). Kann es zwischen leichten und schwierigen Aufgaben wählen, wird es sich stets für die leichteren entscheiden.

Hierin liegt die Versuchung des Busy-Seins. Es erlaubt uns, schwierige Arbeit zu vermeiden. Doch um Missverständnissen vorzubeugen: Ich rede hier nicht von der Versuchung, bei Facebook oder YouTube herumzuhängen. Eine viel größere Verlockung besteht meines Erachtens darin, einfache Aufgaben gegenüber komplexen Aktivitäten zu bevorzugen. Eine der tollsten Eigenschaften unserer Welt des Zuviel besteht darin, dass es stets so viele kleine Dinge zu tun gibt. Wir müssen nie mehr irgendetwas Großes in Angriff nehmen und können uns trotzdem produktiv fühlen. Der endlose Strom an Online-Geschwätz und unser schrecklich überladener Terminkalender befriedigen unser Bedürfnis, uns nützlich zu fühlen und als fleißig zu gelten, aber sie bieten uns auch reichlich Gelegenheit, das Nachdenken über die wirklich wichtigen Dinge aufzuschieben. Dieser Befund wurde von Gloria Mark bestätigt, die herausfand, dass Menschen am glücklichsten sind, wenn sie banalen Routineaufgaben nachgehen können, die ihrem Hirn wenig abverlangen. Weit weniger beliebt sind komplexere Aufgaben, bei denen der Stresspegel ansteigt.[3] Anstatt an jenem großen Projekt zu arbeiten, tippen wir ganz entspannt ein paar E-Mails, organisieren ein Meeting oder arbeiten einige Punkte unserer To-do-Liste ab. Vielleicht ist Überforderung der Preis, den wir bereit sind zu zahlen, um uns gedanklich nicht strecken zu müssen.

Welche Optionen haben Sie, wenn Sie ernsthaft etwas bewegen möchten?

Meines Erachtens müssen Sie zwei Dinge tun: Zum einen sollten Sie herausfinden, wie Sie der Versuchung der einfachen Aufgabe widerstehen können. Und zum anderen sollten Sie weniger aufschieben, indem Sie lernen, sich rascher auf die großen Aufgaben zu stürzen, die Ihnen ein Alleinstellungsmerkmal sichern.

Wie Sie die Versuchung, busy zu sein, umschiffen

Psychologieprofessor Wilhelm Hofmann von der Universität Köln leitete eine Studie, die sich mit dem Thema »Versuchung« beschäftigte. Gemeinsam mit seinen Kollegen beobachtete er eine Gruppe von 205 Männern und Frauen mithilfe von Piepsern, die sich zu einem zufälligen Zeitpunkt meldeten. Sobald das akustische Signal ertönte, mussten die Probanden notieren, ob sie sich gerade im Griff einer Begierde oder einer Versuchung befanden. Die Studie ergab, dass die Probanden während rund einem Viertel ihrer im Wachzustand verbrachten Zeit damit beschäftigt waren, aktiv Versuchungen abzuwehren. Diese reichten von dem Verlangen nach Nahrung, Schlaf oder Sex bis zu moderneren Begehren wie dem Wunsch, seine E-Mails zu checken oder im Internet zu surfen. Interessanterweise fiel es ihnen schwerer, den zuletzt genannten Begehren – nach E-Mails und Internet – zu widerstehen als jenen nach Nahrung und Sex! In jedem zweiten Fall gelang es ihnen nicht, diese elektronischen Versuchungen abzuwehren.[4] Unseren guten Vorsätzen zum Trotz erliegen wir immer wieder der Verlockung, zu einer raschen Stimulanzdosis zu greifen oder eben mal aufs Handy zu blicken.

Wer über Selbstkontrolle verfügt, erhöht damit beträchtlich seine Erfolgschancen in der Schule wie am Arbeitsplatz, im Sport wie in der Ehe – das haben Untersuchungen immer wieder gezeigt. Menschen, die sich trotz zahlreicher technologischer Versuchungen auf das wirklich Wichtige konzentrieren können, leisten mehr, sind verbindlicher und genießen ein besseres Leben. Doch wie können wir dem Reiz des Ping oder Klingelns widerstehen?

Widerstehen Sie nicht – vermeiden Sie lieber. In einer Analyse zahlreicher Studien über Selbstkontrolle wurde untersucht, wie gut es Probanden mit stark ausgeprägter Willenskraft gelang, Versuchungen zu widerstehen. Die Annahme lautete, dass sie sich in dieser Disziplin hervortun würden. Doch das entsprach nicht dem tatsächlichen Befund. Jene mit starker Willenskraft zeigten mehr Selbstkontrolle, da sie ausgeprägte und effektive Gewohnheiten besaßen.[5] Mit anderen Worten: Eine starke Willenskraft unterstützt uns bei der Entwicklung guter Gewohnheiten; sie hilft uns, Versuchungen aus dem Weg zu gehen – nicht, ihnen zu widerstehen. Die Probanden ernährten sich nicht gesund, indem sie angebotenen Tellern voller Schokoladenkuchen entsagten, sondern indem sie darauf achteten, dass sich im Kühlschrank nur gesunde Lebensmittel befanden.

Das Gleiche gilt uneingeschränkt auch für das Busy-Sein und für die Ablenkungen, die uns immer wieder in seinen Schoß zurückziehen. Der Kniff besteht darin, die Versuchungen zu identifizieren, die Sie am ehesten von Ihren wichtigen Aufgaben abhalten, und sodann vorbeugende Gewohnheiten zu entwickeln. In einem Extrembeispiel aus einer weiteren Studie unter der Leitung von Gloria Mark entschied sich ein Unternehmen dafür, seinen E-Mail-Verkehr eine Woche lang vollständig einzustellen. Diese eine Veränderung bewirkte, dass die Angestellten weniger gestresst waren, seltener ihre Aufgabe wechselten und sich länger auf die wesentlichen Aufgaben konzentrierten.

Ich habe es bereits gesagt und wiederhole mich gerne: Wenn Sie sich stärker fokussieren wollen, schalten Sie Ihren E-Mail-Notifier ab oder schließen Sie am besten sogar das gesamte E-Mail-Programm, während Sie an Ihren großen Projekten arbeiten. Tun Sie dasselbe mit Ihren Textnachrichten und sogar mit dem Telefon. Arbeiten Sie an einem Tag pro Woche von Zuhause aus oder, besser noch, suchen Sie sich einen Arbeitsplatz ohne WLAN-Anschluss. Verwenden Sie ersatzweise eine App wie »Freedom«, die es Ihnen erlaubt, Ihren Internetzugang für bis zu acht Stunden am Stück zu blockieren. Sie brauchen keinen eisernen Willen, nur gute Gewohnheiten.

Eat that frog

Einfache Ideen sind mir stets sympathisch. Daher liebe ich die »Eat that frog«-Strategie, die Brian Tracy in seinem gleichnamigen Buch vorstellt.[6] Es handelt sich um eine der simpelsten Strategien zur Abwehr der Versuchung, sich einfachen Aufgaben zuzuwenden, die mir je über den Weg gelaufen sind. Sobald Sie ihr folgen, scheint sie auf der Hand zu liegen. Die Idee besteht darin, gleich morgens die »Kröte« – sprich: die schwierige Aufgabe – zu schlucken. Danach ist alles andere, was Sie an diesem Tag noch tun werden, halb so schlimm! Tracy schlägt im Wesentlichen vor, morgens nicht gleich die Inbox zu öffnen oder den Anrufbeantworter abzuhören, sondern zunächst ein Zeitfenster zu bestimmen, in dem Sie sich dem aktuell größten, furchterregendsten, wichtigsten Projekt widmen werden.

Diese Idee funktioniert unter anderem deshalb so gut, weil wir vor Arbeitsbeginn noch eine Art emotionale Distanz haben, die es uns erleichtert zu erkennen, worauf es wirklich ankommt. In diesem rationalen Zustand können wir mit kühlem Kopf gute Entscheidungen darüber treffen, wie wir unsere Zeit und Aufmerksamkeit optimal einsetzen. Sobald wir im Büro eintreffen und unser E-Mail-Programm öffnen und so weiter, setzt die Verlockung des Einfachen und Dringlichen ein und lenkt uns von unserer Hauptaufgabe ab. Die Gewohnheit, morgens nicht gleich die Inbox zu öffnen und die gewonnene Zeit dafür zu nutzen, sich beharrlich auf die Bereiche zu fokussieren, die man im kühlen Stadium identifiziert hat, ist überaus hilfreich.

Wie lange können Sie durchhalten, bevor Sie Ihr E-Mail-Programm öffnen? Ich empfehle Ihnen, die erste Stunde Ihres Arbeitstages frei von Ablenkungen und E-Mails zu gestalten, aber wenn Sie nur dreißig Minuten erübrigen können, werden Sie immer noch einen großen Unterschied feststellen: Sie werden sich weitaus besser auf das wirklich Wichtige konzentrieren können.

Überwachen Sie sich selbst. Warum nehmen männliche Häftlinge im Gefängnis zu? Am guten Essen liegt es sicher nicht, und normalerweise bestehen Möglichkeiten zu sportlicher Aktivität. Brian Wansink vermutet, dass die Erklärung in dem Fehlen von Gürteln zu finden sei![7] Da die Gefangenen weder Gürtel noch eng anliegende Kleidung trügen, erhielten sie keine regelmäßigen Signale hinsichtlich ihres Körperumfangs. Eines der einfachsten und effektivsten Mittel, um Versuchungen leichter widerstehen zu können, liegt in laufender Kontrolle. Dies belegt eine weitere Erkenntnis von Wansink: Diäthalter, die sich täglich wiegen, verlieren deutlich mehr Gewicht als solche, die nur gelegentlich auf die Waage steigen.

Selbstwahrnehmung führt offensichtlich unter anderem dazu, unsere Selbstkontrolle zu stärken. Schon das Vorhalten eines Spiegels führt dazu, dass Menschen ihr Verhalten ändern; sie handeln tendenziell ehrlicher und sorgfältiger. RescueTime ist eine App, mit der man seine Computernutzung nachverfolgen kann. Die von ihr ermittelten Daten zeigen, dass der durchschnittliche Nutzer täglich 16 verschiedene Computerprogramme nutzt, 40 Webseiten besucht und alle 5,2 Minuten von einer neuen Nachricht unterbrochen wird. Ihr Entwickler Tony Wright war bedrückt, als er feststellte, dass er fast ein Drittel seines Tages mit »den Nischenprodukten der Informationspornografie« zubrachte (seine Worte, nicht meine!): mit Besuchen auf Webseiten, die keinerlei Bezug zu seiner eigentlichen Arbeit hatten.

Es gibt einige tolle Apps, mit denen Sie Ihr Verhalten überwachen können. Sie können aber auch einfach Ihre Zeit stoppen. Zücken Sie die Stoppuhr, wenn Sie gerade mit einer größeren Aufgabe beginnen! Überprüfen Sie, wie lange Sie bei der Sache bleiben können, bis die erste Ablenkung einsetzt. Messen Sie Ihre Zeit und versuchen Sie, immer ein wenig besser zu werden! Lassen Sie ein spielerisches Element in Ihre Anstrengungen einfließen, fokussierter zu werden. Messen Sie, werden Sie fokussierter, heben Sie sich von anderen ab.

Beenden Sie die Aufschieberitis!

Aufschieberitis und Busy-Sein sind untrennbar miteinander verknüpft. Ich würde sogar behaupten, dass Busy-Sein zu großen Teilen nichts anderes ist als Aufschieberitis. Wir reden uns ein, dass wir zu all den Dingen, die wirklich etwas bewegen, gar nicht kommen, *weil* wir so busy sind – anstatt zu erkennen, dass wir so busy sind, *weil* wir immer nur vermeiden und aufschieben.

Große und komplizierte Vorhaben sind schwer zu beginnen, aber es ist oft nicht schwer, weiter an ihnen zu arbeiten. Wenn Sie erst einmal drin sind, kann Ihre Stimmung rasch von Lustlosigkeit in ein Gefühl tiefer Freude und echter Hingabe umschlagen, das als »Flow« bezeichnet wird (mehr dazu in Kapitel 10). Selbst wenn Sie diesen Flow nicht verspüren sollten, stellt sich angesichts Ihrer Fortschritte doch ein befriedigendes Gefühl ein. Sie erkennen, dass Sie an der richtigen Aufgabe arbeiten, und das fördert Ihre Motivation. Denken Sie an diese Abende, wo Sie das sichere Gefühl haben, dass Sie sich eigentlich bewegen sollten, aber einfach keine Lust dazu verspüren. Wenn es Ihnen dennoch gelingt, sich ins Fitnessstudio zu schleppen, dann ist die Wahrscheinlichkeit hoch, dass Sie dort Spaß haben werden und sich anschließend großartig fühlen. Tatsächlich fand die Harvard-Professorin Teresa Amabile anhand einer Untersuchung von 12.000 Tagebucheinträgen heraus, dass Fortschritte bei wichtigen Projekten zu den bedeutendsten Motivationsfaktoren am Arbeitsplatz zählen. In 76 Prozent aller Fälle, in denen Probanden bekundeten, einen besonders schönen Tag erlebt zu haben, hatten sie Fortschritte bei wichtigen Aufgaben erzielt. Amabile bezeichnete dies als *Fortschrittsprinzip*.[8] Wenn wir also unsere Aufschieberitis abbauen und lernen, uns rascher den großen Aufgaben zu widmen, haben wir einen kleinen Schritt mit großer Wirkung getan, der unsere Motivation entscheidend erhöht.

Aufschieberitis macht Sie weniger sichtbar. In diesem Teil des Buches ging es viel darum, wie man Aufmerksamkeit erringt und etwas bewegt. Tägliche Aufschieberitis, auch Prokrastinieren genannt, macht all dies zunichte. Sie sorgt dafür, dass Sie weniger bewirken und weniger sichtbar sind. Meines Erachtens gibt es drei Gründe für Prokrastination, die je nach Person unterschiedlich ausgeprägt sein können. Beobachten Sie sich, handeln Sie und erzielen Sie Wirkung.

- Abhängigkeit: Hier regiert das Wörtchen *sobald*: »Ich mache das, *sobald* ich meine Inbox abgearbeitet habe«; »Ich mache das, *sobald* mir Angeline geantwortet hat«; »Ich mache das, *sobald* mir alle Informationen vorliegen«.
- Trägheit: Die Physik diktiert, dass jede Bewegung anfangs schwerfällt. Das gilt erst recht für Menschen, die sich unrealistische Ziele setzen. Je höher die Messlatte, desto größer die Trägheit.
- Stimmung: »Ich bin nicht in der Stimmung.« Viel zu viele Menschen warten viel zu oft darauf, dass sie in der richtigen Stimmung sind, bevor sie überhaupt loslegen.

Welcher dieser Faktoren beeinflusst Sie am stärksten? Ich beschäftige mich im Folgenden zunächst mit der Trägheit, denn vermutlich stellt diese für die meisten von uns die größte Hürde dar.

Trägheit

Trägheit »ist die Fähigkeit, Widerstand zu leisten, durch die jeder Körper von sich aus in seinem Zustand der Ruhe oder in dem der gleichförmigen geradlinigen Bewegung verharrt«.

Das obige Zitat stammt aus dem bahnbrechenden Werk Isaac Newtons, das zum Grundpfeiler der modernen Physik wurde: *Principia Mathematica*. Sein erstes Bewegungsgesetz in diesem Werk beschreibt Trägheit. Es steht völlig zu Recht an erster Stelle, denn ohne die Fähigkeit, Trägheit zu überwinden, findet keine Bewegung und keine Veränderung statt. Das Trägheitsgesetz gilt für Objekte, aber es gilt ebenso für jeden Handlungsbeginn: Trägheit kann unsere Effektivität lähmen. Perfektionisten haben am häufigsten damit zu kämpfen, vielleicht weil sie befürchten, dass ihre Arbeit nicht den Anforderungen entsprechen wird oder dass ihre eigenen Ansprüche sie in die

Passivität treiben. Wie dem auch sei: Diese Menschen neigen dazu, große Aufgaben in riesige zu verwandeln, und je größer die Aufgabe, desto mächtiger die Trägheit.

Um Trägheit zu überwinden, benötigen wir einen Impuls (zweites Newton'sches Gesetz). Sobald Bewegung einsetzt, verflüchtigt sich die Aufschieberitis. Eine Möglichkeit, in Schwung zu kommen, besteht darin, den Eindruck zu erwecken, dass man bereits angefangen habe. Alia Crum und Ellen Langer haben die körperlichen Anstrengungen von Zimmermädchen an ihrem Arbeitsplatz untersucht und unter anderem ihren Kalorienverbrauch gemessen. Wie sich herausstellte, überschritten sie bei Weitem die vom Sanitätsinspekteur der Vereinigten Staaten empfohlene tägliche Bewegungsdosis. Crum und Langer fragten ihre Probandinnen, ob sie das Gefühl hätten, sich genug zu bewegen. Zwei Drittel antworteten mit Nein und mehr als jedes dritte Mädchen war der Meinung, dass es sich überhaupt nicht bewegte.[9]

Die Zimmermädchen wurden in zwei Gruppen unterteilt. Beiden Gruppen wurde gesagt, wie vorteilhaft ausreichend Bewegung sei. Eine Gruppe wurde zusätzlich darüber informiert, wie viel sie sich während ihrer täglichen Arbeit bereits bewegte – etwa, dass die Teilnehmerinnen in jeder halben Stunde, die sie mit Staubsaugen zubrachten, einhundert Kalorien verbrannten. Die andere Gruppe erhielt diese Information nicht. Vier Wochen später zeigte sich, dass die erste Gruppe fast ein Kilo abgenommen hatte, während die zweite Gruppe gar kein Gewicht verloren hatte. Das Wissen, dass sie sich sportlich betätigten, sorgte bei der ersten Gruppe für einen Impuls; es fiel ihnen leichter, noch ein wenig mehr zu tun, da sie ohnehin schon in Bewegung waren.

Neulich steckte ich völlig fest. Mir fehlte jegliche Fantasie. Ich musste eine Ankündigung für ein Grundsatzreferat schreiben, das ich halten würde. Mir fiel nichts Rechtes ein und so gelang es mir nicht, die nötige Anfangsenergie aufzubringen. Schließlich überwand ich meine Trägheit, indem ich aus meinen Ordnern alle früher verfassten Werbetexte herauszog. Und schon stand ich nicht mehr ganz am Anfang; ich konnte mit den bestehenden Texten arbeiten und meine Aufschieberitis hatte sich in Luft aufgelöst. Wenn Sie einen Impuls benötigen, dann denken Sie zuerst an das, was Sie (oder andere) schon geleistet haben, bevor Sie sich ans Werk machen. Sie werden rasch in Fahrt kommen.

Trägheit und Aufgabenzerlegung. Marla Cilley, die selbst ernannte »FlyLady«, ist eine auf Haushaltsführung spezialisierte Selbsthilfeexpertin. Sie berichtet, welches Grauen einige ihrer Kunden überkommt, wenn sie an ihre chaotischen, schmutzigen Häuser denken. Der Gedanke überwältigt sie. Natürlich möchten wir, dass unser Heim picobello und aufgeräumt aussieht, aber das gefühlte Ausmaß der Herausforderung lähmt uns. Cilleys Vorschlag ist die »Fünf-Minuten-Zimmerrettung«: Man betritt den schmutzigsten, unordentlichsten Raum des Hauses mit einer Eieruhr. Der Raum wird nun manisch gesäubert und aufgeräumt – aber nur fünf Minuten lang. Dann hält man inne. Die meisten Menschen machen nun weiter, da sie sich ja schon in Bewegung befinden. Die Erfolgsmesslatte wurde hier abgesenkt: Statt die gesamte Aufgabe bewältigen zu müssen, gilt es nun, die vorgesehene Zeit zu absolvieren – eine viel leichtere Anforderung.[10]

Ich halte sehr viel von regelmäßigen, kurzen Aktivitätsschüben, um Impulse auszulösen. Fünf Minuten sind mir für eine geistige Tätigkeit zu kurz; normalerweise entscheide ich mich für 30 Minuten. Doch große Vorhaben lassen sich oft viel leichter in Angriff nehmen, wenn man mit einem täglichen Zeitfenster von 30 Minuten beginnt – insbesondere da der Zeigarnik-Effekt dafür sorgt, dass man den ganzen Tag an das Projekt denkt!

Wie man sich in Stimmung versetzt

Manchmal hindert einen die eigene Stimmung daran, sich ans Werk zu machen. Ich höre oft Menschen sagen, sie seien »nicht in der Stimmung«, ein größeres Vorhaben anzugehen. Aktiv werden sie erst, wenn sie sich gut fühlen oder die Umgebung stimmt. Doch anstatt sich zur Geisel seiner Launen zu machen, kann man einige

Dinge tun, um sich auch bei schlechter Stimmung in Bewegung zu versetzen. Zunächst können Sie Ihre Motivation gemäß der Reversal-Theorie (siehe Kapitel 1) umkehren (zwischen »ernst« und »spielerisch« hin und her wechseln) und sich so »in Stimmung bringen«. Wenn ich keine Lust habe, mich einem bestimmten großen Vorhaben zu widmen, nehme ich es wahrscheinlich zu ernst. Also lege ich fröhliche Musik auf, hole mir eine Tafel Schokolade (oder worauf ich gerade Lust habe), nehme den Stift zur Hand und spiele an meinem Whiteboard mit Ideen herum, an denen ich arbeiten möchte. Ich ändere meine Zielsetzung, die bislang ernst und zukunftsorientiert war, und strebe jetzt nach Spaß und spielerischer Leichtigkeit. Ich stelle mir die Frage: Was wäre richtig cool? (Obwohl ich genau weiß, was für ein uncooler Gedanke das ist!) Stimmungen sind vergänglich; wir müssen uns nicht von ihnen gefangen halten lassen.

Sollte es Ihnen nicht gelingen, Ihre Stimmung zu verändern, dann überlegen Sie, welche Aspekte der großen Aufgabe Sie erfolgreich bearbeiten *könnten*, und beginnen Sie hiermit. Einige dieser Bereiche werden intensive Konzentration erfordern, die mit erhöhter Aktivität Ihres präfrontalen Kortex einhergeht; andere sind leichter zu bewältigen, weil praktischer. Falls Sie beispielsweise eine lange Datentabelle analysieren müssen mit so vielen Zahlen, dass Ihnen der Kopf schwirrt, könnten Sie zunächst einmal ein wenig mit der Tabelle spielen. Decken Sie Spalten ab, die Ihnen unwichtig erscheinen, organisieren Sie die Spalten um und so weiter. Dabei bohren Sie vielleicht nicht die ganz dicken Bretter, aber leisten die nötige Vorarbeit – und das bedeutet, dass Sie vorankommen.

Der chemische Aspekt von Stimmungslagen. Amy Arnsten hat entdeckt, dass der präfrontale Kortex nur dann optimal arbeitet, wenn sich zwei chemische Stoffe im richtigen Gleichgewicht befinden: Dopamin und Noradrenalin.[11] Ist Ihr Dopaminspiegel zu niedrig, fühlen Sie sich lethargisch und gelangweilt; ist er zu hoch, setzt Unruhe und Zerstreutheit ein. Mangelt es Ihrem Körper an Noradrenalin, so fehlt Ihnen das nötige Dringlichkeitsgefühl, doch hat er zu viel davon, fühlen Sie sich gestresst und nervös. Wenn Sie das Gefühl haben, nicht »in Stimmung« zu sein, was genau meinen Sie dann damit?

Botenstoffspiegel	Mögliche Maßnahmen
zu niedriger Dopaminspiegel	Nutzen Sie die Reversal-Theorie und ändern Sie Ihre Zielsetzung. Nicht die Fertigstellung des Vorhabens, sondern der Spaßfaktor sollte im Vordergrund stehen.
zu hoher Dopaminspiegel	Eliminieren Sie alle Ablenkungsquellen.
zu niedriger Noradrenalinspiegel	Erschrecken Sie sich selbst (nur ein wenig)! Stellen Sie sich vor, was alles schiefgehen könnte, wenn Sie nicht pünktlich liefern.
zu hoher Noradrenalinspiegel	Unterteilen Sie die Aufgabe in kleinere Einheiten, die sich gut bewältigen lassen. Entwerfen Sie einen konkreten Umsetzungsplan ... und atmen Sie einmal tief durch.

Abhängigkeit

Der dritte und letzte Auslöser von Aufschieberitis ist Abhängigkeit. Hier dreht sich alles um die Vokabel *sobald*: »Ich mache das, *sobald* ich meine E-Mails geschrieben habe/mir Chuck geantwortet hat/alle Informationen vorliegen.« Um auf Newtons Bewegungsgesetze zurückzukommen: Sein drittes Gesetz wird oft als Wechselwirkungsprinzip bezeichnet, wonach jede Aktion eine Reaktion hervorruft. Menschen, die unter dem Abhängigkeitsproblem leiden, kehren diesen Wirkmechanismus jedoch um. Sie warten auf die Aktion eines anderen, bevor sie reagieren. Es ist weitaus sinnvoller, einfach selbst zu handeln, denn diese Aktion wird unweigerlich eine Reaktion auslösen. Statt beispielsweise die Hände in den Schoß zu legen und darauf zu warten, dass Chuck seinen Bericht schickt, sollten Sie sich fragen: »Was könnte ich tun, obwohl sich Chuck noch nicht gemeldet hat?«, oder besser noch: »Was könnte ich Chuck schicken, das ihn zu einer Reaktion nötigt?«

Wenn Sie Ihr eigenes Handeln nur deshalb aufschieben, weil Sie auf weitere Informationen warten, sollten Sie daran denken, dass Informationen süchtig machen können. Im nächsten Teil dieses Buches werde ich mehr dazu sagen, doch bedenken Sie bitte zweierlei. Erstens: Ihr aktueller Wunsch, noch etwas mehr zu recherchieren, erklärt sich vermutlich eher aus der Tatsache, dass es sich gut anfühlt, dies zu tun, als aus dem Umstand, dass Sie die Information wirklich benötigen. Zweitens: Mehr Informationen führen fast immer dazu, dass die Lösung der Aufgabe intellektuell fordernder wird (schließlich müssen Sie auf mehr reagieren). Ihre weitere Recherche kostet Sie nicht nur jetzt einige Zeit, sondern macht die Aufgabe komplexer und auch später zeitaufwendiger! Wichtiger noch: Wenn Sie Ihre Verzögerungen unter Zuhilfenahme des Wörtchens »sobald« erklären, sollten Sie erkennen, dass es sich hierbei um eine Legende handelt, um Ihre Aufschieberitis zu legitimieren. Tun Sie etwas dagegen.

Busy zu sein heißt, auf Abwehr zu spielen

Um etwas bewirken zu können, benötigen wir ein gewisses Maß an Selbstkontrolle. Die Psychologen haben hierfür den Begriff der Selbstregulation geprägt: Sie bezeichnen damit die bewusste Kontrolle über das eigene Handeln, um seine Ziele zu erreichen. Die Fähigkeit zur Selbstregulation beeinflusst nachweislich die verschiedensten Variablen, darunter die Arbeitsleistung und die Lebenszufriedenheit.

Tory Higgins, ein Psychologieprofessor an der Columbia University, entwickelte 1997 ein Konzept zur Beschreibung zweier gegensätzlicher Selbstregulationsstile, das er als *Regulationsfokustheorie* bezeichnete.[12] Je nachdem, welche Grundbedürfnisse bedient werden, verändern sich unsere Motivation sowie die Art und Weise unserer Selbstkontrolle. Den Sicherheitsbedürfnissen auf der einen Seite steht auf der anderen Seite das Bedürfnis nach Wachstum und Entwicklung gegenüber. Higgins behauptete, dass jede Bedürfnisgruppe mit einer eigenen Form von Regulation einhergehe, die er als *Präventionsfokus* beziehungsweise *Promotionsfokus* bezeichnete.

Der Präventionsfokus ist durch das Vermeiden negativer Ergebnisse gekennzeichnet, während der Promotionsfokus auf das Erzielen positiver Ergebnisse, die einem wichtig sind, gerichtet ist. 2012 führte eine Gruppe von Forschern an der Michigan State University eine umfassende Untersuchung aller bisherigen Studien zum Thema Selbstregulation durch.[13] Mithilfe einer cleveren statistischen Technik namens Meta-Analyse werteten sie Studien aus, an denen insgesamt mehr als 25.000 Menschen teilgenommen hatten. Ihr Forschungsinteresse bestand darin, die Beziehung zwischen Regulationsfokus und Leistung zu erkunden. Es zeigte sich, dass ein Promotionsfokus sich stark auf die Arbeitsleistung auswirkte. Eine positive Korrelation bestand auch zu anderen wertvollen Merkmalen wie Offenheit, Innovationsfähigkeit, Hilfsbereitschaft, Arbeitszufriedenheit und Zugehörigkeitsgefühl zum Unternehmen. Ein Präventionsfokus hingegen wirkte sich nicht auf die Arbeitsleistung aus; mit anderen Worten: Wer versucht, negative Ereignisse zu verhindern, verbessert seine Leistung dadurch nicht. Darüber hinaus waren Menschen mit einem Präventionsfokus meist weniger offen, weniger innovativ, weniger hilfreich, weniger zufrieden mit ihrer Arbeit und fühlten sich ihrem Unternehmen weniger verbunden. Das mag daran liegen, dass diese Menschen sich stärker vor negativen Ergebnissen fürchten und daher auf Nummer sicher gehen wollen. Eine überwiegend auf Prävention ausgerichtete Strategie scheint also ein todsicherer Weg zu sein, den eigenen Erfolg zu verhindern.

In diesem Teil habe ich betont, dass Busy-Sein vielen Menschen als (ineffektive) Erfolgsstrategie dient. Doch für viele dieser Menschen ist Busyness im Grunde gar keine Erfolgsstrategie, sondern vielmehr eine Strategie, mit deren Hilfe sie Fehler zu vermeiden suchen – mit anderen Worten: eine Präventionsstrategie. Es gibt aber Möglichkeiten, um mit der eigenen Anspannung umzugehen und auf einen positiveren, auf Promotion gerichteten Weg einzuschwenken.

Furcht und Prävention

Der Psychiater Steve Peters hat früher mit Schwerkriminellen in Hochsicherheitsgefängnissen gearbeitet. Seit 2001 betreut er Spitzenradler des britischen Rennradteams, darunter Sir Chris Hoy, Victoria Pendleton und Bradley Wiggins, denen er aufzeigt, wie sie ihre Gefühle besser steuern können. In der Folge beendete der britische Radsport seine frühere Nischenexistenz und Großbritannien wurde zur führenden olympischen Radsportnation, mit neun Medaillen bei den Olympischen Spielen von 2012. Hoy ist überzeugt, dass Steve Peters ihm zum Olympiasieg verholfen habe, und Pendleton – zweifacher Olympiasieger und neunfacher Weltmeister – sagt: »Steve Peters ist der wichtigste Mensch in meinem Betreuerstab.«

Peters hat viel darüber gelernt, wie Anspannung, Furcht und Zorn zu einer Leistungsminderung führen können. Seine Erkenntnisse mündeten in einem Arbeitsmodell der Gefühle, das er selbst als stark vereinfachend bezeichnet.[14] Mir gefällt dieses Modell ausgezeichnet, denn es beschreibt auf leicht verständliche und ein wenig humorvolle Weise sehr komplexe naturwissenschaftliche Sachverhalte. Peters unterscheidet zwei Gehirnteile: den frontalen und den limbischen. Den ersteren Gehirnteil nennt er »Mensch«, während er den anderen als »Schimpansen« bezeichnet.

Der Gehirnteil »Mensch« ist logisch und rational veranlagt. Wenn wir an uns selbst denken, dann denken wir an den Menschen. Da der »Mensch« für Planungen und endgültige Entscheidungen zuständig ist, hat er theoretisch das Sagen. Doch die Wirklichkeit sieht oft anders aus. Der »Schimpanse« lässt sich von Gefühlen und Katastrophenängsten leiten; er ist außerdem paranoid und versucht ständig, neue Gefahren auszumachen, welche die eigene Sicherheit oder den eigenen Status bedrohen könnten. Genauso wie ein echter Schimpanse fünfmal so stark wie ein Mensch ist, kann der »Schimpanse« den »Menschen« leicht überwältigen. Dies ist einer der Hauptgründe dafür, dass unser Verhalten so oft von dem abweicht, was wir eigentlich für richtig halten oder uns vorgenommen haben: Wenn der »Schimpanse« sich an etwas stört, kann der »Mensch« jeglichen Anflug von Kontrolle verlieren.

Unsere Busy-Anfälle lassen sich teilweise aus der Anspannung erklären, die das paranoide Katastrophendenken des »Schimpansen« erzeugt. Dieses Denken verhindert auch, dass wir uns dort engagieren, wo wir wirklich etwas bewegen könnten. Wie furchtbar wäre es, wenn wir diese Zusammenfassung nicht ablieferten oder wenn wir unsere Inbox nicht vollständig leerten und dann jene weltbewegende E-Mail übersähen! Was sollen andere nur von uns denken, wenn wir nicht alles schaffen? Werden wir im ewigen Wettlauf um Anerkennung und Beförderung nicht den Kürzeren ziehen, wenn wir uns nicht völlig verausgaben? Der »Schimpanse« gibt sich erst zufrieden, wenn wir immer härter arbeiten und immer mehr Ergebnisse liefern. Er sieht jede Aktivität als Zeichen der Hingabe, die uns sicher durch unsichere Zeiten leitet. Ein solches Busy-Sein ist auf Abwehr und Schutz gerichtet – ihm liegt ein Denken zugrunde, bei dem Prävention im Vordergrund steht.

Der »Mensch« erkennt, dass er Prioritäten setzen sollte, die das elektronische weiße Rauschen übertönen. Er begreift, dass man nur schlecht nachdenken und Neues schaffen kann, wenn man unter Strom steht, und dass ein Aufmerksamkeitsdefizit sich nachteilig auf die wichtigsten Beziehungen auswirkt, die das Rückgrat jedes Lebens bilden. Doch der »Mensch« kann wenig tun, solange der »Schimpanse« nicht zufriedengestellt ist. Angesichts der heutigen Anforderungen und des Wettbewerbsdrucks kommt der »Schimpanse« jedoch kaum noch zur Ruhe. Daher warten wir ab, bis sich »die Dinge beruhigt haben«, was aber niemals geschieht. Und so machen wir unermüdlich weiter und investieren all unsere Energie darin, das bisherige Kraftfeld aufrechtzuerhalten und nachweislich busy zu sein. Dadurch bleibt wenig Zeit für die Dinge übrig, die uns wirklich etwas bedeuten. Wenn wir uns abends aufs Sofa fallen lassen und unseren Schmerz mit Wein und dem Fernsehprogramm betäuben, ist der »Schimpanse« zufrieden, während unser innerer »Mensch« genau weiß, wie falsch das alles ist.

Den »Schimpansen« beruhigen

Wenn Sie Ihren inneren »Menschen« dazu bewegen wollen, gute Entscheidungen zu treffen, müssen Sie den »Schimpansen« beruhigen. Dieser wird sich niemals ändern: Seine Antriebskräfte und Instinkte sind so, wie sie eben sind. Der »Mensch« muss daher lernen, wie er diesen Antriebskräften trotzen und zu rationalen Entscheidungen gelangen kann.

Unterdrücken Sie Ihre Gefühle nicht. Zunächst einmal müssen Sie erkennen, dass es ein Fehler ist, die eigenen Gefühle zu unterdrücken. Der an der Stanford University lehrende Psychologieprofessor James Gross hat gezeigt, dass unsere Gefühle in diesem Fall sogar mächtiger werden.[15] Wie er herausfand, werden Menschen unaufmerksam, wenn sie ihre Gefühle zu verbergen suchen, denn sie versuchen dann, zwei Dinge gleichzeitig zu tun. Ihr Blutdruck steigt und seltsamerweise lösen sie bei ihren Gesprächspartnern ein Unbehagen aus. Gefühlsunterdrückung scheint also nicht nur wenig wirksam, sondern stört auch unser Umfeld. Wir benötigen daher zweifellos eine bessere Taktik, um den »Schimpansen« ruhigzustellen.

Neubewertung. Diese günstigere Taktik heißt *Neubewertung.* Dabei ändern wir unsere Interpretation eines Ereignisses, Gedankens oder Erlebnisses – so wie die Insassen des Konzentrationslagers, die trotz ihrer schrecklichen Lage ein wenig Freude finden konnten. Nicht Ereignisse an sich lösen bei uns Ängste oder Anspannung aus, sondern die Bedeutung, die wir ihnen zuschreiben. Ändern wir diese Bedeutung, so verändern sich auch unsere Gefühle.

Gross maß die Hirnaktivität von Menschen, die sich gerade einen Horrorfilm anschauten. Bei Probanden, die ihre Gefühle zu unterdrücken versuchten, stellte er eine starke Zunahme der limbischen Aktivität fest, während jene, die eine Neubewertung vornahmen, eine geringe limbische Aktivität zeigten. Die Neubewertung führt dazu, dass das Hirn keine Bedrohung mehr wahrnimmt und sich der innere »Schimpanse« daher beruhigt. Nun erhob Gross entsprechende Daten bei Hunderten von Probanden und teilte diese danach ein, ob sie ihre Gefühle eher durch Unterdrückung oder durch Neubewertung steuern. Darüber hinaus erhob er Dimensionen wie Optimismus, Lebenszufriedenheit, Umfeldkompetenz und Qualität der menschlichen Beziehungen. Neubewerter schnitten in all diesen Dimensionen signifikant besser ab: Sie waren erfolgreicher.

Neubewertungen erfordern eine kognitive Leistung, sind aber unverzichtbar. Wenn wir nicht unter ständiger Anspannung und Dauerstress leiden wollen, müssen wir den »Schimpansen« durch Neubewertungen beruhigen. Wichtiger noch: Ohne Neubewertungen können wir unsere Prioritäten nicht klar erkennen und werden auf die »sichere« Option des Busy-Seins zurückgreifen. Kevin Ochsner, Leiter des Instituts für Soziale Neurowissenschaften an der Columbia University, formuliert es so: »Wenn unsere emotionalen Reaktionen im Wesentlichen von unseren Interpretationen oder Beurteilungen unserer Umwelt abhängen und wir in der Lage sind, diese Beurteilungen zu ändern, dann müssen wir dies auch versuchen. Wer vollständig darauf verzichtet, handelt recht unverantwortlich.«[16]

Bei meinen ersten öffentlichen Vorträgen hatte ich Lampenfieber. Mein Magen verknotete sich, mein Mund fühlte sich trocken an und mein Herz schlug so heftig, dass ich es bis zum Hals hinauf spüren konnte. Noch entscheidender war, dass ich unter dem Eindruck dieser Gefühle undeutlich und viel zu schnell sprach. Doch ich wollte unbedingt ein guter Vortragsredner und Moderator werden, also musste ich eine Lösung finden. Damals war ich außerdem ein Möchtegern-Adrenalinjunkie: Ich hatte begonnen zu surfen, hörte Grunge-Rock und absolvierte Gleitschirmflüge. Mein Ziegenbärtchen und meine langen Haare trugen wenig dazu bei, den Eindruck zu zerstreuen, dass es mir nur um mein Image ging, aber dieses Image war mir zu jener Zeit sehr wichtig. Es half mir zudem, meine Einstellung gegenüber Vorträgen völlig zu verändern. Ich weiß nicht genau, wie es geschah, aber als eines Tages wieder einmal das Lampenfieber einsetzte, sagte ich zu mir: »Wow! Ich würde viel Geld dafür bezahlen, aus einem Flugzeug zu springen und einen solchen Rausch zu verspüren!« Meine Neubewertung wirkte Wunder. Ich hatte das Lampenfieber uminterpretiert und es in genau das verwandelt, wonach ich mich sehnte: Adrenalin und neue Erfahrungen.

Um wieder klar denken zu können und sich einen neuen Pfad durch die Welt des Zuviel zu bahnen, werden Sie viele Erfahrungen und Gefühle neu bewerten müssen. Neben einer Neuinterpretation Ihrer Panik angesichts 171 ungelesener E-Mails müssen Sie womöglich auch anderen dabei helfen, Ihr Verhalten neu zu bewerten. Vor einiger Zeit war einer meiner Kunden davon irritiert, dass ich seine E-Mails nicht umgehend beantwortete. Ich erläuterte ihm daraufhin, dass ich meine Inbox nur einmal täglich überprüfe, um genügend Zeit zum Nachdenken, zu kreativer Arbeit und zur Konzentration auf das Wesentliche zu haben. Als er das erfuhr, war er keineswegs verärgert, sondern fühlte sich ein wenig inspiriert.

Folgende vier Neubewertungsstrategien erscheinen mir am hilfreichsten:

- *Senken Sie den Grusel- oder erhöhen Sie den Spaßfaktor.* Die Adrenalinjunkie-Neuinterpretation war ein Beispiel hierfür. Das berühmteste ist die Vorstellung vom Interviewer in Unterwäsche.
- *Zoomen Sie heraus.* Oft reagieren wir mit großer Anspannung auf Situationen, die aus einiger Entfernung betrachtet fast lächerlich wirken. So könnten Sie Ihre Sorge angesichts 171 ungelesener E-Mails abwenden, indem Sie sich daran erinnern, dass das hiermit verbundene Risiko weitaus geringer ist als jenes, das mit der Nichtbearbeitung strategisch wichtiger Aufgaben einhergeht. Eine andere Form des Herauszoomens ist die Betrachtung der aktuellen Situation von einem zeitlich weit entfernten Punkt aus:»Wie würde ich diese Situation in zehn Jahren einschätzen?«
- *Lernen.* Meine liebste Neubewertungstechnik ist vermutlich, schwierige Situationen als Lerngelegenheiten zu betrachten. Dabei horche ich in mich hinein, versuche, meine Gefühle zu ergründen, und sage:»Ach, wie interessant!« Meine Ängste helfen mir dabei, mich besser zu verstehen. Vor einem großen Radiointerview sagte ich mir einmal:»Perfekt wird das nicht, aber ich werde eine Menge aus der Erfahrung lernen.« Diese Einstellung half mir auch anschließend, als mir eine besonders dumme Antwort keine Ruhe ließ:»Na, zumindest habe ich viel gelernt!«

- *Akzeptanz.* Die vierte Neubewertungstechnik besteht einfach darin, die eigenen Gefühle zu akzeptieren und zu begreifen, dass sie vergänglich sind.

Das Gesamtbild wieder erkennen. Ist Ihnen dieses Gefühl vertraut: Sie möchten schreien, weinen, die Wände zertrümmern und sich in eine Ecke verkriechen ... und alles gleichzeitig? Vor einigen Monaten ging es mir genauso. Der Arbeitsberg wuchs und wuchs, Abgabetermine rückten immer näher, eine unerwartete und dringende Angelegenheit war hinzugetreten und am nächsten Tag stand mir eine Großveranstaltung bevor, die mir Sorgen bereitete. Ich brauchte mehr Zeit. Aber die hatte ich nicht. Hilfe!

In großer Hektik versuchte ich, alles abzuarbeiten, aber ich erzielte fast keine Fortschritte. Zum Glück hatte ich eine Flugbuchung und zwang mich, das Büro zu verlassen, um die gut einstündige Fahrt zum Flughafen anzutreten. Keine zehn Pferde hätten mich damals dazu gebracht, freiwillig eine Pause einzulegen. Ich steckte bis zur Halskrause im Sumpf, mein »Schimpanse« lief Amok, ich konnte weder vernünftig denken noch arbeiten, erkannte aber auch nicht, wie sinnlos mein Tun war. Wie sich herausstellte, wirkte meine Zwangspause wahre Wunder. Durch die Fahrt gewann ich Abstand, konnte mich wieder besser konzentrieren und sah das Gesamtbild neu vor Augen. Die reizarme Ablenkung des Fahrens sorgte dafür, dass sich die Anspannung und die Ängste weniger überwältigend anfühlten – der »Schimpanse« tobte nun weniger stark. Ich konnte meine Prioritäten klarer erkennen und wieder denken. Als ich den Flughafen schließlich erreichte, hatte ich nicht nur meinen »Schimpansen« beruhigt, sondern auch einen Plan gefasst. Ich war bereit, zielstrebig und fokussiert zu handeln.

In solchen Momenten ist das Bedürfnis, den Kopf einzuziehen und stur zu arbeiten, schier überwältigend. Doch zweierlei ist fast sicher: Wenn diese Gefühle Sie im Griff haben, werden Sie hoffnungslos schlechte Entscheidungen treffen und Prioritäten setzen und eine Pause werden Sie sich schon gar nicht gönnen wollen – dabei ist sie genau das, was Sie brauchen.

Zuversicht

Auf dem Weg von einem Präventions- zu einem Promotionsfokus ist das Wissen, wie man seine Gefühle steuern kann, ein wesentlicher erster Schritt. Doch um hinter unserem Schutzschild hervorzutreten und eine positive Strategie anzunehmen, genügt es nicht, unsere negativen Gefühle in den Griff zu bekommen; wir müssen Zuversicht erlernen. Insbesondere müssen wir stärker an unsere Fähigkeit glauben, einen Mehrwert auch auf andere Weise zu erbringen, als busy zu sein. Wo diese Zuversicht vorhanden ist, wächst auch die Bereitschaft, eigene Entscheidungen zu treffen, Risiken einzugehen und den eigenen Weg zu beschreiten.

Die Macht der Selbstwirksamkeit

155 College-Studenten erhielten je vier kurze wissenschaftliche Aufsätze. Jeder dieser Aufsätze argumentierte überzeugend anhand von Belegen und Zitaten. Die vier Aufsätze behandelten die folgenden Themen:

1. Wie dramatisch ist eigentlich Lungenkrebs? (Schadensausmaß)
2. Wie hoch ist das Risiko, dass man als Raucher Lungenkrebs entwickelt? (Wahrscheinlichkeit)
3. Sinkt das Lungenkrebsrisiko, wenn man mit dem Rauchen aufhört? (Effektivität)
4. Wie gut gelingt es Studenten im Durchschnitt, mit dem Rauchen aufzuhören? (Selbstwirksamkeit)

Für jedes Thema gab es zwei Versionen, wobei jeder Proband nur eine dieser Versionen erhielt. So bekamen manche Probanden beispielsweise beim ersten Thema entweder einen Aufsatz, der die Krankheit auf unangenehme und bildliche Weise beschrieb, oder einen anderen, der auf falschen Belegen beruhte und erklärte, dass Lungenkrebs eigentlich gar nicht so schlimm sei.

Obwohl jeder der genannten Faktoren die Handlungsbereitschaft beeinflusste, war der Einfluss nirgends größer als im Falle der Selbstwirksamkeit. Die Zuversicht der Studenten, dass sie mit dem Rauchen aufhören konnten, beeinflusste ihre Handlungsabsichten stärker als der Ernst der Krankheit, das Risiko oder die Effektivität des Aufhörens. Selbst wenn die Aufsätze ein weit harmloseres Bild malten oder die Vorteile des Aufhörens als vernachlässigbar darstellten, stieg die Handlungsbereitschaft, wenn die Probanden das Gefühl hatten, ihr Verhalten ändern zu *können*. So als ob sie dächten:»Vielleicht ist es gar nicht so wichtig, aber was soll's, ich kann es ja, also warum sollte ich es nicht einfach tun?«[17]

Selbstwirksamkeit stärkt den Glauben an den eigenen Erfolg, steigert das Durchhaltevermögen angesichts von Herausforderungen und erhöht die Wahrscheinlichkeit für Flow-Erlebnisse. Wir trauen uns damit auch eher zu, Neues – Schwieriges – auszuprobieren. Da fast alles, was wir benötigen, um den Busy-Zustand zu überwinden, neu und schwierig sein wird, ist Selbstwirksamkeit unerlässlich. Denken Sie an einen typischen Arbeitstag. Vermutlich arbeiten Sie sehr hart und stehen unter großem Druck. Sehr wahrscheinlich sind einige der Aufgaben, mit denen Sie Ihren Tag füllen, eher banal und unwichtig (auch wenn sie furchtbar eilig sein mögen). Wenn Sie nun daran denken, was Sie täten, wenn Sie sich den wirklich wichtigen Dingen zuwenden würden, wäre das mit Sicherheit etwas Herausfornderderes.

Um seinen eigenen Weg beschreiten zu können, bedarf es eines Sinneswandels. Man muss zu der Überzeugung gelangen, dass unabhängig von den jeweiligen (noch unbekannten) Herausforderungen gilt:»Ich werde mit allem fertig.« Dieser Schritt erfordert Mut und festen Glauben – einen Glauben, den man als Selbstwirksamkeit bezeichnet.

Ihre Leistung zählt, nicht das Ergebnis

Falls Sie die englische Premier League verfolgen, wird Ihnen die ruhmreiche Geschichte des FC Liverpool nicht unbekannt sein – und ebenso, dass die Mannschaft in den letzten Jahren weniger erfolgreich war. In seinem verzweifelten Bemühen, wieder Erfolge zu feiern und zu früherer Größe zurückzufinden, wandte sich der Klub an unseren alten Freund Steve Peters. Dieser erkannte, welche geschichtliche Bürde auf den Spielern und Trainern lastete und wie hoch der Erwartungsdruck der Fans war. Die gesamte Organisation hatte mit Ängsten zu kämpfen: der Sorge, dass sie nie wieder an ihre glorreiche Vergangenheit würde anknüpfen können und die heutige Generation für immer als Versagertruppe gelten würde. Insbesondere erkannte Peters, dass das immerwährende Ziel des Teams – die Meisterschaft zu gewinnen – ein falsches Ziel war. Egal wie sehr sie sich anstrengten und wie gut sie sich entwickelten: Die Meisterschaft war womöglich nicht erreichbar, denn die Bemühungen der Konkurrenz ließen sich nicht beeinflussen.[18]

Peters hatte aus seiner Arbeit mit anderen Spitzensportlern die Erkenntnis gezogen, dass Ziele, die das Selbstvertrauen stärken, vom Team steuerbar sein müssen. Selbstwirksamkeit erwächst, wenn die Erfahrung gemacht wird, dass Ziele erreicht wurden, deshalb müssen Ziele erreichbar sein. Peters unterscheidet Träume von Zielen. Es spricht nichts dagegen, von der Meisterschaft zu träumen und darauf hinzuarbeiten, sie zu gewinnen, aber Liverpool sollte nicht den Fehler begehen, sie als konkretes Ziel zu formulieren. Stattdessen sollte das Team seine Ziele an sein eigenes Leistungs- und Fitnessniveau anpassen. Es sollte motivierende Ziele formulieren, überlegen, wie diese erreicht werden können, und Zuversicht aus der Tatsache ziehen, dass sie erreicht wurden.

Wir sollten unsere Ziele und unser Selbstvertrauen an unserer Leistung ausrichten, nicht an unseren Ergebnissen. In welchen Bereichen Ihres Lebens orientieren sich Ihre Ziele allzu stark am Ergebnis? Wo gründen Sie Ihr Selbstvertrauen auf Dinge jenseits Ihrer Kontrolle? Wie könnten Sie Ihr Bestreben besser darauf ausrichten, einen ausgezeichneten Job zu machen, anstatt ein großartiges Resultat zu erzielen?

Die Zuversicht, Fehlschläge zu überwinden

Wer sich an Innovationen versucht und Dinge anders angehen möchte als bisher, wird zweifellos gelegentlich scheitern. Doch wie sorgt man dafür, dass das eigene Selbstbewusstsein nach einem Fehlschlag nicht unter die Räder kommt? Die Antwort ist einfach, aber bedeutend: Gründen Sie Ihre Zuversicht auf Ihre Fähigkeit, mit allem fertigzuwerden.

In einer neueren Untersuchung stellten Joachim Stoeber und Dirk Janssen von der University of Kent fest, dass die effektivsten Strategien zum Umgang mit Fehlschlägen wie folgt lauten: Neubewertung (siehe oben), Akzeptanz und Humor.[19] Interessanterweise waren diese Strategien wirksamer als soziale Unterstützung und das sprichwörtliche Dampfablassen. Scheitern Sie also ruhig, aber beklagen Sie sich nicht, sondern bewerten Sie neu (»Was habe ich daraus gelernt?«), akzeptieren Sie es (»Ich kann nicht immer perfekt sein.«) oder lachen Sie darüber (»Was in aller Welt habe ich mir nur dabei gedacht???«). Vertrauen Sie Ihrer Fähigkeit, mit allem fertigzuwerden; Sie schaffen das schon. Wenn Sie einer Situation mit der Zuversicht begegnen, dass Sie vorbereitet sind, Ihr Bestes geben werden und mit jeder nur denkbaren Reaktion schon zurechtkommen, haben Sie eine starke Selbstwirksamkeit entwickelt.

Übung macht den Meister

Die verlässlichste und wirksamste Weise zum Aufbau von Selbstwirksamkeit besteht in der Erfahrung, etwas gemeistert zu haben – mit anderen Worten, indem man etwas tut, und zwar erfolgreich. Wenn uns Dinge gelingen und wir Hürden überwinden, haben wir das Gefühl, unsere Fähigkeiten erweitert zu haben, und dies steigert unsere Selbstwirksamkeit. Besteht diese Selbstwirksamkeit in Bezug auf einzelne Aufgaben, so überträgt sie sich nachgewiesenermaßen oft auf andere Lebensbereiche und erhöht auch hier das Selbstvertrauen, insbesondere auf solchen Gebieten, die der erfolgreich bewältigten Aufgabe ähneln.

Beginnen Sie mit kleinen Schritten: Experimentieren Sie mit einer Aktivität, die Ihnen etwas bedeutet. Das kann etwas sein, das Sie lange zurückgestellt haben (weil Sie so furchtbar busy sind), vielleicht auch eine neue Gewohnheit, etwa Ihre E-Mails nur noch periodisch abzurufen – eine Änderung, die Sie als riskant betrachten. Was auch immer es ist: Versuchen Sie es zunächst mit kleinen, überschaubaren Experimenten. Mit zunehmendem Erfolg werden Sie erleben, wie auch Ihre Selbstwirksamkeit steigt.

Welche kleinen Schritte könnten Sie unternehmen, um Selbstwirksamkeit zu entwickeln?

Das Wichtigste in Kürze

Jeder von uns weiß, was er eigentlich tun sollte. Und dennoch *versäumen wir es tagtäglich, uns auf die großen Dinge zu konzentrieren*, die wirklich etwas bewegen und von denen wir wissen, dass wir sie in Angriff nehmen sollten. Warum?

Busy zu sein heißt vermeiden

Die größte Versuchung liegt nicht in der Faulenzerei, sondern in der *Bevorzugung kleiner statt komplexer Aufgaben*. Indem wir busy sind, *können wir uns produktiv fühlen, während wir gleichzeitig die schwere Arbeit vermeiden.*

Wie Sie die Versuchung, busy zu sein, umschiffen

- Versuchen Sie nicht, der Versuchung zu widerstehen. Auch Menschen mit ausgeprägter Willenskraft gelingt das nicht besser, sie entwickeln lediglich gute Gewohnheiten.
- Strafgefangene nehmen zu, weil sie keinen Gürtel tragen. Es fällt uns leichter, unser Verhalten zu kontrollieren, wenn wir es aktiv beobachten.

Beenden Sie die Aufschieberitis!

- Um dem Prokrastinieren zu entkommen, bedarf es eines Impulses. Aller Anfang ist schwer, vor allem bei großen Aufgaben, doch sobald Sie in Schwung gekommen sind, fällt das Weitermachen viel leichter und wird schneller belohnt.
- Wer die Wirkung von Dopamin und Noradrenalin kennt, kann sich leichter in die richtige Stimmung versetzen, um große gedankliche Brocken zu bewegen.

Busy zu sein heißt, auf Abwehr zu spielen

Es gibt zwei Hauptstrategien, um unser Verhalten und unsere Gefühle zu steuern: *Prävention* (Abwehr negativer Ereignisse) und *Promotion* (positives Verfolgen unserer Ziele). Promotion ist die erfolgreichere Strategie, die auch Ihre Motivation und Ihr Wohlbefinden positiv beeinflusst. *Busy-Sein ist eine Abwehrstrategie.*

Furcht und Prävention

- Wer gelernt hat, seine Gefühle zu steuern, hat einen entscheidenden Schritt auf dem Weg zu einer *Promotionsstrategie* getan.
- Unsere Gefühle gleichen einem ungezogenen Schimpansen. Man *kann den Schimpansen nicht ändern*, aber man ist *verantwortlich dafür, ihn zu steuern.*
- *Neubewertung* ist eine wirksame Strategie, um seine Gefühle zu steuern. Wer seine Interpretation eines Ereignisses ändert, verändert auch seine Gefühle.

Zuversicht

- Wer zu einem positiveren, weniger auf Abwehr gerichteten Ansatz gelangen möchte, braucht Zuversicht.
- Eine hohe Selbstwirksamkeit erleichtert es, den eigenen Weg zu gehen – sie stärkt den Glauben an sich selbst, steigert das Durchhaltevermögen angesichts von Herausforderungen und erhöht die Wahrscheinlichkeit für Flow-Erlebnisse.

- Gründen Sie Ihr Selbstvertrauen auf Ihre persönliche Leistung, nicht auf Ergebnisse.
- Mit Selbstvertrauen und Zuversicht werden Sie mit allem fertig – Sie verfügen dann über Selbstwirksamkeit.
- Der Aufbau von Selbstwirksamkeit gelingt, wenn man die Erfahrung macht, etwas gemeistert zu haben. Probieren Sie daher immer wieder etwas aus, das Sie erfolgreich bewältigen können.

Machen Sie dies sofort

Das richtige Ziel

Setzen Sie sich bedeutende Ziele, aber achten Sie darauf, dass sie konkret genug und von Ihnen steuerbar sind und dass sie sich auf Ihre Leistung beziehen und nicht auf unbeeinflussbare Ergebnisse.

Eat that frog

Beginnen Sie jeden Arbeitstag fern Ihres E-Mail-Programms. Konzentrieren Sie sich stattdessen auf Ihre größte und wichtigste Aufgabe.

Probieren Sie das mal aus

Neu bewerten

Üben Sie, mit negativen Gefühlen umzugehen, indem Sie deren Bedeutung uminterpretieren. Begegnen Sie Fehlschlägen mit Humor und der Anerkennung der Tatsache, dass Sie nicht perfekt sind (und das völlig okay ist).

Aufgaben zerlegen

Legen Sie los und widmen Sie jener großen Aufgabe nur einen kleinen Teil Ihrer Zeit (sagen wir 30 Minuten oder weniger). Sie lösen damit einen Impuls aus.

Teil 3
Die Oberflächlichkeit hinter sich lassen

In diesem Teil des Buches schürfen wir ein wenig tiefer und betrachten die dritte Ausprägung von »Busyness«: jenem Verständnis, das Busy-Sein als möglichen Pfad zum Lebensglück betrachtet. Wir nutzen dabei die Erkenntnisse aus dem letzten Teil, um festzustellen, dass uns das Streben nach »mehr« auch kein Lebensglück beschert. Genauer gesagt sind alle Hoffnungen, ein besseres Leben zu führen, indem wir mehr Geld, einen höheren Status und mehr Freunde anzuhäufen versuchen, fehlgeleitet. Auch wer sein Leben mit noch mehr schalen Reizen und sinnfreien Aktivitäten füllt, tut wenig, um sein Wohlbefinden zu steigern. Wir untersuchen im Folgenden, wie wir zu mehr Lebensglück finden können, indem wir unsere Werte voranstellen und uns stärker auf die Dinge konzentrieren, die uns wirklich etwas bedeuten. Wir beschreiben, warum uns ein intensiverer Austausch mit weniger Freunden mehr Lebensglück beschert. Wir erkunden, wie wir unser Leben mit mehr Glücksmomenten bereichern können, anstatt uns auf den oberflächlichen Nervenkitzel elektronischer Reize zu verlassen. Und schließlich lernen wir, das Busy-Sein zu überwinden, indem wir dafür sorgen, dass unsere guten Vorsätze Bestand haben. Kurz gesagt möchte Ihnen dieser Teil eine praktische Anleitung an die Hand geben, wie Sie in einer Welt des Zuviel zu mehr Lebensglück finden können.

Kapitel 9
Beenden Sie Ihre Jagd nach dem »Mehr«!

(Stellen Sie Ihre Werte voran)

Imperial Chemical Industries (ICI) war ein britischer Konzern mit einer glorreichen Geschichte. Er entstand im Jahre 1926 durch den Zusammenschluss von vier Unternehmen, darunter auch die Dynamitfabrik Alfred Nobels, deren Sprengstoffe große ingenieurstechnische Projekte wie den Suezkanal erst ermöglicht hatten. Während eines Großteils des 20. Jahrhunderts stand ICI völlig zu Recht in dem Ruf, eines der weltweit innovativsten Unternehmen zu sein. Es erlangte 150.000 Patente auf Erfindungen und Entdeckungen, viele davon grundlegend und bahnbrechend. In wirtschaftlicher Hinsicht war es außerdem eines der erfolgreichsten Unternehmen, die das Vereinigte Königreich je hervorgebracht hatte. Es beherrschte die verarbeitende und chemische Industrie des Landes und war zeitweise das größte Fertigungsunternehmen des britischen Empire. ICI stand für Wissenschaft und Innovation. Seinem Leitbild von 1990 zufolge strebte das Unternehmen an, das »weltweit führende Chemieunternehmen zu sein, das einer internationalen Kundschaft durch innovative und verantwortungsvolle Anwendung chemischer Produkte dient«.

Im Verlauf der 1990er-Jahre verwarf ICI seinen bewährten Grundsatz, die Chemie voranzustellen und sich erst in zweiter Linie auf Gewinne und Umsätze zu konzentrieren. Unter dem Eindruck des immer erbarmungsloseren weltweiten Wettbewerbs und getrieben von ehrgeizigen CEOs rückte die Maximierung von Gewinnen und Shareholder-Value in den Vordergrund. 1997 entschied sich ICI für einen Strategiewechsel. Das neue Leitbild sah nun vor, »durch Marktführerschaft, technologischen Vorsprung und eine weltweit konkurrenzfähige Kostenbasis den höchsten Kundennutzen und Shareholder-Value unserer Branche herbeizuführen«. Das Wort »Chemie« tauchte nicht mehr auf. Dieser neue, gewinnorientierte Ansatz erwies sich für ICI als kontraproduktiv. Nach 80 Jahren voller wissenschaftlicher Fortschritte, innovativer Durchbrüche und stabiler wirtschaftlicher Erfolge verlor es rasch die Gunst der Kunden. Im Jahre 2008 stellte der Konzern seinen Betrieb ein.

Der langjährige überragende Erfolg von ICI kam nicht von ungefähr und er hatte wenig mit einer Steuerung von Gewinnmargen und der Kostenbasis zu tun. ICI war erfolgreich aufgrund seiner Werte: ausgeprägte Kompetenz und eine Leidenschaft für die Wissenschaft. Chemie war Herz und Seele des Unternehmens; sie brachte Innovationen hervor, die wiederum zu Erlösen führten. Mit dem Wechsel zu einem eindeutig gewinnorientierten Modell büßte das Unternehmen seine Vitalität ein. Seine Chemiker ließen sich nicht mit Tabellen, Kostensenkungsprogrammen und Bestandsmanagement motivieren. In den letzten zehn Jahre seines Bestehens verschrieb sich ICI der Jagd nach Möglichkeiten zur Produktivitäts- und Effizienzsteigerung, während das Unternehmen seine einzigartige Marktposition immer mehr verlor.

Diese Geschichte sollte uns als heilsame Lehre dienen, die verdeutlicht, welche Gefahren drohen, wenn man Herz und Seele eines Unternehmens gegen eine Bilanz eintauscht. Sie sollte auch bei jedem von uns die Alarmglocken schrillen lassen. In diesem Kapitel zeige ich auf, welch zersetzende Wirkung eine beständige Konzentration auf Bilanzzahlen in unserem Leben hat – jenes unstillbare Verlangen nach mehr Geld, höherem Status und neuen materiellen Gütern. Insbesondere werden wir erkennen, dass Lebensglück und Zufriedenheit nicht durch ein ständiges Streben nach »mehr« erlangt werden kann, sondern durch die Art und Weise, wie wir leben, durch die ganz besonderen Augenblicke und durch die Interaktion mit den Menschen, die uns am Herzen liegen. Dieses Kapitel will Ihnen zeigen, wie wir uns wieder um die wirklich wichtigen Dinge kümmern können.

Rückzug

Wie viele Tischrunden wurden schon dadurch zerstört, dass Teilnehmer ihre eingehenden E-Mails lasen oder Anrufe entgegennahmen? Wie viele Abende haben Sie schon nutzlos vor dem Fernseher zugebracht? An wie vielen Tagen sind Sie erschöpft, aber gelangweilt aus dem Büro zurückgekehrt? An wie vielen Tagen sind Sie im letzten Monat mit dem schönen Gefühl ins Bett gegangen, dass Sie heute Ihren Ansprüchen wirklich gerecht geworden sind?

Ich erkenne in meinem Umfeld viele Anzeichen eines Rückzugs: Menschen, die sich – ein wenig oder auch stärker – von ihrer beruflichen Laufbahn, ihren Liebsten oder von sich selbst zurückziehen. Ich sehe Menschen, die sich aus genau den richtigen Gründen für einen bestimmten Karriereweg entscheiden, sich aber dann mit jedem Tag und mit jeder E-Mail ein wenig von dem entfernen, was ihnen einst wichtig war. Das geschieht niemals plötzlich und auch nicht bewusst. Doch der Mangel an Beachtung, den man diesen Dingen schenkt, fordert irgendwann seinen Tribut. Für unseren Rückzug haben wir immer eine sehr gute Erklärung, an die wir meistens sogar glauben. Doch in unseren ruhigen Momenten keimt ein Anflug von Traurigkeit auf – eine Art existenzieller Angst, die sich nur in Aktivität flüchten kann. Das Busy-Sein beruhigt (und betäubt) das Hirn.

Der technische Fortschritt trägt daran keine Schuld. Wir verabschieden uns nicht von unseren Werten, weil wir so leicht auf Facebook gehen oder unsere E-Mails lesen können oder weil uns auf unseren vielen Bildschirmen eine so große Auswahl an Reizen zur Verfügung steht. Es liegt auch nicht an unseren Jobs. Wir koppeln uns nicht ab, weil unsere Arbeitsplätze einfach zu fordernd sind. Das Problem sind unsere Werte.

Wie das »Mehr« den Abkopplungsprozess antreibt

Im letzten Teil haben wir uns ausführlich mit dem »Mehr«-Spiel beschäftigt: jenem endlosen (und vergeblichen) Bemühen um Erfolg durch Produktivität. Das »Mehr« spielt aber auch im Abkopplungsprozess eine große Rolle. Wir sind busy, weil wir nach »mehr« streben, und vernachlässigen dadurch jene Dinge, auf die es wirklich ankommt. Die Folge ist ein ungesundes Dreieck aus den drei Komponenten Busy-Sein, »Mehr« (Externalitäten wie Geld oder Status) und Abkopplung (Abb. 2).

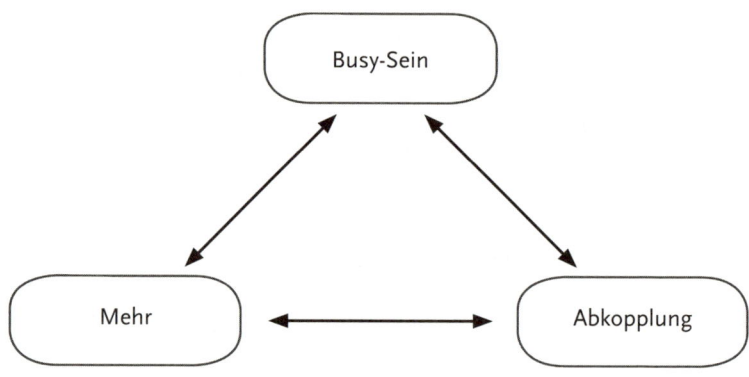

Abbildung 2: Das ungesunde Dreieck

Und so funktioniert es: Wir sind von dem Wunsch nach Erfolg getrieben, der in Form von Einkünften, Status und/oder Reputationsgewinnen daherkommt. Das Streben nach diesen äußerlichen Zielen führt dazu, dass wir busy sind. Dabei koppeln wir uns von unseren Grundwerten sowie von jenen Menschen und Aktivitäten ab, die uns am Leben erhalten. Dadurch fühlen wir uns losgelöst und leer. Also füllen wir unsere innere Leere mit mehr Busy-Sein, das uns in einen Rausch versetzt und mit Reizen versorgt, uns aber wenig echte Freude beschert. Und so koppeln wir uns weiter ab, schließen neue Bekanntschaften in den sozialen Medien, kommen aber immer weniger

Menschen wirklich nahe. Mithilfe unserer äußerlichen »Mehr«-Ziele rechtfertigen wir, dass wir busy und abgekoppelt sind; wir salben unsere innere Leere mit Materialismus und Konsum: »Ich verdiene das.« Doch dem äußerlichen »Mehr« gelingt es niemals, uns zu befriedigen. Wir haben das Lebensprotein durch Schokolade ersetzt. Weder stärkt es uns noch hilft es uns zu wachsen, doch es macht Appetit auf mehr.

In diesem Teil plädiere ich dafür, dass Tiefgang über Ablenkung siegt, Hingabe über Stimulierung und echte Beziehungen über Facebook-Freundschaften. Die folgenden Ausführungen möchten Ihnen dabei helfen, den Ablenkungen unserer Welt des Zuviel einen Riegel vorzuschieben und sich wieder auf die Grundlagen Ihres Lebens zu besinnen: die Quellen echten Lebensglücks und Wohlbefindens.

Erfolg, neu gedacht

Wir müssen unsere Vorstellung von dem, was Erfolg ausmacht, erweitern. »Erfolg« sind nicht nur finanzielle Belohnungen und ein Statusgewinn. Hinter diesem Begriff verbirgt sich noch viel mehr: eine verstärkte Begeisterung für die eigene Arbeit, eine größere Vertrautheit mit den liebsten Menschen und eine höhere Lebensfreude. Erfolg ist auch, wenn man häufiger ganz besondere Momente erlebt; Erfahrungen, die den eintönigen Alltag durchbrechen, die eine Äußerung, ein Gespräch beim Sonnenuntergang oder den unbeabsichtigten Witz eines Kindes in Ihr Ultralangzeitgedächtnis befördern. Erfolg ist, wenn man abends beruhigt ins Bett fällt in dem Wissen, dass man der Welt, seiner Arbeit und seiner Familie an diesem Tag sein Bestes gegeben hat und sich schon auf die neuen Möglichkeiten des morgigen Tages freuen.

Ich habe die Geschichte vom Aufstieg und Fall von ICI auch deshalb erzählt, weil ich einer allzu engen, äußerlichen Definition des Erfolgsbegriffs vorbeugen wollte. Die ICI-Philosophie wandelte sich von »Bessere Chemie sichert unseren Erfolg« hin zu »Höhere Profite sichern unseren Erfolg«. Das beförderte den Konzern ins Aus. Ich erkenne eine ähnliche Mentalität bei vielen Menschen, mit denen ich arbeite, und sie schadet auch ihnen. Ihre Handlungen bezeugen eine Gier auf das extrinsische »Mehr«: mehr Geld, mehr Status, mehr Ruhm, mehr coole Konsumgüter oder einfach nur mehr als der Nachbar! Sie tun alles dafür, ihre persönliche Bilanz aufzubessern, und vernachlässigen darüber ihr Herz und ihre Seele. Das, was sie wirklich nähren könnte, tauschen sie für ein »Mehr« ein. Doch wenn das Ziel nur in diesem »Mehr« besteht, tritt niemals Zufriedenheit ein. Das »Mehr« kennt keine Grenzen und mit zunehmendem »Mehr« müssen wir immer größere Kompromisse eingehen, um das Erreichte abzusichern. Das kann nicht funktionieren.

»Mehr« genügt nicht

Nur um das klarzustellen: Ich bin kein Hippie, sondern Psychologe und Geschäftsmann. Aber ich glaube, dass wir die Augen nicht vor der Erkenntnis verschließen dürfen, dass »mehr« nicht gleichbedeutend mit »glücklicher« ist. Dafür gibt es aussagekräftige Belege. So stellten David Myers und Ed Diener in ihrer Untersuchung in Bezug auf die Vereinigten Staaten fest, dass Reichtum auffallend schwach mit Zufriedenheit korreliert.[1] Obwohl die Amerikaner heute im Durchschnitt doppelt so reich sind wie im Jahr 1957, ist der Anteil der Menschen, die sich gegenüber den Forschern des National Opinion Research Center (NORC) als glücklich bezeichneten, von 35 Prozent auf 29 Prozent gesunken. Die auf der *Forbes*-Liste der reichsten 100 US-Amerikaner aufgeführten Personen waren nur unwesentlich glücklicher als der Durchschnittsbürger. Langzeitstudien zeigen, dass Menschen, deren Einkommen im Laufe von zehn Jahren wesentlich gestiegen ist, nicht glücklicher sind als solche mit unverändertem Einkommen. Tatsächlich belegen kulturvergleichende Studien, dass nur sehr arme Länder wie Bangladesch eine hohe Korrelation von Reichtum und Zufriedenheit aufweisen.

Falsche Werte

Wohl kaum ein anderer Forscher weltweit hat sich so intensiv mit den Auswirkungen des Materialismus auf das Wohlbefinden beschäftigt wie Tim Kasser. Es heißt oft, dass Menschen verschiedene Werte hätten. Man unterstellt dabei, dass diese Werte alle gleichberechtigt seien. Aus psychologischer Sicht würde Kasser fragen: Sind manche Wertekanons nützlicher als andere? Zunächst analysierte er verschiedene menschliche Werte und stellte fest, dass sie sich tendenziell zwei Gruppen zuordnen lassen: äußeren und inneren Werten. Zu den äußeren Werten gehören das Streben nach Wohlstand, nach einem guten Image, Status, Beliebtheit und Ruhm. Innere Werte waren *persönliches Wachstum, Zugehörigkeit* (enge Beziehungen zu Familienangehörigen und Freunden) und *Gemeinschaftsgefühl* (der Wunsch, die Welt positiv zu verändern). Die meisten Menschen legen auf all diese Dinge mehr oder weniger großen Wert. Kasser jedoch analysierte deren relative Bedeutung: Welche Werte sind einer Person wichtiger, wenn sie sich entscheiden muss?

Seine vielen Untersuchungen mit Tausenden von US-amerikanischen Erwachsenen und Schülern zeigten ein bemerkenswert konstantes Muster: Menschen, deren Wertekanon eher extrinsisch als intrinsisch beschaffen ist – die wohlhabender und beliebter sein möchten und nach einem tollen Image streben –, sind weniger erfüllt, weniger lebendig, öfter depressiv und ängstlicher. Dazu klagen sie häufiger über Kopfschmerzen, bewerten ihren Alltag negativer, haben weniger Spaß, sind mit ihrem Leben und ihrer familiären Situation weniger zufrieden, sind narzisstischer und neigen öfter zum Drogenmissbrauch. Dieser Befund gilt sogar weltweit.[2]

In gewisser Hinsicht ist Kassers Erkenntnis unspektakulär, da sie nur die alte Weisheit »Geld allein macht nicht glücklich« zu bestätigen scheint. Und doch ist sie erschütternd, denn unsere gesamte Gesellschaftsordnung wird von äußeren Werten angetrieben, unsere beruflichen Motivationssysteme sind extrinsisch und dasselbe gilt auch für die Aussagen, mit denen wir uns selbst und unseren Familien unser Busy-Sein erklären. Einige andere wichtige Erkenntnis aus

Kassers Forschungen lautet, dass es nicht auf das tatsächliche Geld-vermögen ankommt, sondern auf das *Bestreben*, reich zu sein.

Um die eingangs gestellte Frage zu beantworten: Es gibt tatsäch-lich Werte, die wertvoller sind als andere. Und aus psychologischer Sicht sind gerade die äußeren Werte – Geld, Image, Status, Beliebt-heit und Ruhm – die schlechtesten. Streben Sie also ruhig danach, wenn Sie *weniger* glücklich und zufrieden sein wollen!

Geltungskonsum

Bevor er Silicon Graphics gründete, war Jim Clark überzeugt, dass ein Vermögen von 10 Millionen US-Dollar ihm genügen würde. Vor der Gründung von Netscape dachte er, dass 100 Millionen US-Dollar ihn glücklich machen würden. Als er sich anschickte, myCFO und Healtheon ins Leben zu rufen, ging er von einem Bedarf von einer Milliarde US-Dollar aus. In jüngerer Zeit war er mit der Äußerung zu vernehmen, dass er dann zufrieden sein werde, wenn er reicher sei als Larry Ellison.[3] Jener Ellison, der Gründer des Softwaregiganten Oracle, ist 13 Milliarden US-Dollar schwer. Wie viel genügt Ihnen? Machen Sie sich nicht die Mühe, die Frage zu beantworten, denn so-bald Sie in die Nähe dieser Summe kommen, wird sich Ihre Definiti-on von »genug« geändert haben.

Im Jahr 1899 prägte der Soziologe und Ökonom Thorstein Veblen den Begriff »Geltungskonsum«, um eine bestimmte Gruppe von Per-sonen zu beschreiben, die im Zuge der industriellen Revolution zu ungeheurem Reichtum gekommen waren. Diese sogenannten Neu-reichen nutzten ihr Geld, um ihren Status und ihre Macht für jeden sichtbar vorzuführen.

Mehr als 100 Jahre später beteiligen wir uns alle an diesem Spiel. Bei unserem Streben nach Reichtum geht es uns nicht um eine Zahl auf dem Kontoauszug, sondern um unser öffentliches Bild. Deshalb hängen andere äußere Werte wie Status, Image und Beliebtheit mit-einander zusammen und wirken sich alle in gleicher Weise auf un-ser Wohlbefinden aus. Es ist auch der Grund dafür, dass unser Streben nach Externalitäten keine Grenzen kennt – wir messen sie nicht in absoluten Kategorien, sondern in Relation zu anderen Menschen. Und es gibt immer jemanden, der wohlhabender ist als wir selbst.

»Mehr« macht nicht zufrieden

Einer der einfachsten und robustesten Motivationsmechanismen ist nachgewiesenermaßen, sich Ziele zu setzen. Demzufolge müsste doch eigentlich das Hinarbeiten auf diese Ziele eine gewisse Befriedigung auslösen, zumal bei Fortschritten, selbst wenn das Streben nach äußerlichen Belohnungen wie Geld oder Beliebtheit mit einem geringeren Wohlbefinden einhergeht. Die Anziehungskraft äußerlicher Ziele liegt doch sicher nicht zuletzt darin, dass Fortschritte so leicht feststellbar sind. Es ist schwer, einen Zuwachs an Weisheit oder eine Verbesserung menschlicher Beziehungen zu messen, aber eine Veränderung auf dem Kontoauszug bemerkt man rasch. Fühlen wir uns also besser, wenn wir Fortschritte hinsichtlich äußerlicher Ziele verzeichnen, selbst wenn sich die Ziellinien ständig verschieben?

In seinen Untersuchungen fand Tim Kasser heraus, dass Fortschritte bei äußerlichen, materialistischen Zielen das eigene Wohlbefinden weder kurzfristig noch langfristig beeinflussen. Hingegen wirkten sich Fortschritte hinsichtlich persönlicher Ziele wie Beziehungsaufbau und Wachstum signifikant auf alle Dimensionen des Wohlbefindens aus, einschließlich Drogenmissbrauch und Selbstwertgefühl.[4]

Jeder von uns besitzt einen Strauß an Werten und Zielen, die uns mobilisieren und antreiben. Ich möchte der oft als selbstverständlich empfundenen Annahme widersprechen, wonach das Streben nach »mehr« eine gute und natürliche Sache sei. In der heutigen Welt versteht es sich fast von selbst, dass wir Opfer bringen und bestimmte Entscheidungen treffen müssen, um jene Beförderung zu erhalten oder unser Gehalt zu steigern. Ich will diese Bestrebungen und die Opfer, die sie uns abverlangen, infrage stellen. Äußerliche Ziele wie Reichtum, Status, Macht, Beliebtheit oder Ruhm zu erreichen ist ein hohler Sieg. Er verlangt uns vieles ab, wir ziehen keinen Nutzen aus unseren Fortschritten und die Ziellinie rückt in immer weitere Ferne. Wenn es uns nicht gelingen sollte, unser Glaubenssystem hinsichtlich des Wegs zu einem glücklichen und erfüllten Leben neu auszurichten, laufen wir große Gefahr, auf die naheliegende äußerliche Erfolgsformel zurückzufallen. Was uns zurück zum Busy-Sein bringt: Je mehr wir uns auf äußerliche Werte und Ziele fokussieren, umso größer ist der Anreiz, unsere Zeit und Aufmerksamkeit für ein hohles Ziel zu opfern, und umso mehr werden wir unser Leben mit nutzloser Aktivität verschwenden. Im Nebel dieses Rausches werden wir kaum bemerken, wie wir uns von den Dingen abkoppeln, die uns wirklich etwas bedeuten und die uns nähren und zu vollwertigen Menschen machen könnten. Die Jagd nach »mehr« führt dazu, dass wir noch busyer sind, aber weniger glücklich und weniger gesund.

Wonach also sollten wir stattdessen streben?

Eine neue Erfolgsformel

1973 führten die Stanford-Psychologen Mark R. Lepper und David Green zusammen mit Richard Nisbett von der Universität Michigan ein Experiment mit malfreudigen Kindern durch. Sie baten die Kinder, sechs Minuten lang zu malen. Der Haken dabei: Manche Kinder erfuhren, dass sie fürs Malen belohnt würden, andere nicht. Die Kinder malten. Manche erhielten eine Belohnung, andere hingegen nicht. Entscheidend ist jedoch, was in den nachfolgenden Wochen geschah. Die Forscher beobachteten, wie oft die Kinder aus eigener Entscheidung heraus zu malen begannen, ohne dass eine Belohnung angeboten wurde. Jene, die keine Belohnung erhalten hatten, malten etwa doppelt so lange wie diejenigen, die belohnt worden waren.[5]

Dies ist die grundlegende Fallstudie, welche die Forscherwelt dazu veranlasste, sich mit intrinsischer Motivation zu beschäftigen – Motivation, die aus der Aktivität selbst erwächst statt aus Belohnungen. Wir erinnern uns: Die Kinder waren malfreudig, doch nach Erhalt einer Belohnung sank ihr Interesse am Malen, *es sei denn*, dass eine Belohnung in Aussicht stand. Sie hatten nun einen *Grund* zu malen und dieser bestand nicht in der Freude an der Tätigkeit. Die Belohnung verwandelte Spiel in Arbeit und so blieb es auch. Vergleichbare Studien haben gezeigt, dass dieser Mechanismus sowohl bei Erwachsenen als auch bei Kindern greift. Wenn Menschen Dinge nur wegen der Belohnung tun, finden sie interessante Aktivitäten weniger fesselnd.

Wir blühen auf, wenn wir unsere Arbeit, unser Leben und unsere Nächsten lieben. Wir sind erfolgreich, wenn wir uns deshalb anstrengen und zu verbessern suchen, weil wir unsere Tätigkeit lieben. Arbeit ist zweifellos intrinsisch interessant, erst recht in der heutigen Zeit, die uns so viele Möglichkeiten bietet, auf unsere Tätigkeit Einfluss zu nehmen. Doch wenn unsere Entscheidungen in allererster Linie von Geld, Status oder Ruhm getrieben sind, verwandelt sich unser spielerisches Tun in Arbeit. Dadurch wird es weniger interessant und fesselnd. Wenn dies geschieht, besteht die Gefahr, dass ein Großteil unserer Wachzeit in Plackerei ausartet. Das kann kein Erfolg sein.

Um dem entgegenzuwirken, sollten wir umsteuern und ein werteorientiertes Berufsleben anstreben. Damit meine ich, dass man sich zwar durchaus ein höheres Gehalt und eine Beförderung wünschen kann, sein Hauptaugenmerk aber auf seine Grundwerte als wichtigste Entscheidungskriterien richten sollte. Das bedeutet für uns: Wir konzentrieren uns auf das, was uns wichtig ist und als interessant erscheint, auf unsere besonderen Fähigkeiten und auf die Tätigkeiten, die wir lieben. Wir streben danach, uns auf diesen Feldern zu verbessern. Mit den neuen, wertegetriebenen Prioritäten verändert sich unsere Arbeitsmotivation. Die Arbeit wird leichter und macht mehr Spaß. Was interessant ist, bleibt auch interessant. Wir bringen mehr spielerische Leichtigkeit in unsere Arbeit und unser Leben ein.

John Stuart Mill war ein Utilitarist, vermutlich der größte überhaupt. Utilitaristen glauben, dass jene Handlungen zu bevorzugen seien, die Glück unmittelbar maximieren und Leiden minimieren. Mill hatte sein ganzes Leben lang an einen direkten und einfachen Weg geglaubt, um positive Ergebnisse zu erzielen. Erst spät erkannte er, dass eine indirekte Vorgehensweise oft die bessere Wahl ist. In seinem Buch *Obliquity* argumentiert John Kay, dass für erfolgreiche Unternehmen und Menschen das Gleiche gilt.[6] ICI war so lange erfolgreich, wie es sich auf Chemie und Innovation statt auf Renditen konzentrierte; Bill Gates und David Beckham reüssierten nicht durch den Versuch, viel Geld zu verdienen, sondern indem sie danach strebten, ihre Passion zu perfektionieren. Als ICI begann, sich auf unternehmerischen Erfolg und Profite zu konzentrieren, verlor das Unternehmen seine Lebenskraft und rutschte in kürzester Zeit ins Aus.

Wer sich allzu stark auf an äußerlichen Kriterien gemessenen Erfolg oder auf eine geldorientierte Karriere konzentriert, wird unglücklich und büßt seine Gesundheit ein. Eine geldorientierte, auf Zahlen fixierte berufliche Laufbahn bedeutet, Leistung zu erbringen, indem wir die an uns herangetragenen Anforderungen erfüllen und die Menschen um uns herum zufriedenstellen. Genau diese Aktivitäten führen dazu, dass wir busy sind. Müssen wir uns zwischen verschiedenen Aktivitäten entscheiden, wählen wir den unmittelbareren Ansatz, der unser Umfeld zufriedenstellt und Probleme umschifft – eine Verhaltensweise, die uns in den Busy-Zustand abgleiten lässt und Erfolg sogar verhindert.

Wie weitere Untersuchungen zu intrinsischer Motivation zeigen, sind Menschen, die sich auf Belohnungen konzentrieren, nicht nur weniger motiviert, sondern auch weniger kreativ und können Probleme schlechter lösen. Sie sind weniger engagiert. Wenn wir uns andererseits in erster Linie auf unsere Grundwerte konzentrieren – zum Beispiel dem Bedürfnis zu lernen, etwas zu bewegen oder auch kreativ zu sein, wie in meinem Fall –, nehmen wir automatisch eine langfristige Perspektive ein. Wir möchten dann unsere Zeit und Energie darauf verwenden, unsere Fähigkeiten zu verfeinern, und wir sind stärker motiviert, unseren Leidenschaften nachzugehen. Folglich leiten uns unsere Interessen dazu, genau die Schwerpunkte zu setzen, die wir im letzten Kapitel besprochen haben: Wir konzentrieren uns auf die großen, wichtigen Aufgaben; wir wachsen daran und entwickeln so Alleinstellungsmerkmale. Das mag als indirekter Weg zum Erfolg erscheinen, doch das bewusste Voranstellen der eigenen Werte und das Bestreben, unsere Fähigkeiten auf diesen Gebieten auszubauen, ist der wirksame Weg zu nachhaltigem Erfolg, wie ICI herausfand.

Der Wirtschaftsnobelpreisträger Amartya Sen hat vorgeschlagen, dass wir unter Reichtum nicht materiellen Besitz verstehen sollten, sondern die Palette unserer Möglichkeiten. Ich meine, dass wir auch den Erfolgsbegriff entsprechend umdeuten sollten. Nicht die Belohnungen, die wir erhalten, sollten unseren Erfolg definieren, sondern unsere Beiträge. Anders formuliert ist man umso erfolgreicher, je mehr die eigene Lebensführung den eigenen Werten folgt.

Was würde sich in Ihrem Leben ändern, wenn Sie sich für ein werteorientiertes Berufsleben entschieden? Inwiefern würden sich Ihre Prioritäten ändern? Wie könnten Sie Ihren Erfolg neu definieren, um Ihren Eigenbeitrag zum Hauptkriterium zu erheben?

Überschätzter Glücksgewinn

Stellen Sie sich vor, Sie würden erfahren, dass Ihnen morgen eines von zwei Dingen widerfahren wird: Entweder sind Sie plötzlich vom Hals abwärts gelähmt oder Sie gewinnen 27 Millionen US-Dollar im Lotto. Sie müssten nun voraussagen, wie glücklich Sie in einem Jahr sein werden, entweder als Querschnittsgelähmter oder als Multimillionär. Was meinen Sie: Wie stark würde sich Ihr persönliches Glücksniveau unterscheiden?

Der Harvard-Psychologieprofessor Dan Gilbert zeigt anhand dieses Beispiels, wie schwer es uns fällt, Glück zu prognostizieren. Tatsächlich ließe sich nach einem Jahr kein wesentlicher Unterschied zwischen beiden Glücksniveaus feststellen![7] Kaum zu glauben, aber wahr. Das Beispiel belegt die Wirkung des sogenannten *impact bias*: Wir überschätzen massiv die psychischen Auswirkungen eines Ereignisses und die Dauer dieser Auswirkungen.

Was bedeutet das für unser Busy-Sein? Es heißt, dass Ihre potenziellen Errungenschaften, jener Ball, den Sie partout nicht aus der Hand geben möchten, oder jener Job, den Sie unbedingt haben wollen oder vor dessen Verlust Sie sich so sehr fürchten, alle einen viel kleineren Einfluss auf Ihr Wohlbefinden haben werden, als Sie sich ausmalen können. Da wir unseren *impact bias* nicht erkennen, bringen wir viel zu hohe Opfer für Erfolge, die uns kaum dafür belohnen; wir strengen uns übermäßig an, um Fehler zu vermeiden, die kaum Schaden verursachen.

Es scheint immer hervorragende Gründe dafür zu geben, den Augenblick zugunsten eines unwiderstehlich klingenden zukünftigen Erfolgs zu vernachlässigen (oder um einen furchtbaren Fehlschlag abzuwenden), doch nicht das Ergebnis verspricht Erfolg und Glück, sondern die Reise dorthin.

Engagieren Sie sich daher für das, was Ihnen am meisten bedeutet. Fokussieren Sie sich auf Ihre Vorlieben und Ihre Stärken. Wer sein übertriebenes Busy-Sein mit zukünftigen Erfolgen rechtfertigt, gibt seine Effektivität, seine Beziehungen und sein Wohlbefinden für einen Fehlglauben auf. Künftige Erfolge oder Fehlschläge können sich selbst überlassen werden. Konzentrieren Sie sich nicht hierauf, sondern auf das, was Ihnen wichtig ist.

Was ist Ihnen wirklich wichtig?

Wie wir oben festgestellt haben, ist das Streben nach mehr – der materialistische, äußerliche Drang zur Aneignung materieller Güter – ein wesentlicher Grund dafür, dass wir so busy sind. Dieses Streben lässt sich leicht auf den globalen Kapitalismus zurückführen: In unserer heutigen Welt suggerieren uns die Märkte, die Werbewirtschaft und die gültigen Normen, dass uns mehr Besitz zu besseren Menschen macht. Meines Erachtens gibt es aber noch eine weitere wichtige Ursache; sie ist lediglich etwas subtiler.

Was meine ich damit? Nun, denken Sie daran, wie im Arbeitsleben Ziele gesetzt werden. Die meisten dieser Ziele zeichnen sich durch leichte Messbarkeit aus. Bedeutet dies, dass nur solche Faktoren für die berufliche Leistung relevant sind, die sich mühelos messen lassen? Überhaupt nicht. Das Problem ist, dass für Merkmale wie eine verbesserte Kommunikation einfach kein aussagekräftiger Maßstab existiert. Daher setzen wir uns nette und hübsche (und weitgehend bedeutungslose) Ziele, wie etwa »die Anzahl der Beschwerden bis Jahresende halbieren«. Hauptsache konkret, messbar, erreichbar, relevant und zeitgebunden.

In gleicher Weise ist auch der Materialismus eine dankbare Krücke, wenn es um persönliche Zielsetzung geht – zum einen, weil fast das gesamte Umfeld ebenso zu ticken scheint, und zum anderen, weil er leichter messbar ist: 1.000 US-Dollar sind besser als 500, ein iPhone 6 ist besser als ein iPhone 3G und leitende Führungskraft ist besser als einfach nur Führungskraft. Materialistische, äußere Werte sind eindeutig und selbsterklärend, und es fällt einem leicht, auf sie hinzuarbeiten – es sind gebrauchsfertige Werte von der Stange! Folglich füllt der Materialismus eine Lücke, wenn wir uns über unsere Werte nicht im Klaren sind.

Persönliche Werte hingegen sind arbeitsintensiver, da man sich mit der Frage auseinandersetzen muss, was einem wirklich etwas bedeutet. Viele von uns haben diesbezüglich vage Vorstellungen, verschwommene Konzepte, Ideen und Ziele. Doch wie ein Lichtstrahl müssen sie erst scharf gestellt werden, bevor sie Entscheidungen beleuchten und Orientierung bieten können. Wenn unsere persönlichen Werte und Prioritäten unsortiert und schwammig bleiben, greifen wir auf das klare Muster des Materialismus zurück.

Die meisten Zusammenstellungen von persönlichen oder Unternehmenswerten sind reine Zeitverschwendung. Es handelt sich dabei lediglich um Aufzählungen hübscher Adjektive, die sich wichtig anfühlen. Meine goldene Regel lautet: Beschränke dich stets auf zwei bis drei Werte. Warum? Werte sollten die eigene Aufmerksamkeit, Entscheidungen und Handlungen beeinflussen. Es ist praktisch unmöglich, gleichzeitig ein halbes Dutzend oder mehr Werte im Kopf zu behalten. Für ein Unternehmen ist die Festlegung der eigenen Werte eine der wichtigsten strategischen Entscheidungen. Das Gleiche sollte für Sie selbst gelten. Nehmen Sie sich genügend Zeit, um Ihre Grundwerte zu identifizieren – jene Werte, die Sie am stärksten aktivieren –, und richten Sie Ihre Aktivitäten danach aus. Sie gewinnen so eine lebenslang sprudelnde Inspirationsquelle.

Drei Grundwerte. Dieser Schritt wird Ihnen dabei helfen, ein werteorientiertes Berufsleben zu führen. Er unterstützt Sie bei dem Versuch, Ihren Wertekanon zu schärfen und von einer schwammigen Vorstellung dieser Prioritäten zu konkreten, präzise formulierten Werten zu gelangen, die Ihnen im Leben als Leitfaden und Kompass dienen. Und so funktioniert es:

- Markieren Sie in der folgenden Liste alle Werte, mit denen Sie sich wirklich identifizieren können.
- Ergänzen Sie alle Werte, die Ihrer Meinung nach in der Liste fehlen.

Abwechslung	Anerkennung
Ansehen	Autonomie
Beziehungen	einen gesellschaftlichen Beitrag leisten
Energie	Erfüllung
ergebnisorientiert sein	etwas bewegen
Freundschaft	Frieden
Integrität	Interesse
Kreativität	Lernen
Qualität	sich anstrengen

Sicherheit	Spaß
Status	Stolz
Tempo	✗Vorankommen / *Entwickeln*
Wandel	Weisheit
Wettbewerb	Wohlstand
Zeit	Zugehörigkeit

- Kürzen Sie Ihre Liste nun auf drei Elemente herunter (sofern erforderlich), indem Sie diejenigen Werte unterstreichen, die Ihnen als besonders wichtig erscheinen.
- Lassen Sie diese nun eine Weile auf sich wirken. Wenn Sie Ihre Aufgabe gut gelöst haben, sollten sich Ihre Werte lebendig und stark anfühlen. Vielleicht möchten Sie die Begriffe ein wenig umformulieren, damit sie Ihrem Sprachgebrauch entsprechen.

Verwenden Sie Ihre Werte, sobald Sie diese erkannt haben. Stellen Sie sie voran. Erinnern Sie sich regelmäßig daran. Prüfen Sie, inwieweit Sie diesen Werten täglich Leben einhauchen.

Warum?
Wer ein Warum zu leben hat, erträgt fast jedes Wie.

Friedrich Nietzsche

Vor fünfeinhalb Jahren stand ich kurz vor meinem 40. Geburtstag. Der 30. hatte mir keinerlei schlaflose Nächte bereitet, und eigentlich dachte ich, dass es diesmal nicht anders sein würde. Doch dann bemerkte ich ein komisches Gefühl. Es war nichts Dramatisches, weder Depression noch allgemeiner Verdruss, aber dennoch spürbar. Nach einer Weile erkannte ich, dass mein Gefühl eine Art Verlangen war, ein bislang offenbar unerfülltes Bedürfnis. Oberflächlich betrachtet verlief mein Leben sehr zufriedenstellend, daher konnte ich es mir nicht recht erklären. Irgendwann in dieser Zeit traf ich mit einer Kollegin zusammen, die als Coach arbeitete. Sie begann, mir Fragen zu stellen. In früheren Gesprächen mit anderen Menschen war es immer um meine Gefühle gegangen. Sie jedoch fragte mich:»Warum?«

Warum ging es mir so? Ich kann nicht behaupten, dass mir in diesem Gespräch die große Erleuchtung kam, aber ich begann immerhin, über das Warum nachzudenken. Mit der Zeit erkannte ich, dass ich mich nach etwas sehnte, das ich nie zu meinen Werten gezählt hatte: Kreativität. Vielleicht hätte ich dies niemals erkannt, denn ich war künstlerisch überhaupt nicht begabt und vom Typ her eher ein Wissenschaftler. Vielleicht war es mir früher auch einfach nicht wichtig. Ehrlich gesagt weiß ich es nicht. Ich weiß nur, dass mir um meinen 40. Geburtstag herum bewusst wurde, dass ich kreativ sein wollte, ja musste. Seit jener Zeit habe ich mit dem Fotografieren und der Schriftstellerei begonnen und habe mich sogar an der Malerei versucht (mit viel Freude, aber ohne großen Erfolg).

Entscheidender war aber, dass der Wunsch, kreativ zu sein, mich in meiner Herangehensweise geleitet und mein Handeln beflügelt hat. Heute kann ich mir nur noch schwer ein Leben ohne die Gewissheit vorstellen, dass Kreativität im Mittelpunkt meiner Tätigkeit steht – und diese Gewissheit entspringt dem »Warum?«.

Wir haben es uns leider angewöhnt, nichts aus unseren Krisen, unserer Traurigkeit und unseren Enttäuschungen zu machen. Stolz erzählen wir anderen, dass es uns nichts ausgemacht habe, die Vierzig zu erreichen. Dass wir wichtige Einschnitte in unserem Leben unbeschadet überstanden haben, interpretieren wir als Stärke. Doch ist es nicht eher mangelndes Bewusstsein? Wie auch immer: Wenn Sie ohne erkennbaren Grund ein Gefühl der Trauer überkommt, eine Unzufriedenheit oder ein Verlangen, dann könnte es sein, dass Ihr Unterbewusstsein sich gerade mit etwas wirklich Wichtigem auseinandersetzt. Verschwenden Sie diesen Moment nicht! Halten Sie inne und hören Sie in sich hinein.

Sakichi Toyoda war der Sohn eines armen Tischlers, doch als Gründer von Toyota wurde er später zu einem der bekanntesten Industriellen Japans. Er erkannte, dass man Problemen auf den Grund gehen muss, um Qualitätssprünge zu erreichen und Neuentwicklungen zu forcieren. Toyoda entwickelte einen heute weltweit eingesetzten Qualitätsmanagementprozess, den er als *Five Whys* bezeichnete.

Die *Five Whys* oder Fünf Warums sind ein äußerst einfacher Prozess, um Probleme rasch auf den Zahn zu fühlen. Man schaut sich das Problem an und fragt:»Warum?« Die Antwort wird wiederum mit einem»Warum?« quittiert. Das wiederholt sich fünfmal. Wenn Sie sich unsicher fühlen, sollten Sie diese Methode einmal ausprobieren; sie liefert großartige Erkenntnisse! Fragen Sie sich mehrfach:»Warum?« (es muss nicht unbedingt fünfmal sein), bis Sie Ihr Gefühl und dessen Auslöser verstanden haben. Wenn Sie Ihre Warums verstehen, können Sie zum Kern Ihrer persönlichen Werte vordringen. Schließlich *sind* unsere Werte nichts anderes als unsere großen Warums.

Welches ist Ihr Lebensziel?

Galahad war ein ganzer Mann. Seine Geburt verdankte er einem magischen Trunk, der seinen Vater Sir Lancelot zu dem Glauben verführte, dass es sich bei Elaine von Corbenic in Wahrheit um seine geliebte Königin Guinevere handelte. Aufgezogen wurde Galahad von seiner Großtante. Als er das Erwachsenenalter erreicht hatte, übernahm ihn sein Vater, der ihn am Hof von König Arthur einführte. Dort geleitete man ihn zu einem berüchtigten Stuhl, dem»Gefährlichen Sitz«. Dieser war von Merlin verhext worden und tötete jeden, der auf ihm Platz nahm. Galahad jedoch überlebte. Der hiervon beeindruckte König Arthur führte ihn daraufhin zu einem Stein, in dem ein Schwert steckte (anscheinend eine seiner Lieblingsbeschäftigungen). Dieses trug die Inschrift:»Niemals soll ein Mann mich von hier entfernen außer jener, an dessen Seite ich hängen soll, und dieser wird der beste Ritter der Welt sein.« Galahad zog das Schwert mit Leichtigkeit heraus und Arthur erklärte ihn sodann zum besten Ritter aller Zeiten.

Die Sage um Galahad war im Mittelalter nicht aufgrund seiner Schlachten und Eroberungen oder wegen des Schwertziehens so wirkmächtig und populär, sondern wegen seiner Suche. Mehr als jeden anderen Ritter an König Arthurs Tafelrunde verbindet man seinen Namen mit der Suche nach dem Heiligen Gral. Geduldig blickt

Galahad der Gefahr ins Auge, rettet Jungfern und Percival, bis er schließlich den Heiligen Gral findet. Galahad hatte eine Aufgabe, die sowohl wichtig als auch lohnend war. Sie aktivierte ihn, gab ihm Kraft und leitete ihn an. Galahad wurde zur Legende, weil er ein Ziel hatte, das ihn allen Anfechtungen widerstehen ließ.

Der große Mythologe Joseph Campbell hat darauf hingewiesen, dass der Heilige Gral unser Lebensziel symbolisiert – unsere eigene Suche.[8] Er ist ein mythisches Symbol, das für die Reise steht, die jeder von uns antreten muss, um das eigene Potenzial zu verwirklichen. Was auch immer Sie davon halten mögen, es lohnt sich unbedingt, einmal darüber nachzudenken. Im Grunde ist es eine Frage, der wir uns alle irgendwann einmal stellen müssen. Wenn unsere Werte das ausdrücken, was uns wichtig ist, dann drückt unser Ziel aus, was wir mithilfe dieser Werte erreichen wollen. Sobald wir unser eigenes Ziel kennen, können wir zuverlässig das ansteuern, was nur wir allein erreichen können. Wir nehmen dann Kurs auf wahren Erfolg.

Es ist eine gewaltige Frage, aber eine großartige: Was ist *Ihr* Lebensziel?

Das Wichtigste in Kürze

Unser Leben erhält *Sinn und ein Ziel*, wenn es auf unseren Grundwerten aufbaut. Sie versorgen uns mit Energie, Kreativität und Widerstandskraft. *Ein Leben, das sich nicht an Grundwerten orientiert, verliert bald seine Kraft* und Lebendigkeit. *Wir blühen auf, wenn wir uns eingehend mit dem beschäftigen*, was uns wirklich etwas bedeutet. *Erfolg bedeutet, ein Leben voller Hingabe und erfüllter Beziehungen zu führen*, anstatt auf Geld und Ruhm zu schielen.

Erfolg, neu gedacht

- *Nicht alle Werte sind gleich wertvoll.* Menschen, die nach »mehr« streben und sich auf äußere Werte wie *Geld, Status und Ruhm* konzentrieren, sind *weniger glücklich* und gesund. Intrinsische Werte wie

Wachstum, enge Beziehungen und Zugehörigkeit zu einer Gemeinschaft korrelieren stärker mit erfolgreichem Leben.

- Verlagern Sie Ihren Schwerpunkt von äußeren zu inneren Werten, die sich positiv auf Ihre Lebenszufriedenheit und Ihre Gesundheit auswirken.

Eine neue Erfolgsformel

- Wenn wir uns vorwiegend auf Belohnungen konzentrieren, verwandeln wir Spiel in Arbeit und verringern unsere intrinsische Motivation.
- Es geht uns besser, wenn wir ein *werteorientiertes Berufsleben* führen. Das gelingt, wenn wir uns auf das konzentrieren, was uns wirklich etwas bedeutet, und uns beruflich voll einbringen. Dann steht dem Erfolg nichts mehr im Wege.
- Ihr Ertrag oder Ihre Leistung – gleich welcher Art – werden Ihr Glücksniveau weniger stark anheben, als Sie vermuten. *Engagieren Sie sich daher für das, was Ihnen am wichtigsten ist; opfern Sie es nicht* in dem Glauben, dass Ihr Endziel das Opfer lohnt.

Was ist Ihnen wirklich wichtig?

- Um ein Leben zu führen, das mit Ihren Grundwerten im Einklang ist, müssen Sie diese ermitteln und sodann prüfen, *ob sie sich in Ihrer Lebensführung wiederfinden.*
- Belassen Sie es nicht bei einer akademischen Übung, sondern identifizieren Sie *zwei oder drei Grundwerte*, auf die Sie sich konzentrieren können. Sie gewinnen so eine *lebenslang sprudelnde Orientierungs- und Energiequelle.*

Machen Sie das sofort

Was verraten die Fakten über Ihr Leben?

Zeichnen Sie ein Kreisdiagramm, das aufzeigt, wie Sie Ihre Zeit verbringen. Inwiefern stimmt diese Aufteilung mit Ihren Grundwerten überein? Verändern Sie ein Detail hinsichtlich Ihrer Zeitaufteilung, um diese Ihren Werten stärker anzunähern.

Bestimmen Sie Ihre Werte

Es ist sehr schwer, sich für einen anderen Lebenswandel zu entscheiden, wenn dieser Entschluss nicht von starken persönlichen Werten getrieben wird. Identifizieren Sie Ihre zwei oder drei Grundwerte mithilfe der Übung »Drei Grundwerte« (Seite 214f.).

Ein neues Ziel

Wenn es sich nicht lohnt, nach »mehr« zu streben, wofür könnten Sie sich dann engagieren? Setzen Sie sich ein klares Ziel und definieren Sie so eine völlig neue Erfolgsformel.

Probieren Sie das mal aus

Fragen Sie »Warum?«

Wenn Sie das nächste Mal scheinbar grundlos deprimiert, verwirrt oder frustriert sind, nehmen Sie sich ein wenig Zeit zum Nachdenken. Gehen Sie spazieren und erlauben Sie sich, nach dem Warum zu fragen. Fragen Sie so lange »Warum?«, bis Sie verstanden haben, was Ihnen Ihr Unterbewusstsein mitteilen will.

Kapitel 10
Beziehungen stärken

(Warum es uns mit weniger Freunden besser geht)

Im Jahr 1990 betrat die britische Aufbauhelferin Monica McDaid, eine ehemalige Lehrerin, ein trostloses graues Gebäude inmitten der mittelalterlichen rumänischen Stadt Siret. Was sie in diesem Gebäude sah, war in ihren eigenen Worten »unfassbar«. Sie fand Kinder, die apathisch zu dritt oder zu viert in einem Bett lagen, ohne dass sich irgendjemand um sie kümmerte; verdreckt und krank, da es an Medizin und Waschgelegenheiten fehlte. Im selben Jahr stießen Aufbauhelfer wie Frau McDaid überall im Land auf ähnliche Bilder. Das Waisenheim Cighid, ein Gutshaus aus dem 19. Jahrhundert mit 300 Kindern, war einer dieser Orte, an denen die Kinder keinerlei menschliche und körperliche Wärme fanden. Das schlecht ausgebildete und überforderte Personal hatte sich an den Horror gewöhnt und hielt Abstand von den Waisenkindern: Sie erhielten nur die allernotwendigsten Medikamente und wurden kaum versorgt. Das Personal verabreichte den Kindern sogar Schlafmittel, damit es weniger zu tun hatte. Diese Orte waren schlimmer als Hundezwinger für Babys: brutal, kalt und lieblos. Allein im Waisenhaus Cighid starben zwischen 1987 und 1989 insgesamt 137 von 300 Kindern.

Infolge des Zweiten Weltkriegs wuchsen weltweit Tausende von Kindern als Waisen auf, während sich ihre Länder von den Verheerungen dieses furchtbaren Konflikts erholten. Die britischen Waisenhäuser waren darauf ausgelegt, die bestmögliche physische Versorgung zu gewährleisten. Die dort lebenden Kinder wuchsen in einer sicheren, sauberen und warmen Umgebung auf und erhielten ausreichend Nahrung und Wasser. Dennoch zeigten sich manche Kinderärzte angesichts der hohen Sterblichkeit in den Heimen besorgt und stellten die Frage, ob die Prioritäten richtig gesetzt waren. Ein Kinderarzt ersetzte sogar ein Schild mit der Inschrift »Vor dem Betreten dieser Station bitte Hände waschen« durch ein anderes, auf dem es hieß: »Betreten Sie diese Station nicht, ohne ein Baby auf den Arm zu nehmen.«

Viele Jahre später zeigten Untersuchungen der Überlebenden der rumänischen Waisenhäuser, dass der größte Langzeitschaden, den diese Kinder erlitten, der Mangel an Aufmerksamkeit, Anregungen und Zuneigung war. Wie wir heute wissen, unterstützen Berührungen, Aufmerksamkeit und geschenkte Zeit – Liebe – die kindliche Entwicklung nicht nur, sie sind vielmehr unverzichtbar. In Ermangelung dieser Dinge konnten sogar viele der gut genährten, im Warmen lebenden Kinder in Großbritannien nicht gedeihen und sich nicht entwickeln. Und so starben sie. Die Mediziner gaben dem Leiden, das Babys, denen es an Aufmerksamkeit und Liebe mangelt, befällt, sogar einen Namen. Sie nannten es *Gedeihstörung*.

Was uns diese Beispiele lehren, ist die überragende Bedeutung von Beziehungen, die Notwendigkeit von Berührungen und die bleibenden Folgen von Einsamkeit. Ich behaupte, dass nicht nur Kinder eine *Gedeihstörung* erleiden, wenn ihre Beziehungen herzlos sind – in Isolation zu leben macht jeden von uns ärmer. Niemand kann ein gedeihliches Leben führen, der nicht von der Liebe und der Aufmerksamkeit jener genährt wird, denen er am Herzen liegt.

Jeder Mensch braucht Beziehungen

Lisa Berkman ist eine international anerkannte Expertin, die sich mit den Auswirkungen von Sozialpolitik und allgemeiner Staatstätigkeit auf die Gesundheit beschäftigt. Ihre langjährigen Experimente und sorgfältigen statistischen Bevölkerungsanalysen haben ihren Blick dafür geschärft, was Gesundheit und Wohlbefinden fördert: qualitativ hochwertige Beziehungen oder, in ihren Worten, »sozialer Zusammenhalt«.[1] In einer 7.000 Erwachsene einbeziehenden Studie lag die Sterbewahrscheinlichkeit während der neunjährigen Laufzeit der Studie bei Teilnehmern, die nur über wenige soziale Kontakte verfügten, um das Zwei- bis Dreifache höher als bei denen mit zahlreichen Beziehungen.[2] Bei interkultureller Betrachtung, schreibt Berkman, könne dies erklären, warum die Vereinigten Staaten trotz der höchsten Pro-Kopf-Ausgaben für Gesundheit aller OECD-Länder (etwa doppelt so hoch wie der nächste Wettbewerber) im unteren Drittel aller Länder rangieren, wenn es um Sterblichkeit geht: In anderen Ländern ist der soziale Zusammenhalt stärker. Der brillante Psychologieprofessor Jonathan Haidt, Autor des Buches *Die Glückhypothese*, fasst den Stand der Forschungen wie folgt zusammen: Gute Beziehungen stärken das Immunsystem, beschleunigen die Erholung nach Operationen, halten die Denkfähigkeit im Alter aufrecht und minimieren das Risiko, in Missstimmung und Depressionen zu verfallen.[3] Beziehungen können sogar die Stimmung introvertierter Menschen, die gar nicht das Bedürfnis nach weiteren Beziehungen haben, anheben und ihr Wohlbefinden steigern.[4] Tatsächlich hat sich herausgestellt, dass Einsamkeit und Isolation ein größeres Gesundheitsrisiko darstellen als Rauchen oder Fettleibigkeit![5] Und es geht nicht nur um die Unterstützung, die wir erhalten: Untersuchungen legen nahe, dass es sogar noch segensreicher ist, anderen Unterstützung zu gewähren, als sie selbst zu empfangen.[6]

Als Folge besserer Beziehungen sind wir nicht nur gesünder, sondern auch glücklicher. Ed Diener, ein leitender Wissenschaftler beim Markt- und Meinungsforschungsinstitut Gallup, hat zusammen mit Martin Seligman einige sehr glückliche Menschen untersucht, um herauszufinden, was wir von ihnen lernen können. Sie entdeckten, dass allen besonders glücklichen Menschen gemein war, dass sie »starke Bindungen zu Freunden und Familienangehörigen hatten sowie das Bedürfnis, Zeit mit ihnen zu verbringen«.[7] Andere Studien zeigen, dass sich spontane *Glücksmomente* am ehesten einstellen, wenn man mehr Zeit mit geliebten Menschen verbringt. Sie belegen darüber hinaus, dass Menschen am glücklichsten sind, wenn sie unter Freunden sind, gefolgt von Familienangehörigen, und am wenigsten glücklich, wenn sie allein sind.

Beziehungen und Busy-Sein

Wenn wir in engem Austausch mit den uns wichtigen Menschen stehen, geht es uns gut. Im anderen Fall sind wir unglücklich. Viel komplizierter ist es nicht. Ohne gute Beziehungen können wir nicht gedeihen und diese Beziehungen wiederum können ohne Zeit und Aufmerksamkeit nicht gedeihen.

Obwohl sie so wichtig sind, stehen unsere am meisten geschätzten Beziehungen in der Auseinandersetzung mit dem Busy-Sein an vorderster Front. Unsere nächsten und liebsten Menschen sind die Ersten, die zu leiden haben und die unsere physische oder psychologische Abwesenheit verletzt. Wir plündern diese Beziehungen, um genügend Zeit, Aufmerksamkeit und Energie für E-Mails, Facebook und den am nächsten Montag fälligen Bericht freizuschaufeln. Wir ziehen Aufmerksamkeit von diesen Beziehungen ab, weil wir es können. Wir sind uns sicher, dass sie *verstehen* werden, dass wir diese Arbeit erledigen oder jenen Anruf tätigen *müssen*. Wir vertrauen darauf, dass sie mit den Resten unserer Person schon umgehen können; wir servieren ihnen nur das, was von uns übrig bleibt, nachdem wir all unsere Energie, Kreativität und Aufmerksamkeit auf dopamingesteuerte Aktivitätsschübe verwendet haben.

Ungezügeltes Busy-Sein zerstört unsere Beziehungen von innen – langsam und unmerklich, aber sicher. Dadurch höhlt es unser Beziehungsfundament aus, das Einzige, worauf es im Leben wirklich ankommt. Indem wir Aufmerksamkeit von den Menschen abzweigen, die uns am nächsten stehen, beenden wir diese Beziehungen nicht, aber wir sorgen dafür, dass sie leer und farblos sind. Sie verarmen und folglich nähren und erfüllen sie uns weniger, weshalb wir (und unsere Liebsten) weniger glücklich sind. Und so schließt sich der Kreis: Aufgrund unserer weniger gedeihlichen Beziehungen fühlen wir uns isolierter und einsamer, weshalb wir uns in Aktivitäten stürzen, um die Leere zu füllen.

Busy-Sein ist ein sanftes Gift, dessen Wirkungen sich nicht innerhalb eines Jahres entfalten, sondern im Laufe eines Jahrzehnts, während sich die verräterischen Krebszellen ausbreiten. Bedauerlicherweise zeigen sich die Symptome bei vielen Menschen erst, wenn es schon zu spät ist.

Konzentrieren Sie sich auf weniger Menschen – denn weniger ist mehr

Wie wir in früheren Kapiteln gesehen haben, lässt sich unser Busy-Sein unter anderem mit dem ewigen Streben nach »mehr« erklären: Wir versuchen erfolgreich zu sein, indem wir *mehr* tun, und heizen unseren Drang, busy zu sein, durch unsere Gier nach *mehr* Konsumgütern an. Dieses »Mehr« überträgt sich auch auf unsere Beziehungswelt. Wir wünschen uns *mehr* Beziehungen, *mehr* Vernetzung und *mehr* Beliebtheit. Viele Menschen sind anscheinend innerlich unsicher und suchen Bestätigung durch ein besonders großes soziales Netzwerk, durch die Zahl der erhaltenen »Likes« oder einen hohen »Klout-Score« (Klout ist eine Website, die den Online-Einfluss einer Person misst). Dem Sammeln von Facebook-Freunden und Twitter-Followern liegt eine gewisse Gewinnsucht zugrunde: Egal wie viele wir schon haben, möchten wir *mehr* davon.

Es steht außer Zweifel, dass E-Mails, Facebook, Twitter, LinkedIn, WhatsApp, SMS und Instant-Messaging uns neue, leicht zugängliche Vernetzungsmöglichkeiten bieten. Und wer freut sich nicht, wenn alte Schulfreundschaften oder Bekanntschaften wieder auf kleine, bescheidene Weise in unser Leben treten? Digitale Kommunikationswerkzeuge erleichtern den Versand von Rundschreiben oder Kurznachrichten, sodass es keiner extrem zeitaufwendigen Telefonate (bei denen man ohnehin nicht weiß, was man sagen soll) mehr bedarf, um diese Menschen wieder in aktive Kontakte zu verwandeln – einige Worte auf ihrer Facebook-Seite genügen und man ist wieder im Rennen. Mithilfe sozialer Medien und elektronischer Kommunikation haben wir Zugriff auf die gesamte Welt und auf die Vergangenheit; wir sind mächtig, ja allmächtig.

Doch die Leichtigkeit und die Vernetzung haben einen Haken. Wer Nachrichten versendet, bekommt Antworten – zahlreich und häufig. Sehr bald wird es anstrengend, am Ball zu bleiben und all diese Beziehungen aufrechtzuerhalten. Besorgt um einen möglichen Beliebtheitsrückgang, beginnen wir, den elektronischen Strom an Updates, Fotos und Nachrichten zu steuern. Während wir unsere Inbox leeren, erzählen wir anderen, dass wir E-Mails am liebsten abschaffen würden. Selbst in der Freizeit verwandeln sich diese sozialen »Beziehungen« rasch in Aufgaben, die erledigt werden müssen und zu einer Last werden. Wo steckt in diesem ganzen elektronischen Geplapper die lebensbereichernde Freude über die Vernetzung? Unsere Freunde, Familienangehörige und Bekanntschaften sind oft bald nur ein weiterer Punkt auf unserer Liste, der das Gefühl des Busy-Seins verstärkt.

Als Sherry Turkle, die Autorin von *Verloren unter 100 Freunden*, den sechzehnjährigen Sanjay interviewte, erklärte ihr dieser, wie stark er sich von all den Textnachrichten, die er erhielt, unter Druck gesetzt fühle. Am Ende des Interviews bemerkte er: »Ich kann mir nicht vorstellen, das zu tun, wenn ich älter bin«, und dann etwas leiser: »Wie lange muss ich das wohl noch tun?«[8]

Verbundenheit versus Beliebtheit

Zu den interessantesten Aspekten an Tim Kassers Forschungsergebnissen zählt meines Erachtens seine Unterscheidung zwischen Verbundenheit und Beliebtheit. Verbundenheit bedeutet Zusammensein und die Vertiefung wichtiger Beziehungen. Dies steht im Widerspruch zu dem Bemühen, bei einem großen Kreis von Menschen beliebt zu sein. Diese Erkenntnis löste bei mir ein Nachdenken aus. Ich hatte bisher wohl alle Arten von Geselligkeit in einen Topf geworfen: Das vertraute Beisammensein mit engen Freunden und Familienangehörigen war für mich im Grunde das Gleiche wie das Geplänkel und der freundliche Austausch auf einer Party, nur auf anderer Ebene. Durch Kassers Studien begann ich, dies infrage zu stellen.

Kasser beschäftigt sich mit den Prioritäten von Menschen. Streben diese nach tieferen Beziehungen zu engen Freunden und Familienangehörigen oder möchten sie beliebter werden und mehr Freunde haben? Seine Erkenntnisse legen nahe, dass Menschen, denen »Verbundenheit« eindeutig wichtiger ist, tendenziell glücklich, gesund und seelisch im Gleichgewicht sind. Das Gegenteil galt für Menschen, die nach Beliebtheit strebten: Sie waren weniger glücklich, öfter deprimiert und ängstlicher. Anscheinend wirkt sich der Versuch, wichtige Beziehungen zu vertiefen und zu stärken, erfüllend und bereichernd auf das eigene Leben aus. Das Streben nach »mehr« ist hingegen eine optimale Methode, um seine Chance auf ein unglückliches Leben zu erhöhen.

Trotz all der schönen Fernsehbilder findet man Freude nicht im *Mehr*, sondern im *Weniger*. Wer glücklicher sein will, sollte seine Aufmerksamkeit auf jene ganz besonderen Menschen konzentrieren, die vermutlich oft nicht einmal im eigenen sozialen Netzwerk auftauchen, dafür aber eine zentrale Rolle im eigenen Leben spielen. Ich glaube, dass dies schon immer galt, doch in der heutigen Zeit gilt es erst recht. Unsere Zeit und Aufmerksamkeit sind begrenzt, deshalb müssen wir uns gut überlegen, wo wir sie einsetzen. Wir sollten einen größeren Teil unserer Energie von den vielen abziehen und sie auf die wenigen verwenden. Wir sollten uns unablässig darauf konzentrieren, wichtige Beziehungen zu vertiefen, zu stärken und zu nähren, anstatt zu versuchen, durch Beziehungen unseren Stellenwert zu steigern. Wie bei so vielen Aspekten des Busy-Seins gilt: Wenn wir uns stärker fokussieren und unsere Aufmerksamkeit weniger streuen, werden wir wieder ein gedeihliches Leben führen.

Wer sind Ihre 15?

Primaten bilden komplexe soziale Gemeinschaften. Die Pflege dieser Gemeinschaften, oft als »soziale Körperpflege« bezeichnet, ist aufwendig. Mit zunehmender Mitgliederzahl steigt der Pflegeaufwand und es wird mühsamer, alle Mitglieder und ihre Beziehungen untereinander zu kennen. Der britische Anthropologe Robin Dunbar konnte diese Theorie durch die Erkenntnis belegen, dass zwischen dem Hirnumfang von Primaten und der durchschnittlichen Gruppengröße eine starke Korrelation besteht.[9] Werden Menschenaffen- und Affengruppen zu groß, so beginnen sie sich aufzulösen – ihre Pflege ist einfach zu mühsam. Auf der Grundlage seiner Arbeit mit anderen Primaten berechnete Dunbar die Größe sozialer Gruppen, die Menschen mithilfe ihrer kognitiven Fähigkeiten bewältigen können. Seine Antwort lautete »150« – eine Zahl, die seitdem als »Dunbar-Zahl« bekannt geworden ist. Als nächsten Schritt analysierte Dunbar historische Aufzeichnungen, um festzustellen, ob die Größe sozialer Gruppen in verschiedenen Kulturen seine Theorie tendenziell bestätigte. Wie er feststellte, hatten jungsteinzeitliche Dörfer durchschnittlich etwa 150 Einwohner. Es gibt Belege dafür, dass sich hutterische Siedlungen auflösten, wenn sie 150 Bewohner erreichten, und 150 war oft die Standardgröße von Armeeeinheiten – was sich bis heute nicht geändert hat.

Dunbars Analyse ging aber noch etwas weiter: Bei seinen umfangreichen Untersuchungen sozialer Gruppierungen stellte er fest, dass soziale Strukturen eine bemerkenswert einheitliche Gestalt aufweisen. Dunbar zufolge kann man sich Beziehungsebenen als Abfolge konzentrischer Kreise vorstellen. Im Durchschnitt sind uns fünf Menschen besonders nahe, oft unser Partner und die engere Familie. Der nächste Kreis umfasst 15 Menschen, die folgenden beiden 50 und 150. Wenn man Dunbars und Tim Kassers Erkenntnisse zusammen betrachtet, dann liegt meines Erachtens nahe, dass Wohlbefinden, Zufriedenheit und Freude von diesen 15 abhängen. Es sind diese magischen 15 Personen, Ihre engsten Freunde und Familienangehörigen, die neue Flow-Erlebnisse auslösen, das Leben bereichern und die Depressionsgefahr senken. Die Würze des Lebens liegt nicht in den 500 Facebook-Freunden, sondern in diesen 15. Ich behaupte nicht, dass weitläufigere, vielfältigere, schwächere Bindungen, wie sie in den sozialen Medien oder auf Partys entstehen, keinen Spaß machen können. Es geht mir nur darum, dass diese Aktivitäten in keiner Weise die tieferen Beziehungen ersetzen können, die uns die 15 bieten.

Wenn Sie sich nur einen Gedanken aus diesem Kapitel merken möchten, dann bitte diesen: Investieren Sie so viel Zeit und Aufmerksamkeit wie möglich in Ihre 15; genießen Sie die gemeinsam mit ihnen verbrachte Zeit, unterstützen Sie sie und bemühen Sie sich, sie zu verstehen. Jede Verbesserung hinsichtlich der Qualität dieser Beziehungen wirkt sich unmittelbar positiv auf Ihre Lebenszufriedenheit aus. Die Frage, ob Sie in puncto soziale Medien ein Versager sind oder es nicht schaffen, sich ein großes Netz an Bekanntschaften aufzubauen, wird Ihre Lebensqualität kaum beeinflussen. Doch um glücklich zu sein und ein gedeihliches Leben zu führen, müssen Sie Ihre Sache bei den 15 gut machen. Und wer sind Ihre 15?

Ihr Unterstützungsnetzwerk

Wenn wir busy sind, schotten wir uns manchmal von unseren Freunden – von unseren 15 – ab, weil wir zu ausgelaugt sind, um ihnen Zeit zu widmen. Nimmt das Gefühl, busy zu sein, weiter zu, kann unser Unterstützungsnetzwerk schrumpfen, denn dann sagen wir abendliche Verabredungen mit Freunden ab oder verabschieden uns still und leise von unserer Sportmannschaft. In unseren hektischsten Phasen erfahren wir dann aktive Unterstützung von vielleicht nur ein oder zwei Personen – gerade dann, wenn wir solcher Unterstützung am meisten bedürfen. Oberflächliche Kontakte in den sozialen Medien können dieses Bedürfnis kaum stillen. Dazu bedarf es schon engerer, präsenterer Freunde.

Um sich zu motivieren, Beziehungen zu allen 15 Menschen zu pflegen, hilft es, darüber nachzudenken, welche Ihrer Seiten von jeder Person unterstützt wird. Die meisten Menschen machen dabei folgende Erfahrung: Zum einen erkennen sie, wie sehr sie auf Gebieten, die sie nicht beherrschen oder nicht bearbeiten wollen, von der Unterstützung des jeweiligen Partners abhängen. Und zum anderen stellen sie fest, dass die 15 ihre gesamte Persönlichkeit abdecken. Zusammen unterstützen diese Menschen die überwältigende Mehrheit ihrer Bedürfnisse, Sehnsüchte und Leidenschaften.

Betrachten wir beispielsweise Mary, eine hart arbeitende Anwältin, deren Ehemann ebenfalls Anwalt ist. Sie liebt Joe sehr und er versteht sie sehr gut, aber manchmal hat sie einfach Lust, endlos zu plaudern und sich dabei vor Lachen zu kringeln. Joe kann ihr da nicht helfen, aber Helen und Eva können es. Dann gibt es Momente, in denen Mary sich kreativ fühlt. Anders als Joe liebt sie Kunst und Gedichte genauso wie Bill und Asiya. Manchmal sehnt sie sich nach der bedingungslosen Liebe ihrer Mutter oder möchte Zeit mit Lucy verbringen, mit der sie joggt und Diäten macht. Der Umgang mit allen 15 Personen macht Mary zu einem volleren und erfüllteren Menschen. Die Moral: Stutzen Sie Ihren Kreis von 15 Menschen nicht, wenn Sie gerade busy sind; vernachlässigen Sie die 50, die 150 und die 500, aber nicht die 15. Während Ihrer dunkelsten Stunden, wenn Arbeit und Anforderungen Sie zu übermannen drohen, können Ihre 15 Sie dort unterstützen, wo es wirklich wichtig ist.

Mehr geben

Einem biblischen Sprichwort zufolge ist Geben seliger denn Nehmen. Dafür gibt es tatsächlich Belege. Alle diesbezüglichen Forschungen deuten darauf hin, dass Altruismus einen positiven Einfluss auf Gesundheit sowie persönliches Glück und Wohlbefinden hat. Eine Studie unter Multiple-Sklerose-Patienten zeigte, dass Betroffene, die anderen Patienten ihre Hilfe anboten, davon mehr profitierten als jene, denen sie halfen – gemessen am Selbstvertrauen und Selbstwertgefühl, an der Neigung zu Depression und an der Alltagsbewältigung.[10] Einer anderen Studie zufolge erhöht das Geben zudem unsere Belastbarkeit, was uns vor dem Stress des modernen Lebenswandels schützt.

Wie könnten Sie mehr geben, um sich besser zu fühlen? Wie könnten Sie insbesondere mehr in Ihre 15 investieren?

Zusammen sein

Als Sherry Turkle mit den Recherchen für ihr Buch *Verloren unter 100 Freunden* begann, stieß sie auf Kinder und Teenager, die darüber verzweifelten, dass jedes Abendessen von Anrufen und jedes Gespräch von eingehenden E-Mails unterbrochen wurde. Ihre Eltern waren zu abgelenkt, um die wichtigen »Nebensächlichkeiten« des Heranwachsens wahrzunehmen: das stolz vorgezeigte selbst gefertigte Papierflugzeug, der neue Skateboard-Trick oder das Verschwinden des ersten »Schnurrbarts«. Turkle beschrieb Mütter, die ihre Stillpausen nutzten, um Textnachrichten zu lesen, und darüber die subtilen Gefühlsregungen auf den Gesichtern ihrer Säuglinge übersahen. Sie erlebte Väter mit ihren Kindern im Park, die kaum anwesend waren, da sie es vorzogen, auf ihr iPhone zu starren, anstatt Fußball mit ihrem Nachwuchs zu spielen. Sie traf Audrey, die sich in ihrer Fantasie ausmalte, wie es wäre, wenn ihre Mutter sie beim Abholen von der Schule erwartungsvoll und konzentriert begrüßen würde. Die Wirklichkeit sah so aus, dass sie täglich zum Auto ging, wo ihre Mutter mit gesenktem Kopf in ein Telefonat vertieft war und sie vor lauter Geschäftigkeit kaum wahrnahm. Sie wollte einfach nur über die Höhen und Tiefen ihres Schultages berichten, musste aber hinnehmen, dass ihre Mutter mit »wichtigeren« Dingen beschäftigt war; sie musste erfahren, dass ihre Befindlichkeiten trivial waren. Dadurch lernte sie, dass sie selbst trivial war.

Natürlich wissen wir, dass unsere Liebsten wichtiger sind als unsere Inbox. Natürlich erkennen wir, dass uns die neuesten SMS oder WhatsApp-Nachrichten weniger bedeuten als unsere Familienangehörigen und Freunde. Es ist einfach so, dass wir viel um die Ohren haben, und wenn sie uns lieben, werden sie das sicher verstehen. Nächstes Jahr wird es bestimmt etwas ruhiger ...

Wenn wir zulassen, dass unser Busy-Sein uns all dieser kleinen Momente beraubt, dann sorgen wir dafür, dass unsere Beziehungen blutleer werden. Zu einer Beziehung gehört stets zweierlei: zusammen sein und Dinge gemeinsam tun. Wenn wir das »Zusammen-Sein«

entfernen, erhalten wir Beziehungen, in denen es nur um Aktivitäten, Aufgaben oder häusliche Pflichten geht. Doch das »Zusammen-Sein« ist der Quell des meisten Glücks und eines Großteils unseres Gefühls von Verbundenheit. Wenn die Komponente »zusammen sein« nicht mehr bedeutet als die körperliche Anwesenheit am selben Ort, während unsere Aufmerksamkeit anderswo liegt, dann werten wir Beziehungen zu reinen Foren für Aktivitäten und Erledigungen ab. Dadurch werden sie weniger bereichernd, was wiederum dazu führt, dass wir ihnen noch weniger Aufmerksamkeit schenken und sie uns noch weniger gegen den Druck, busy zu sein, abschirmen.

In unserer Welt des Zuviel müssen wir daran arbeiten und neu erlernen, wie wir ohne Hilfsmittel und ohne Störungen durch technische Geräte zusammen sein können, denn nur so lässt sich Vertrauen aufbauen und Freude finden. Hier einige Vorschläge, um künftig beim Umgang mit anderen Menschen – sei es Kind, Partner, Bruder oder Schwester, Elternteil oder Freund – voll anwesend zu sein.

Vernetzt, doch isoliert

Es war eine etwas unbehagliche Situation. Ein riesiger Mann, ebenso groß wie breit, setzte sich im Zug auf einen Platz mir gegenüber und begann, sehr lebhaft mit mir zu sprechen. Er war spürbar über irgendetwas verärgert. Seine Worte ergaben wenig Sinn; ich hatte den Eindruck, nur einen Teil zu verstehen, so als wäre seine Geschichte bruchstückhaft. Plötzlich und ohne Vorwarnung entspannte sich sein ganzer Körper; er lehnte sich zurück, lächelte und brach dann in schallendes Gelächter aus. Schließlich sagte er mit liebevoller Stimme, während er ganz leicht an mir vorbei blickte:»Okay. Wir sprechen später. Ich liebe dich. Tschüss«, und legte auf. Nach einem kurzen Moment der Pause und der Reflektion nahm er sein Telefon wieder zur Hand und wählte eine neue Nummer.

Dieses befremdliche Verhalten ließ mich darüber nachdenken, wie merkwürdig unsere privaten Blasen heute sind. Zwar hat der technologische Fortschritt – zumindest oberflächlich – dazu beigetragen, dass wir besser vernetzt sind, doch er hat uns auch isoliert. Mithilfe unserer technischen Geräte können wir uns mit vielen Menschen weltweit vernetzen, doch sie saugen damit unsere Anwesenheit von denjenigen in unserer Nähe ab. Wenn wir uns auf der Straße, im Zug oder in unserem Heim bewegen, sind wir in einer privaten Blase gefangen, körperlich anwesend zwar, doch in Gedanken anderswo – und das schadet unseren Beziehungen zu denjenigen, die uns nahestehen.

Ich möchte Sie herausfordern, Folgendes zu versuchen: Verdoppeln Sie in der kommenden Woche die Zeit, in der Sie und Ihre Mitbewohner gleichzeitig Ihre Blasen verlassen und sowohl körperlich als auch geistig zusammen sind, aufmerksam und miteinander verbunden.

- Schalten Sie alle Telefone aus.
- Legen Sie Ihr Smartphone außer Sichtweite (Untersuchungen haben gezeigt, dass Menschen, die ihr Smartphone während eines Gesprächs neben sich auf den Tisch legen, niedrigere Sympathiewerte erzielen).
- Sorgen Sie täglich für eine gewisse geräte- und fernsehfreie Zeit.

Der barmherzige Samariter

Wenn vor Ihnen ein offensichtlich notleidender Mann zusammenbräche: Würden Sie stehen bleiben und Ihre Hilfe anbieten? Kommt drauf an, lautet die Antwort. In einem bekannten Experiment untersuchten John Darley und Daniel Batson das Verhalten von Menschen, denen man eine besondere Hilfsbereitschaft unterstellen würde: Theologiestudenten. Unmittelbar bevor sie zu einem Seminar aufbrachen, wurde einigen von ihnen gesagt, dass sie spät dran seien; andere erfuhren, dass sie sehr viel Zeit hätten. Die Auswirkungen waren dramatisch. Nur jeder zehnte verspätete Seminarteilnehmer hielt an, um dem zusammengebrochenen Mann zu helfen (keiner wusste, dass es sich dabei um einen Schauspieler handelte). Hingegen taten dies 63 Prozent aller Studenten mit genügend Zeit![11]

Wenn wir in Eile sind, sinkt die Wahrscheinlichkeit, dass wir für andere Menschen anhalten. Wer busy ist, verhält sich egoistischer und egozentrischer. Mit höherer Wahrscheinlichkeit wird er andere ignorieren oder um Geduld bitten, damit er rasch tun kann, was ihm seine Inbox oder To-do-Liste befiehlt. Wenn Sie beispielsweise Mutter oder Vater eines Kleinkindes sind, dann möchte ich Ihnen folgende Frage stellen: Wie oft sagen Sie wöchentlich »Warte mal eben«, wenn Ihr Kind etwas von Ihnen will? Mit jeder solchen Äußerung signalisieren wir, welche Prioritäten wir haben und wie unwichtig uns unser Kind ist. Meine Frau und ich haben uns immer wieder dabei erwischt (und tun es bis heute), während wir durchs Haus hetzen und unseren so wahnsinnig wichtigen täglichen Beschäftigungen nachgehen. Wir fragten uns, was wohl passieren würde, wenn wir nicht »Warte mal eben« sagten. Was würde geschehen, wenn wir nicht unser Kind, sondern unser Busy-Sein ausbremsten? Der Versuch erschütterte mich. Plötzlich erlebte ich viel öfter einen jener kleinen Augenblicke. Gerade noch war ich damit beschäftigt, die Küche aufzuräumen, nun half ich, den Flügel an einem LEGO-Flugzeug zu befestigen, schaute einer Eidechse zu oder zog eine Puppe an. Ich versank in diesen ganz besonderen, leichten und trivialen Augenblicken des Zusammenseins, in denen ich mehr lächelte und mich verbundener fühlte. Es waren grandiose Ablenkungen. Ich war sehr überrascht, wie schnell die Kinder bei mir pure Freude auslösen konnten, wenn ich ihnen nicht Einhalt gebot. Noch stärker erschütterte mich, wie kurz diese Augenblicke waren.

Kürzlich forderte mich meine fünfjährige Tochter auf, mit ihr zu tanzen. Natürlich war ich gerade mit irgendetwas furchtbar Wichtigem beschäftigt, obwohl ich mich nicht mehr daran erinnere, was es war. Ich drückte innerlich die Pausentaste und stand auf, um zu tanzen. Wir tanzten und lachten etwa 20 Sekunden lang. Danach war meine Tochter zufrieden und wandte sich der nächsten Beschäftigung zu. Damit möchte ich nicht ausdrücken, dass ihr diese 20 Sekunden nichts bedeuteten oder mir kein schönes Erlebnis bescherten hätten, sondern nur, dass die Fünfjährige sich auf etwas Neues gestürzt hatte. Ich hatte angenommen, dass die Anliegen meiner

Kinder denen eines Erwachsenen entsprachen. Doch in den meisten Fällen stimmte das nicht. Es waren winzige Glücksmomente, kleine hübsche Schmetterlinge, die wenig Aufwand erforderten – nur einen kurzen Moment des Innehaltens und der Freude, der unsere Beziehung festigte.

Heute übe ich, die Pausentaste zu drücken. Ich behaupte nicht, dass es mir immer gelingt, mein Busy-Sein auszubremsen, doch immerhin gebiete ich ihm inzwischen öfter Einhalt als meinen Kindern.

Rituale entwickeln

Als Student hatte ich eine Theorie. Diese entsprang den Antworten, die ich auf die Frage an meine Kommilitonen erhielt, wie sie ihre Semesterferien zu verbringen gedachten. Ich war überrascht, wie unterschiedlich diese Antworten ausfielen. Manche Gesichter hellten sich auf, als die Betreffenden detailliert von ihren familiären Traditionen berichteten. Andere sprachen vage von gebratenen Truthähnen und gestrickten Pullovern. Meine Theorie ging so: Bedeutung und Umfang der Familientraditionen war ein guter Indikator dafür, wie glücklich die Kindheit des jeweiligen Menschen war. Das ist zugegebenermaßen eine wenig belastbare Theorie, doch ich glaube weiterhin, dass Ritualen eine starke symbolische und bindende Kraft innerhalb von Beziehungen zukommt. Aktuelle Forschungen belegen außerdem, dass Rituale unsere Freude an Ereignissen erhöhen können, da sie vorhersehbar sind und daher unsere Vorfreude steigern.[12]

Ich bin beispielsweise ein großer Anhänger kinderfreier Abende – jener Praxis, sich regelmäßig, oft einmal wöchentlich, Zeit für ein schönes Abendessen zu zweit mit seinem Partner zu nehmen. Sogar Barack und Michelle Obama sollen es so gehalten haben. Wenn der Terminkalender bis zum Anschlag gefüllt ist, lebt man oft wochenlang aneinander vorbei. Eine Möglichkeit, dem zu begegnen, besteht darin, Zeit für einander zu reservieren. Dulcie und ich tun dies auf unsere eigene Art und Weise. Wir schätzen unsere Kochkünste, daher feiern wir immer wieder (sicher nicht wöchentlich) unseren ganz besonderen kinderfreien Abend. Er unterliegt bestimmten Regeln. Jeder Partner übernimmt zwei der insgesamt vier Gänge. Keiner weiß, was der andere kochen wird (abgesehen von den Hauptzutaten), und jeder Gang muss etwas sein, das bei uns vorher noch nie auf den Tisch kam. Die Vorfreude, die Planung und das Kochen gehören genauso zum Ereignis dazu wie die Mahlzeit selbst.

Doch die kinderfreien Abende sind nicht annähernd so wichtig wie ein anderes unserer Rituale, das sich zufällig entwickelt hat: unsere »Drei-Tassen-Tee-Morgen«. Mindestens einmal pro Woche, nach Möglichkeit auch öfter, setzen wir uns auf einen Tee-Marathon zusammen. Über diesen drei Tassen Tee besprechen wir mehr Themen als sonst innerhalb mehrerer Tage. Wir planen unsere Finanzen, reden über die Kinder und träumen. Wir sind selten vereinter als während dieser Teerunden. Daher versuchen wir, den Augenblick zu verlängern, und bleiben bis zur dritten Tasse.

Rituale gründen auf zwei Prinzipien: Die Aktivitäten sind zum einen sehr spezifisch, wiederholbar und vorhersehbar, wodurch sie Vorfreude generieren. Zum anderen vollziehen sie sich in einem bestimmten Rhythmus, normalerweise täglich, wöchentlich oder monatlich, was die Chance erhöht, dass sie tatsächlich durchgeführt werden.

Denken Sie an Ihre 15: Welche Rituale könnten Sie entwickeln, um Ihre Beziehungen zu diesen Menschen zu vertiefen?

Die Kraft positiver Emotionen

Warum empfinden wir Menschen positive Emotionen? Was nützt einem – rein evolutionär betrachtet – Freude? Positive Emotionen wurden lange als (angenehme) evolutionäre Anomalie betrachtet, bis Barbara Fredrickson, Psychologieprofessorin an der University of North Carolina, auf den Plan trat. Im Verlauf ihrer Arbeit entwickelte sie die Broaden-and-build-Theorie positiver Emotionen.[13] Sie entdeckte, dass Menschen, die von positiven Emotionen wie Heiterkeit und Zufriedenheit gesteuert werden, kreativer sind und eher das »große Ganze« im

Blick haben. Durch weitere Forschungen konnte sie nachweisen, dass diese Emotionen die kardiovaskulären Effekte negativer Emotionen aufwiegen, wodurch wir rascher entspannen können und sich Stresssymptome mit der Zeit auflösen. Es scheint, als unterstützten positive Emotionen unseren Wachstums- und Lernprozess. Durch positive Emotionen legen wir die Ressourcen und das psychologische Kapital an, von denen wir für den Rest unseres Lebens zehren. Negative Emotionen dienen dem kurzfristigen Überleben, positive Emotionen dem langfristigen Wachstum und dem Aufbau von Kompetenzen.

Das Gleiche gilt für die Emotionen, die wir in Beziehungen investieren. Wenn uns Wut oder Furcht im Griff haben, konzentrieren wir uns auf uns selbst – darauf, wie wir gewinnen oder der Situation entkommen können. Unsere ganze Aufmerksamkeit ist kurzfristig orientiert, ohne dass uns langfristige Verletzungen interessierten. Positive Emotionen hingegen erweitern auf verschiedene Weise unsere Beziehungen und bauen sie aus. Zunächst sorgen sie für ein größeres Sichtfeld, sodass subtile Signale des Gegenübers leichter wahrgenommen werden können. Dadurch bewegt man sich sicherer auf dem Parkett der Gefühle. Bei erweiterter Aufmerksamkeit fällt es leichter, eine objektivere Position einzunehmen und die Sichtweise und Gefühle des anderen anzuerkennen und nachzuempfinden. Je besser wir beobachten und verstehen, desto mehr lernen wir über diesen Menschen und über uns selbst. Wir wachsen und unterstützen dadurch auch das Wachstum der Beziehung.

Hinzu kommt, dass positive Emotionen üblicherweise geteilt werden. Wenn wir positive Erlebnisse mit einem Freund, einem Familienangehörigen oder mit unserem Partner teilen, vertieft sich unsere *gegenseitige* Aufmerksamkeit. Ich denke oft, dass sich die Stärke einer Beziehung daran ermessen lässt, welche Bandbreite an Themen man in welcher Tiefe miteinander besprechen kann. Der Prozess der Entwicklung von Beziehungen wird als *soziale Durchdringung*[14] bezeichnet (ein schrecklicher Begriff, ich weiß). Dabei wissen und verstehen wir immer mehr und können folglich über immer mehr miteinander reden. In weniger positiven Momenten konzentriert sich unsere gegenseitige Aufmerksamkeit auf das bare Minimum, das benötigt wird, um sich auszutauschen; wir verhandeln im allerengsten Sinne miteinander. Bessert sich die Stimmung, beginnen Gespräche, wir finden immer mehr gemeinsame Themen und unsere Beziehung baut sich auf. Positive Emotionen bereichern unsere gemeinsamen Momente, sie erweitern unsere Interaktionen und vertiefen die Beziehung.

Das Verhältnis von positiv zu negativ

Marcial Losada, ein Kollege von Fredrickson, hat durch seine Forschungsarbeiten die Relevanz der Broaden-and-build-Theorie in privaten Beziehungen sowie im Arbeitsleben weiter bekräftigt. Losada besuchte 60 Unternehmen und notierte jedes Wort, dass in internen Meetings fiel. Ein Drittel dieser Unternehmen war wirtschaftlich hervorragend aufgestellt, einem weiteren Drittel ging es leidlich gut und das letzte Drittel befand sich im Niedergang. Losada untersuchte das Verhältnis von positiven zu negativen Kommentaren und entdeckte eine eindeutige Korrelation zum wirtschaftlichen Erfolg. Lag das Verhältnis bei über 2,9 positiven Kommentaren pro negativem Kommentar, ging es dem betreffenden Unternehmen gut. Unternehmen mit einem Verhältnis von weniger als 2,9 darbten hingegen. Dieser Wert wurde als Losada-Rate[15] bekannt. John Gottman hat das gleiche Prinzip auf Ehepaare angewandt und kam auf einen höheren Quotienten: Ein Verhältnis von 2,9:1 ließ hier auf eine drohende Scheidung schließen; für eine starke, gesunde Ehe war ein Verhältnis von 5:1 erforderlich.[16]

Das Quotientenprinzip ist für zahlreiche Aspekte positiver Emotionen getestet worden. Ein kürzlich erschienener Artikel hat die Treffsicherheit der Losada-Rate angezweifelt,[17] da die zugrunde liegenden Differenzialgleichungen und nicht lineare Dynamik fraglich seien. Klingt alles sehr ausgefeilt, ist in meinen Augen aber nur gelehrtes Geschwätz. Am Ende kommt es nicht auf das exakte Verhältnis an, sondern auf das Prinzip, wonach sich das Verhältnis von positiven zu negativen Emotionen dauerhaft auf die Gesundheit und Stärke von Beziehungen auswirkt.

Denken Sie an einen Ihrer wichtigsten Vertrauten – einen Ihrer 15 (oder sogar einen Ihrer fünf). Auf welches Verhältnis kommen Sie in Ihrer Beziehung zu diesem Menschen?

Besser feiern

Was sagt Ihrer Meinung nach mehr über die Robustheit einer Beziehung aus: der Stil von Auseinandersetzungen oder die Art, wie man etwas feiert? Ich hätte vermutet, dass die Antwort auf der Hand liegt: Entscheidend ist natürlich unser Verhalten in der Hitze des Moments, wenn Tabus ausgesprochen werden und wir unseren Respekt für das Gegenüber fallen lassen, um einen Sieg einzufahren. Falsch. Wie Shelly Gable, Psychologieprofessorin an der University of California, gezeigt hat, lässt sich die Stärke einer Beziehung viel besser aus der Art und Weise des Feierns ablesen.[18] Anscheinend kommt es sehr darauf an, wie wir uns in solchen Momenten des Triumphs und der Freude verhalten; es kann die Beziehung entweder stärken oder untergraben.

Welches ist also das Geheimnis einer guten Feier? Wie Martin Seligman schreibt, gibt es vier Grundtypen von Reaktionen auf eine tolle Nachricht.

Nachricht: »Man hat mich gefragt, ob ich Mitglied des regionalen Gymnastikteams werden möchte. Das Team fliegt nächsten Monat zu einem internationalen Wettkampf nach Paris.«

Reaktion:

	passiv	aktiv
konstruktiv	»Das ist ja eine großartige Nachricht. Du hast es dir verdient. Die hätten dich schon vor Jahren fragen müssen.«	»Das ist ja toll. Wie geht es dir damit? Wie haben sie es dir gesagt? Wie hast du reagiert? Erzähl mir mehr über die Reise.«
destruktiv	»Oh. Kannst du mir das Salz geben?«	»Aha. Paris ist ganz schön weit weg. Wird die Reise teuer sein? Wirst du noch genügend Zeit für deine Hausaufgaben haben?«

Es ist nicht schwer, die stärkste Reaktion zu erkennen. Doch nachdem ich auf diese Unterscheidung gestoßen war, wurde mir schmerzlich bewusst, wie oft ich Erfolgsmeldungen meiner Kinder auf passiv-konstruktive Weise beantwortet hatte. Ich erkannte, wie viele kleine Feierstunden ich dadurch verpasst hatte: Die Nachricht von einem seltenen und lang erwarteten Sieg in einem Fußballspiel, eine tolle Schulnote oder das stolze Vorzeigen einer Skulptur, die von der Oma hoch gelobt worden war – all diese Ereignisse hatte ich mit wohlmeinenden Kommentaren wie »Großartig, ich bin stolz auf dich« quittiert. Meine Reaktionen waren aufrichtig und kamen von Herzen, aber ihnen fehlte der Gehalt. Sie waren nicht nur von Unwissenheit getrieben, sondern auch von der Hektik, in der ich mich stets befand – zu busy, um mal innezuhalten und mich mitzufreuen.

Heute feiere ich besser. Beim Feiern, gleich ob der Anlass groß oder klein ist, geht es nicht darum, jemandem verbal auf die Schulter zu klopfen oder ihn flüchtig zu beglückwünschen. Es geht noch nicht einmal um die eigenen Gedanken und Gefühle, die man dem Sieger zusammen mit all den anderen Blumen zuwirft. Es geht darum, sich Zeit zu nehmen, um dem anderen – sei es der Partner, das eigene Kind oder ein Freund – beim Feiern zu helfen. Es geht darum, ihn aufzufordern, das Ereignis noch einmal in Gedanken zu erleben, und an seinen Gefühlen teilzuhaben.

Ich kann von mir nicht behaupten, stets großartig zu feiern. Doch immerhin nehme ich mir heute öfter die Zeit, um nachzufragen, was genau passiert ist und wie sich der- oder diejenige dabei gefühlt hat. Ich helfe meinen 15, ob Erwachsener oder Kind, etwas mehr zu genießen. Das ist Psychologie ganz nach meinem Geschmack: leicht verständlich, hochgradig einleuchtend (sofern einmal erklärt) und lebensbereichernd.

Feiern Sie schön!

Besser als ein Antidepressivum

Wenn ich Ihnen sagen würde, dass ich Ihnen etwas verschreiben könnte, das Sie glücklicher macht als ein Antidepressivum, nichts kostet, sehr einfach ist und ohne unangenehme Nebenwirkungen daherkommt, wären Sie interessiert? Die folgende Methode hat Martin Seligman gemeinsam mit seinem Team entwickelt;[19] sie wurde mithilfe von Stichproben getestet. Die Methode wirkt und hat überdies den Vorteil, dass sie leicht süchtig macht: Man entwickelt ein neues Verhalten, das rasch zur Gewohnheit werden kann. Tatsächlich funktioniert sie so gut, dass Menschen, die zuvor in einer dieser tiefen, dunklen, »Kann-das-Bett-kaum-verlassen«-Depressionen gefangen waren, innerhalb weniger Wochen zu einer leichten Form von Depression gelangten (vergleichbar dem Zustand von Menschen, die vor dem Fernseher sitzen).

Und so geht es: Notieren Sie jeden Abend drei Dinge, die an diesem Tag gut liefen oder die Sie fröhlich gestimmt haben. Gehen Sie ruhig ein wenig ins Detail, aber übertreiben Sie es nicht. Das war's!

Warum funktioniert diese Methode? Die Antwort: Wir neigen dazu, uns zu stark auf das Negative zu konzentrieren; wir grübeln, sind über die Fehler bekümmert und erinnern uns an sie. Eine einfache Handlung wie diese kann dazu beitragen, unser Augenmerk wieder ins Gleichgewicht zu bringen. Es geht nicht darum, sich durchs Leben zu mogeln oder sich vorzutäuschen, dass ein negatives Ereignis in Wirklichkeit positiv war. Ich möchte Sie nur dazu ermuntern, Ihr Gedächtnis so auszutarieren, dass es den Verlauf Ihres Tages genauer wiedergibt. Wenn Ihnen das gelingt, steigt Ihre allgemeine Lebenszufriedenheit.

Vielleicht denken Sie sich jetzt: »Warum wird diese Technik nicht in dem Kapitel erläutert, das sich mit Glück beschäftigt?« Ich führe sie an dieser Stelle auf, weil ich sie im Umgang mit meinen Kindern anwende. Jahrelang habe ich sie auf dem Rückweg von der Schule oder abends beim Zubettgehen gefragt: »Wie war euer Tag?« Eine langweilige Frage, auf die ich oberflächliche Antworten wie »gut« erhielt (ohne jeden Zusatz). Eines Tages fragte ich stattdessen: »Was waren heute die drei schönsten Dinge?« Das anschließende Gespräch war um ein Vielfaches bereichernder; die Kinder begannen nachzudenken und miteinander um die beste Antwort zu wetteifern. Mittlerweile ist dies zu einem regelmäßigen Ritual geworden, und die großartigen Gespräche haben unsere Beziehung sehr gestärkt. Vielleicht haben sie auch ein klein wenig dazu beigetragen, meine Kinder glücklicher zu machen, aber das ist natürlich reine Spekulation.

Das Wichtigste in Kürze

Beziehungen sind keine nette Zugabe: Sie spielen in unserem Leben und für unser Wohlbefinden eine zentrale Rolle. Starke Beziehungen *verhelfen uns zu einem längeren Leben und machen uns glücklicher und gesünder*, sowohl körperlich als auch geistig. *Ohne robuste Beziehungen können wir uns als Menschen nicht entwickeln.*

Die *ersten Opfer unseres Busy-Seins* sind oft diejenigen Menschen, die *uns am nächsten stehen.* Wir saugen unsere Aufmerksamkeit von diesen Beziehungen ab, in dem festen Glauben, schon »verstanden« zu werden. Dadurch verlieren wir viel.

Konzentrieren Sie sich auf weniger Menschen

- Forschungen haben gezeigt, dass wir mit *wenigen, tiefen Beziehungen* besser fahren als mit einer Vielzahl von (oberflächlicheren) Bekanntschaften.
- Wie Robin Dunbar herausgefunden hat, sollte man sich auf seine *15 engsten Beziehungen* konzentrieren.
- Überlegen Sie, auf welche Weise Ihre 15 Sie unterstützen. *Könnten Sie diese Unterstützung* noch gleichmäßiger auf Ihre 15 *verteilen*, um Ihr Wohlbefinden zu steigern?
- *Geben tut Ihnen gut*: Es macht Sie gesünder, glücklicher und weniger stressempfindlich. Überlegen Sie daher, wie Sie Ihren 15 noch mehr geben können.

▷

Zusammen sein

- Der technische Fortschritt ermöglicht uns, uns mit mehr Menschen als früher zu verbinden. Doch die Anforderungen, die all diese Beziehungen an uns stellen, haben dazu geführt, dass unsere Beziehungen oberflächlicher geworden sind. Wir sind *vernetzter, aber isolierter.*
- Zu einer Beziehung gehört zweierlei: zusammen sein und Dinge gemeinsam tun. Die Freude und das Zusammengehörigkeitsgefühl entspringen dem Zusammensein und der gegenseitigen Aufmerksamkeit.

Die Kraft positiver Emotionen

- *Positive Emotionen* helfen dabei, Beziehungen aufzubauen und auf eine breitere Grundlage zu stellen. Bemühen Sie sich also darum, solche Emotionen hervorzurufen. Überlegen Sie, wie es um das *Verhältnis von positiven zu negativen Kommentaren* in Ihren Beziehungen bestellt ist und wie Sie *dieses Verhältnis verbessern* könnten.
- Beziehungen vertiefen sich nicht nur dann, wenn man gemeinsam durch schwere Zeiten geht, sondern auch durch die Art und Weise, wie man positive Ereignisse *feiert*. Bemühen Sie sich, solche Ereignisse auf *aktive und konstruktive* Weise zu feiern.
- Nehmen Sie an den schönen Momenten im Leben Ihrer Liebsten teil, indem Sie fragen: *Welche drei Dinge sind heute gut gelaufen?* Diese Frage wird Ihre Beziehung fördern und könnte sich auch auf die vernommene Bewertung positiv auswirken.

Machen Sie dies sofort

Ihre 15

In einer Hinsicht ist Glück leicht zu finden. Identifizieren Sie jene 15 Menschen, die Ihnen am meisten bedeuten, und verbringen Sie so viel Zeit mit ihnen wie möglich.

Rituale

Rituale können mächtig sein und sind leicht aufrechtzuerhalten. Richten Sie diese Woche mit einem oder mehreren Ihrer 15 ein neues Ritual ein. Achten Sie darauf, dass es wirklich konkret ist, und legen Sie einen regelmäßigen Rhythmus dafür fest (täglich, wöchentlich, monatlich).

Probieren Sie das mal aus

Telefonlose Momente

Vergessen Sie Ihr Telefon, wenn Sie mit wichtigen Menschen zusammen sind. Üben Sie, ihnen Vorrang vor Ihren Telefonaten oder E-Mails einzuräumen. Legen Sie zumindest Ihr Handy nicht auf den Tisch, wenn Sie essen oder sich unterhalten!

Besser feiern

Wenn ein Ihnen wichtiger Mensch mit einer guten Nachricht kommt, dann halten Sie inne und fragen Sie nach, wie er sich fühlt und was genau passiert ist. Ziehen Sie sich nicht auf einen flüchtigen Standardglückwunsch zurück.

Kapitel 11
Vom Rausch zur Freude

(Eine Ode an die Tiefe)

Er liebte das Meer und beschloss daher 1930, sich der Marine anzuschließen. Doch es genügte ihm nicht, an der Oberfläche zu kratzen; er wollte in die Tiefe hinabsteigen, um das Meer wirklich zu begreifen. Nur mit einer Taucherbrille bewaffnet brach er zu seinen ersten Tauchgängen auf, doch bald reichte ihm das nicht mehr. Gemeinsam mit dem Ingenieur Emile Gagnan entwickelte er das erste Drucklufttauchgerät. Er verließ die Marine, um fortan die Meere zu erkunden. Als erster Mensch entdeckte er, dass Schweinswale sich mithilfe von Echoortung orientieren, und produzierte Filme wie den mit einem Oscar prämierten Streifen *Die schweigende Welt*, der Millionen von Menschen mit der Welt unterhalb der Meeresoberfläche vertraut machte. Er ging in die Tiefe und führte ein erfülltes Leben voller Abenteuer und Freude. Mit seiner Arbeit inspirierte er eine ganze Generation, begründete die Tauchbranche und leistete Pionierarbeit für den Meeresnaturschutz. Sein Name war Jacques Cousteau.

Cousteau erkannte, dass wahre Freude im Leben nicht an der Oberfläche schlummert, sondern tief darunter. Folglich tauchte er in die Tiefe ein. Ob im Beruf oder ganz allgemein im Leben: Echtes Glück und tiefe Befriedigung findet nur, wer fähig und bereit ist, voll und ganz in seiner Tätigkeit aufzugehen und die kleinen Momente ebenso wie die eigene Persönlichkeit voll auszuschöpfen.

Und doch leben wir in einer von Zerstreuung und Unschärfe geprägten Welt. In jeder Sekunde und aus jedem Winkel strömen Nachrichten, Informationen und Reize auf uns ein. Sie alle zerren an unserer Aufmerksamkeit, die niemals einen wirklichen Anker findet.

Sind wir erst einmal abhängig von dem Gefühl, busy zu sein, halten wir laufend Ausschau nach dem nächsten Reiz, immer nur halb anwesend und ständig auf dem Sprung. Nachrichten erfahren wir am liebsten in kurzen Soundbites, Beziehungen führen wir in Form von Kurzepisoden und Aktivitäten gehen wir in mundgerechten Häppchen nach. Das Leben soll bitte in hauchdünnen Scheiben daherkommen; wir dürsten nach dem Rausch des Busy-Seins.

Doch dieser Rausch ist am Ende hohl. Man könnte sogar behaupten, dass er das genaue Gegenteil von Glück beinhaltet. Nahezu alles Erstrebenswerte finden wir nur dann, wenn wir in die Tiefe gehen: reichere Erfahrungen, erfülltere Beziehungen und aufschlussreichere Erkenntnisse. Wer tiefer gräbt, ist mit seiner Umwelt stärker verbunden und zufriedener. Glück entsteht aus Verbindlichkeit, nicht aus Ablenkung. Es setzt Tiefe und nicht Unschärfe voraus.

Dieses Kapitel ist eine Ode an die Tiefe. Es will der Oberflächlichkeit, der Flachheit und der Zerstreuung einen Riegel vorschieben. Wir rasen über die Meereswellen, den Blick starr auf das Ziel gerichtet, und verwechseln das Kribbeln der vielen Reize mit der echten Freude, die aus vollständiger Vertiefung entspringt. Dabei merken wir gar nicht, was wir verpassen. Es wird Zeit, den Motor abzustellen und in die farbenfrohe Wunderwelt unter uns hinabzusteigen, wo uns das echte und nachhaltige Glück erwartet.

Rausch und Glück

In Kapitel 9 habe ich das ungesunde Dreieck des Busy-Seins erläutert: Durch das endlose Streben nach »mehr« sind wir zunehmend busy, wodurch wir uns von den wirklich wichtigen Dingen abkoppeln, was wiederum ein Gefühl der inneren Leere auslöst, die wir anschließend mit erneuter Busyness füllen. Im selben Kapitel habe ich weiterhin ausgeführt, dass wir unserem persönlichen Glück viel zuverlässiger näher kommen, wenn wir unsere Grundwerte voranstellen, anstatt nach »mehr« zu streben. Kapitel 10 hat ergründet, wie wir vermeiden können, uns von unseren wichtigsten Beziehungen zu entfremden. Im Folgenden will ich den dritten Teil des Dreiecks näher beleuchten: das Füllen der inneren Leere. Zu Beginn möchte ich Ihnen eine überlegenere Art und Weise vorstellen, um unsere Zeit (und Aufmerksamkeit) zu füllen und Lebenszufriedenheit zu erreichen, als dem hohlen Rausch des Busy-Seins zu frönen. Anschließend gehe ich auf das Thema der inneren Leere ein.

Der Rausch von »busy«

Busy zu sein ist ein Rauschzustand. Es kann sich großartig anfühlen, Punkt für Punkt auf seiner To-do-Liste abzuhaken, von Bildschirm zu Bildschirm zu springen und von Meeting zu Meeting zu rennen. Wir sind wach und jederzeit auf dem Sprung wie ein energiestrotzender Aufgaben-Ninja. Das Herz schlägt rasant und die verschiedensten rauscheinflößenden Botenstoffe durchströmen uns: Adrenalin, das kokainähnlich Dopamin, unser körpereigenes Opiatesystem läuft auf Hochtouren,[1] was eine Art glücksselige Benommenheit in uns auslöst, während wir das Internet nach immer neuen Informationen durchsuchen. Infolge all dieser Botenstoffe kann sich in unserem Hirn ein Bedürfniszyklus einstellen: Das Gehirn sucht nach Belohnung, erhält sie und beginnt unmittelbar danach mit einer neuen Suche. Unsere Dopamin- und Opiatesysteme sind niemals zufrieden. Wie es der Neurowissenschaftler Kent C. Berridge ausdrückte: »Solange Sie sich nicht bewegen, erneuert jeder Konsum den Appetit.«[2] Wir dürsten nach Informationen, also starten wir eine Google-Suche; sobald die Belohnung eintritt, fühlen wir uns unvernünftigerweise veranlasst, erneut danach zu streben. Und so folgt eine Suche der anderen.

Viele Wissenschaftler, die sich mit psychischer Gesundheit beschäftigen, wie etwa Dr. Kimberly Young, werben seit Jahren für die medizinische Anerkennung einer *Techniksuchtstörung*. In vielen Ländern gilt Nachrichtensucht als ernsthafter Befund.[3] Tatsächlich eröffnete Anfang 2014 in Bangalore die erste indische »Entzugsklinik für

Techniksucht« (in China gibt es bereits 300!). Es mag ein wenig zu weit gehen, Busy-Sein als Sucht zu bezeichnen, doch eines ist sicher: Blindwütige Aktivität verführt uns zu weiterer Aktivität. Busy zu sein ist ein Rauschzustand, und während dieser Rausch – in kleinen Dosen genossen – durchaus Spaß machen kann, besteht die Gefahr, dass er die Herrschaft über unser Leben, unsere Aufmerksamkeit und unsere Beziehungswelt gewinnt. Und dann sind unser Glück und unser Wohlbefinden in höchster Gefahr.

Unterwegs in die Tiefe

Busy zu sein ist nicht nur ein Rauschzustand, es schafft auch Unordnung in unserem Hirn. Zwar ist es gierig nach Neuigkeiten und fühlt sich belohnt, wenn es solche erhält, doch Unordnung und Chaos schätzt es überhaupt nicht. Unser Hirn ist am zufriedensten, wenn unsere Ziele, unsere Gedanken und unsere Aufmerksamkeit gleichgerichtet sind. Neue Informationen stimmen schon per Definition nicht mit unseren aktuellen Gedanken und derzeitigen Zielen überein. Angesichts einer großen Menge an Neuigkeiten geraten wir vom Kurs ab und verlieren unsere Ziele und Präferenzen aus dem Blick. Dabei wird Energie von unseren Prioritäten abgezogen und auf andere, weniger befriedigende Pfade gelenkt. Unsere Gedanken werden zunehmend chaotisch und hektisch und zerfasern. Dieser geistige Zustand wird als *psychische Entropie* bezeichnet;[4] er ist eher unangenehm als mit Glücksgefühlen besetzt. Busy zu sein mag einen Rauschzustand auslösen, aber eben auch psychische Entropie.

Doch was ist die Alternative dazu? Sollen wir zu Einsiedlern werden, die in einer Berghöhle Schutz vor dem 21. Jahrhundert und seinen Verlockungen suchen? Die Antwort beginnt mit einem Piepser in Chicago. Professor Mihaly Csikszentmihalyi wollte der Quelle von Glück auf den Grund gehen. Wie Cousteau wollte er tief hinabsteigen; er bezweifelte, dass Fragebögen zur Lebenszufriedenheit wirklich in der Lage wären, das Wesen des menschlichen Glücks einzufangen. Also bat er zahlreiche Probanden, Piepser am Körper zu tragen, die sich nach einem Zufallsprinzip meldeten. Sobald dies geschah, waren die Probanden gehalten, ihre Handlungen, Gefühle und Gedanken im jeweiligen Moment zu notieren. Mithilfe Hunderttausender derartiger Einträge gewann sein Team ein klares Bild davon, wie sich Glückserlebnisse im Alltag darstellen, wann sie eintreten und warum.

Eine seiner ersten Erkenntnisse lautete, dass ein altes Stereotyp in die Irre führt: Glück ist nicht, am Strand zu liegen und Cocktails zu schlürfen! Wie er feststellte, waren die Momente höchsten Glücks nicht mit Passivität oder Entspannung verbunden, sondern entstanden aus sehr aktiven Situationen heraus. Er beschrieb diese Augenblicke als *Flow*-Erlebnisse.[5] Wenn wir uns im Flow befinden, gehen wir restlos in unserer jeweiligen Tätigkeit auf. Wir verlieren unser Zeitgefühl und unser Selbstempfinden (jedenfalls ruht der innere Dialog). Flow-Erlebnisse sind das genaue Gegenteil psychischer Entropie: Unsere Ziele, Gedanken und Handlungen sind gleichgerichtet; unser Bewusstsein ist einheitlich und geordnet. Beispiele hierfür sind das halbmeditative Stadium, das man auf einer längeren Radtour erreicht, die stille Konzentration während der Reparatur eines Automotors oder das Lachen und Kichern während eines abendlichen Treffens mit Freunden.

Das Busy-Sein verhindert Flow-Erlebnisse auf dreierlei Art und Weise: Wir springen von Aufgabe zu Aufgabe, ohne uns genügend Zeit zuzugestehen, um wirklich einzutauchen (es dauert oft 15 bis 20 Minuten, um in einen Flow zu geraten); unsere Aufmerksamkeit zerfasert, da wir ständig das Umfeld nach neuem Input absuchen, sodass wir uns niemals wirklich auf eine Aufgabe einlassen; und wir neigen zu einer oberflächlichen und zweckgerichteten anstelle einer umfassenderen, nachdenklicheren und geschickteren Herangehensweise. Unsere Chancen auf ein Flow-Erlebnis sinken aufgrund hektischer, wenig zielgerichteter Aktivität.

Flow ist das Gegenmittel zu psychischer Entropie und Rauschsucht. Wir finden Glück in der intensiven Beschäftigung mit einer Aufgabe, welcher Art diese auch sei. Wir müssen nicht darauf warten, dass das Leben weniger hektisch oder interessanter wird; es genügt, sich zu entscheiden, uns voll und ganz auf die anstehende Aufgabe zu konzentrieren – uns vollständig in sie zu vertiefen, indem wir alles daransetzen, uns darin zu verbessern oder eine möglichst gute Leistung zu zeigen. Das Bad der Kinder, der monatliche Verkaufsbericht oder der Abwasch: In all diesen Dingen ist Glück zu finden, aber nur wenn wir uns ihnen mit voller Hingabe widmen.

Spaß: der Leistungssteigerer

In diesem Buch geht es nicht nur um Glücksgefühle, sondern immer auch um Erfolg. Wie sich herausstellt, steigt unsere Leistung exponentiell, wenn wir Spaß an unserer Arbeit haben, in ihr aufgehen und uns im Flow befinden. Paul O'Keefe, Assistenzprofessor am Yale-NUS College in Singapur, und Lisa Linnenbrink-Garcia von der Michigan State University haben gezeigt, dass drei Dinge geschehen, wenn Studenten Spaß an einer Aufgabe haben: Ihre Leistung steigt, sie bleiben länger fokussiert und die Arbeit strengt sie weniger an.[6] Lieben wir unsere Tätigkeit, so fällt sie uns leichter und wir führen sie besser aus. Wie weiter oben beschrieben, fühlen wir uns von einer Aufgabe weniger überfordert, sobald wir in sie vertieft sind. Mehr noch: Obwohl die Flow-Forschung sich vorrangig mit Glück beschäftigt, während Studien zu Athleten, die sich »in der Zone« befinden, auf Leistung abstellen, gilt heute als gesichert, dass beide Zustände mehr oder weniger identisch sind. Wer in einen Flow-Zustand gerät, erlebt nicht nur beglückende Gefühle, sondern kann auch sein persönliches Leistungsoptimum abrufen. Doch wie gelingt das?

Wie man in den Flow gelangt

Wenn Sie einmal kurz über Ihre eigenen Flow-Erlebnisse nachdenken, dann werden Sie rasch erkennen, dass als beglückend erlebte Momente niemals garantiert sind. Vielleicht sind Sie ein begeisterter Hobbykoch und erleben häufig den Flow, während Sie ein Soufflé oder ein süßsaures Gericht zubereiten. Doch bisweilen werden Sie dieses Gefühl einfach nicht haben – dann können Sie noch so viele Knoblauchzehen auspressen oder Früchte flambieren, es bleiben mechanische Handlungen. Wir können uns nie darauf verlassen, den Flow zu erleben, aber es gibt durchaus Bedingungen, welche die Wahrscheinlichkeit für Flow-Erlebnisse erhöhen. Mit diesen wollen wir uns im Folgenden beschäftigen.

Herausforderungen. Der erste Bestandteil von Flow-Erlebnissen sind Herausforderungen. Wenn wir uns anstrengen und unsere Talente voll ausreizen müssen – etwa bei sportlichen Wettbewerben, in einer hitzig geführten Debatte oder bei einer artistischen Darbietung –, fällt es uns leichter, in unserer Tätigkeit voll aufzugehen. Doch auch weit banalere Aufgaben können uns herausfordern. Ich denke da etwa an meine Tante Dymphna. Als frischgebackener Teenager musste ich einmal gemeinsam mit ihr nach einer großen Familienfeier das Geschirr abtrocknen (große Familie = viel Geschirr!). Als ich die Berge an Geschirr und Besteck sah, die uns erwarteten, war ich entsetzt. Meine Geschwister, Vettern und Kusinen waren derweil schon wieder im Spiel vertieft. Ich verstand nicht, dass ich im Begriff war, eine wichtige Lektion zu lernen. Dymphna ging das Abtrocknen mit einer Effizienz an, die mir bis dato unbekannt war. Ihr Trick bestand darin, drei Teller auf einmal abzutrocknen. Ebenso verfuhr sie mit Messern und Gabeln. Ich versuchte, es ihr nachzutun, und stellte fest, dass aufgrund der Herausforderung, drei auf einmal zu schaffen, ich nicht nur deutlich schneller fertig wurde, sondern die Zeit wie im Fluge verging. Ich hatte entdeckt, wie man beim Geschirrabtrocknen den Flow erreicht!

Ziele. Sich Ziele zu setzen ist tatsächlich nur eine weitere Möglichkeit, die Herausforderung zu steigern. Anstatt die Aufgabe schwieriger zu machen, können wir ihre Rahmenbedingungen so verändern, dass wir uns stärker anstrengen müssen, um das Ziel zu erreichen. Dabei können wir sogar einen Vorgang wie das Beantworten von E-Mails so beeinflussen, dass uns dieser nicht in einen Busy-Zustand versetzt, sondern ein Flow-Erlebnis beschert. Und so geht es: Reservieren Sie ein bestimmtes tägliches Zeitfenster für das Lesen und Beantworten von E-Mails. Sobald Sie nun einen Überblick über Ihre Inbox gewonnen haben, setzen Sie sich ein Ziel, etwa:»Ich werde innerhalb von 32 Minuten alle neuen E-Mails entweder beantworten oder löschen.« Stellen Sie sich dann einen großen Wecker, schalten Sie alle Ablenkungen aus und legen Sie den fünften Gang ein. Nun geschieht Folgendes: Während Sie sich bemühen, ein anspruchsvolles Ziel zu erreichen, beginnen Sie gleichzeitig, über neue Strategien zur Steigerung Ihrer Effizienz nachzudenken. Dadurch vertiefen Sie sich noch stärker in Ihre Tätigkeit und erreichen einen Flow-Zustand.

Konzentration. Wenn eine Aktivität die gesamte Konzentration beansprucht, dann ordnet dies das Bewusstsein und ermöglicht so ein Flow-Erlebnis. Felsenklettern, Schach spielen oder das Verfassen von Gedichten sind Beispiele für Tätigkeiten, die geballte Konzentration erfordern und damit die Wahrscheinlichkeit erhöhen, in den Flow einzutauchen.

Ich war früher im Ruderteam meiner Universität. Oft ruderten wir an kalten, nassen und windigen Morgen. Man bestieg das Boot in dem Wissen, dass einem ein hartes Training bevorstand. Gleichzeitig wünschte man sich, noch im Bett zu liegen oder zu Hause zu sein, jedenfalls irgendwo weit weg von diesem Ort. Beim Losrudern spürte man noch das Vortagestraining in den Knochen, war schon zu Beginn erschöpft. Doch irgendwann innerhalb der ersten Viertelstunde setzte der Flow ein und alles war vergessen. Vom Rhythmus erfüllt, auf die Mikrobewegungen des Vordermanns konzentriert, stets bemüht, das Wasserlassen (jenen Punkt, an dem das Ruderblatt ins Wasser eintaucht) exakt zu synchronisieren ... Rudern ist ein endloses Streben nach dem perfekten Schlag; es ist intensive Konzentration auf die eigenen Bewegungen, jene der Mitruderer und jene des Bootes. Es ist harte Arbeit, bedeutet aber auch tiefe Konzentration. Wenn ein Schlag in den nächsten überging, glitt auch ich sanft in einen Flow-Zustand. In diesen Momenten völliger Vertiefung war es schwer, an etwas anderes zu denken – mein ganzes Bewusstsein wurde von der Aktivität beansprucht und die daraus entstehende geistige Organisation, jene Flow-Momente, begleiten mich bis heute.

Feedback. Ein optimales Erlebnis tritt ein, wenn unsere Handlung reiches Feedback erhält und wir auf dieses Feedback achten. Tennisspieler erhalten auf jeden Schlag ein Feedback, sodass sie umgehend wissen, wie gut sie geschlagen haben. Wer vorhat, sein Spiel zu verbessern, wird durch das Feedback angestachelt, an seinem Schlag zu arbeiten, was die Aufmerksamkeit bindet und ein Flow-Erlebnis auslöst. Eine Geigerin hört, wie gut ihre Finger und ihr Bogen zusammenspielen, um das Konzert zu intonieren. Ein Gärtner erfreut sich an den täglichen sichtbaren Zeichen des Wachstums – der Anerkennung seiner liebevollen Fürsorge. Wenn wir Fortschritte bemerken, werden wir durch Freude belohnt.

Die Freuden der Festlegung

Unsere Welt des Zuviel kann uns dazu verleiten, uns alle Optionen offenzuhalten: Wir versuchen mal dieses, mal jenes und schauen dabei, ob nicht noch etwas Besseres daherkommt. Überfordert von allzu großer Auswahl und einer Vielzahl an Möglichkeiten, möchten wir auf Nummer sicher gehen. Wir springen nicht nur zwischen den Aufgaben im Beruf hin und her, sondern wechseln auch ständig unsere privaten Hobbys. Wir beginnen zu segeln und sind damit auch recht zufrieden, bis wir von einem Freund hören, der Drachenfliegen oder Wasserski betreibt.

Dan Gilbert wollte wissen, ob das Offenhalten von Optionen unsere Lebenszufriedenheit steigert oder senkt.[7] Er bat Studenten, die an einem Fotografiekurs teilnahmen, mithilfe einer Filmkamera Dinge zu fotografieren, die ihnen wichtig waren. Am Ende des Kurses wurden die Studenten gebeten, in der Dunkelkammer je einen Abzug ihrer beiden Lieblingsfotos anzufertigen. Gilbert fragte sie sodann: »Auf welches der beiden Fotos möchten Sie verzichten?« Einer Gruppe von Studenten wurde gesagt, dass sie später ihre Meinung noch ändern und sich für das andere Bild entscheiden könnten. Die andere Gruppe erhielt die Information, dass die Wahl endgültig sei und sie folglich eine klare Entscheidung treffen müssten. Das Foto werde unmittelbar nach der Wahl zur Beurteilung eingesandt und kehre nicht wieder zurück. Gilbert fragte später bei den Probanden nach, wie sehr sie mit ihrer Auswahl zufrieden seien. Wie sich herausstellte, mochten diejenigen, die ihre Entscheidung nicht rückgängig machen konnten, ihr Foto schließlich sehr. Die anderen, denen man die Wahl belassen hatte, fanden nur wenig Gefallen an ihrem Foto. Wir können Dinge besser genießen, wenn wir uns festlegen und unsere Optionen nicht länger offenhalten. Doch dieser Tatsache sind wir uns keineswegs bewusst. Als Gilbert diese Studenten fragte, an welchem Fotografiekurs sie lieber teilnehmen wollten – an jenem Kurs, der ihnen gestattete, ihre Meinung zu ändern, oder an jenem, in dem sie sich festlegen mussten –, entschieden sich zwei Drittel aller Befragten für den Kurs, der sie weniger glücklich mit ihrer letztendlichen Wahl machen würde.

In seinem wunderbaren Buch *Der längere Atem* beklagt Aikido-Meister George Leonard die Tatsache, dass so wenige Menschen bereit sind, sich langfristig auf Beschäftigungen, Aktivitäten oder Kompetenzfelder festzulegen.[8] Neue Sportarten und Hobbys locken, die anfängliche steile Lernkurve begeistert uns. Doch wenn unsere Fortschritte sich wie immer verlangsamen oder gar stagnieren, verlieren wir das Interesse und suchen nach neuen Betätigungsfeldern. Wir begreifen das Wesentliche nicht: Wahre Freude und echte Meisterschaft erwachsen aus der Reise, der Übung, dem ständigen Eintauchen in eine Beschäftigung; sie setzen voraus, dass man sich festlegt.

Dies gilt nicht nur für Hobbys, sondern auch für berufliche Karrieren und Kompetenzfelder. Mein Leben veränderte sich in dem Moment, in dem ich beschloss, mich wirklich auf mein Gebiet festzulegen – als ich nicht mehr versuchte, eine tolle Karriere hinzulegen, sondern mich stattdessen bemühte, ein besserer Psychologe zu werden. Der Wandel vollzog sich zunächst recht subtil, doch mit den wachsenden Kenntnissen stieg auch mein Interesse und ich verliebte mich wieder neu in die Psychologie. Die gewonnenen Einsichten veränderten meine Projekte; ich führte andere Gespräche als zuvor und es ergaben sich neue, hochinteressante Möglichkeiten. Meine Karriere und meine Lebenszufriedenheit verwandelten sich. Nichts davon beruhte auf härterer Arbeit; es genügte, dass ich mich festgelegt hatte. Die tiefe Hingabe löste Freude in mir aus, verhalf mir aber auch zu Chancen.

Die Bedeutung der Langeweile

Wir überladen nicht nur unseren Terminkalender, sondern auch jenen unserer Kinder. Wir melden sie für zahlreiche Freizeitaktivitäten an, um sie geistig und körperlich auszulasten. Wir chauffieren sie im Eiltempo von Unterricht zu Unterricht, felsenfest überzeugt davon, dass der damit einhergehende Stress für unsere Kinder und uns selbst es wert ist, um ihre zukünftige Gesundheit und ihren Wohlstand zu sichern. Aber stimmt diese Annahme überhaupt? Yuko Munakata, Professorin der Psychologie und der Neurowissenschaften an der University of Colorado, wollte herausfinden, welche Auswirkungen unstrukturierte Zeit auf Kinder hat. Ihre Erkenntnis: Kinder, die über mehr unverplante Zeit verfügen können und weniger formale Freizeitaktivitäten ausüben, haben stärkere exekutive Funktionen.[9] Dies bedeutet, dass sie besser und fokussierter denken können.

Wenn meine Kinder mir heute sagen, dass sie sich langweilen, so antworte ich ihnen: »Eure Langeweile ist das größte Geschenk, das ich euch machen kann.« Es ist großartig, wenn wir unseren Kindern Lern- und Entwicklungsmöglichkeiten bieten, aber sie brauchen auch Zeit, die nicht von Erwachsenen verplant wird. Sie benötigen Zeit, um mithilfe ihrer Fantasie einen Stock in ein Laserschwert zu verwandeln oder eine Milchtüte in eine Pressform für Lehmziegel. Langeweile ist wertvoll, enthalten Sie sie Ihren Kindern nicht vor!

Tief in Ihre drei Sekunden hinein

Als René Descartes 1637 die Inspiration für den Keanu-Reeves-Kassenschlager *Die Matrix* erfand, war er sich über eine einzige Sache im Klaren: Wir wissen nur eins mit Sicherheit, und das ist, dass wir über eine geistige Erfahrung verfügen. (»*Cogito ergo sum*« – »Ich denke, also bin ich.«) Unsere Erfahrungswelt kann real sein, ein Traum oder auch die »Matrix«, aber unsere diesbezüglichen Gedanken sind zweifellos real. Ob man nun ein Anhänger von Descartes (oder Keanu Reeves) ist oder nicht, hat er doch einen wichtigen Gedanken festgehalten: Unsere Erfahrungen und unsere Aufmerksamkeit sind alles, was wir besitzen.

Doch wenn wir uns nur auf unsere Moment-zu-Moment-Erfahrung, unsere Aufmerksamkeit, verlassen können, wie lange währt diese? Aus psychologischer Sicht dauert die Gegenwart etwa drei Sekunden. Jenseits dieser drei Sekunden ordnen wir Erlebnisse der Vergangenheit oder der Zukunft zu; wir erleben sie nicht als gegenwärtig. Man könnte daher behaupten, dass das ganze Leben eine lange, drei Sekunden währende Blase ist und wir nichts weiter besitzen. Unsere gesamte Aufmerksamkeit richtet sich auf diese drei Sekunden, daher sollten wir sie bestmöglich nutzen. Flow ist nicht die einzige Möglichkeit, das Präsens in die Länge zu ziehen. Im Folgenden untersuchen wir, wie man tiefer in den Moment eintauchen und die eigenen drei Sekunden dadurch intensiver durchleben und erfahren kann.

Die Freuden der vollen Aufmerksamkeit

Wahre Freude setzt volle, ungeteilte Aufmerksamkeit voraus. Wir sind jedoch nicht gewohnt, diese zu schenken; wir üben nicht, geistig voll anwesend zu sein. Wenn wir einen ungenutzten Moment haben, dann füllen wir ihn mithilfe unseres Smartphones. Erfahrungen reichern wir mit weiteren Reizen an; wir betreiben Multitasking sowohl zur Zerstreuung als auch, um produktiver zu sein. Während wir telefonieren, surfen wir im Internet oder gehen auf Facebook. Wir tweeten, während wir fernsehen, oder lesen E-Mails, während wir mit den Kindern spielen. Da wir nicht mehr über die Fähigkeit verfügen, vollkommen in die Gegenwart einzutauchen, erfüllen uns unsere schönen Momente nicht mehr ohne den Zusatz künstlicher Reize. Wenn es uns nicht gelingen sollte, unsere Beobachtungs- und Genussfähigkeit wiederherzustellen, werden wir immer stärker in unbefriedigende und nicht nachhaltige Aktivitäten hineingezogen, die nur dafür sorgen, dass wir busy sind.

Halten Sie daher kurz inne und versuchen Sie, sich an Ihre schönsten Momente während der letzten Wochen zu erinnern. Es werden ausnahmslos Situationen sein, in denen Sie Ihre Aufmerksamkeit vollständig auf etwas richteten, den Moment auskosteten und geistig voll anwesend waren. Der Weg zu größerem Glück und Wohlbefinden muss nicht schwierig sein, aber er fordert von uns doch die Erkenntnis, dass geteilte Aufmerksamkeit unsere Konzentrationsfähigkeit aushöhlt, unsere Fähigkeit, Freude zu erleben, schwächt und unsere drei Sekunden vergeudet.

Genießen Sie den Augenblick

Wie gut gelingt es Ihnen, den Augenblick zu genießen? Wie gut können Sie genussvoll in einem Erlebnis verweilen oder einem Moment, einem Gefühl oder einem Gedanken Ihre volle Aufmerksamkeit schenken? Wer ein Leben lang auf Hochtouren gelaufen ist und ständig busy war, verliert oft die Fähigkeit, innezuhalten und wahrzunehmen, zu *fühlen* statt zu *tun*. Das Busy-Sein führt dazu, dass wir unsere drei Sekunden aushöhlen. Zurück bleibt dann nur die leere Hülle geteilter, gedehnter und partieller Aufmerksamkeit.

Fred B. Bryant und Joseph Veroff von der Loyola University sind die Gründer der Savoring- (»Genuss«-) Bewegung.[10] Sie haben Tausende von College-Studenten getestet und entdeckten dabei Techniken, welche die Genussfähigkeit steigern. Da unser hektisches Leben es erschwert, die Gegenwart wahrzunehmen und zu genießen, möchte ich Ihnen drei Übungen vorstellen, die Ihnen die Rückkehr in die Gegenwart erleichtern.

Happy attacks. Mein Schwiegervater Barry Horner ist Künstler und eine inspirierende Persönlichkeit. Er hat eine fantastische kleine Gewohnheit entwickelt, die viele Menschen in seinem Umfeld übernommen haben – so auch ich. Bei scheinbar zufälligen Gelegenheiten, etwa beim Abendessen oder während eines Gesprächs oder einer Aktivität, ruft er plötzlich aus:»Ich habe gerade einen happy attack!« Also einen Glücksanfall. Das geschieht, wenn er bemerkt, dass er den Augenblick wirklich genießt. Die Wirkung entfaltet sich auf drei Ebenen: Es hilft ihm, großartige Momente unmittelbar herauszustellen und mehr zu genießen (wie oft erkennen wir einen solchen Moment erst, wenn er vorüber ist?); es ist großzügig, da andere eingeladen werden, den Moment mitzufeiern; und es bleibt haften – ein so unkompliziertes Verhalten wird schnell zur Gewohnheit. Meine Frau und ich haben es uns so sehr zu eigen gemacht, dass wir unsere kleine Jolle »Happy Tac!« genannt haben – ein Name, der uns immer wieder zum Schmunzeln bringt.

Ganz ohne Absicht hat Barry seine eigene Version dessen entwickelt, was Bryant und Veroff als »mit anderen teilen« bezeichnen würden. (Ich bevorzuge »happy attack«.) Die Fähigkeit, anderen seine Freude über den jeweiligen Augenblick mitzuteilen, ist vermutlich der beste Gradmesser des eigenen Vergnügens.

Haben Sie einen »happy attack«? Teilen Sie ihn mit anderen!

Den Blick schärfen. Beim Schärfen des eigenen Blicks richtet man seine Aufmerksamkeit bewusst auf bestimmte Elemente des aktuellen Erlebnisses und blendet andere aus. So könnte man beispielsweise besonders auf das Schlagzeug in einem seiner Lieblings-Rocksongs achten, die vielen verschiedenen Grüntöne eines Waldes bemerken oder versuchen, den Gesang eines bestimmten Vogels herauszuhören.

Meinen eigenen Blick zu schärfen lernte ich zufällig. Ich bin beruflich viel unterwegs und reise oft in hochinteressante Städte. Dabei fiel mir auf, wie kalt mich einige der Sehenswürdigkeiten in so unglaublichen Städten wie Istanbul, Hyderabad oder Lima ließen. Oft ging ich dort gelangweilt oder müde auf mein Hotelzimmer, um noch ein wenig zu arbeiten. Ich erkannte bald den Grund dafür: Ohne Dulcie, meine Ehefrau und beste Freundin, an meiner Seite gelang es mir nicht, den Augenblick voll zu genießen. Ich hatte niemanden, mit dem ich meine Erlebnisse teilen, dem ich meine »happy attacks« mitteilen konnte. Zufällig hatte Barry damals gerade einen Verein für Fotografie gegründet. Ich verfügte über wenig künstlerische Talente oder auch nur visuelle Ausdrucksfähigkeit; alle meine Fotos waren bis dahin minderwertige Urlaubsbilder gewesen. Doch Dulcie und ich entschlossen uns spaßeshalber, dem Verein beizutreten. Überraschenderweise veränderte dieser kleine Schritt meine Reiseerfahrungen grundlegend. Wenn ich mich in fremdartigen und exotischen Städten bewegte, hatte ich nun eine Mission. Ich betrachtete nicht nur die Sehenswürdigkeiten, sondern suchte nach großartigen Fotomotiven. Meine Kameralinse fokussierte und zoomte und meine Aufmerksamkeit tat dasselbe. Ich saugte die Anblicke in mich auf und war hungrig nach mehr. Ich sprach Einheimische an (die ich fotografieren wollte), die ich anderenfalls gar nicht bemerkt hätte. Ich lernte, das Reisen und die besuchten Städte wirklich zu genießen; meine Erlebnisse begeisterten und erregten mich. Mein Hotelzimmer sah mich kaum noch.

Denken Sie an eine potenziell vergnügliche Aktivität, die Sie sich für heute im Büro oder in Ihrer Freizeit vorgenommen haben. Wie könnten Sie Ihre Aufmerksamkeit auf einen bestimmten Aspekt dieses Erlebnisses richten, damit Sie es besser genießen können?

Versinken. »Sei still!« Bei dieser Technik zur Steigerung der Genussfähigkeit geht es darum, den inneren Dialog in Ihrem Kopf zum Schweigen zu bringen. Wir wissen heute, dass das Nicht-Denken eine vorsätzliche Handlung ist: Der Normalzustand ist, dass unser Hirn zwischen verschiedenen Gedanken, Bildern und Erinnerungen hin und her springt. Diese inneren Ablenkungen bewirken zusammengenommen, dass man gedanklich abschweift. Das Versinken ist der Versuch, dem Denken einen Riegel vorzuschieben, um sich ganz auf unsere Sinneserfahrungen einzulassen. Wenn Sie etwa in ein wohltuendes Bad versinken, dann nehmen Sie sich Zeit, um das Gefühl des heißen Wassers, das Ihre Haut berührt, wahrzunehmen. Spüren Sie die Luftblasen und die kleinen Wellen und versinken Sie in der sanften Umarmung des Wassers, dessen Wärme Sie bis ins Innerste durchdringt. Genauso könnten Sie intensiv den Geschmack einer leckeren Mahlzeit auskosten und sich ganz darauf konzentrieren, in den einzelnen Geschmacksnuancen zu schwelgen. In beiden Fällen erleben Sie etwas ganz anderes, als wenn Sie einfach nur ins Bad hineinhüpfen und nach einer Zeitschrift greifen oder auf Ihrer Mahlzeit herumkauen, ohne deren Geschmack und Beschaffenheit wirklich zur Kenntnis zu nehmen.

In welcher sinnlichen Erfahrung könnten Sie schwelgen und so Ihr überaktives Hirn zum Schweigen bringen (wenigstens für einige Minuten), indem Sie sich ganz auf diese Gefühle konzentrieren?

Weniger ist mehr

Vor einigen Jahren nahm ich an mehreren Junggesellenabschieden teil. Einmal flogen wir für ein Wochenende voller Spaß und Aktivitäten in eine ausländische Stadt. Wir besuchten die Sehenswürdigkeiten, durchkämmten die Clubs und machten sogar noch einen Ausflug zu einem berühmten Ferienort, der eine Stunde entfernt lag. Alles war wunderbar geplant und perfekt durchgeführt. Einige Monate später fand ein weiterer Junggesellenabschied mit ebenso vielen Teilnehmern statt, diesmal in einer Berghütte mit ausreichendem Vorrat an Nahrungsmitteln und Bier. Wir hingen einfach zusammen herum und gingen ein wenig spazieren. Nun, welches der beiden Wochenenden war das bessere? Fraglos das zweite: Wir hatten mehr Zeit, einfach zusammen zu sein. Die ganzen Aktivitäten des ersten Wochenendes verhinderten, dass wir miteinander Spaß hatten. Wir sammelten Anekdoten, die wir bei der Rückkehr erzählen konnten, anstatt uns auf den Augenblick zu konzentrieren. Tatsächlich gewinnt jedes (positive) Erlebnis dadurch, dass wir ein wenig mehr Zeit und Aufmerksamkeit darin investieren.

Beim ersten Junggesellenabschied waren wir so sehr mit dem Planen der nächsten Aktivität beschäftigt oder aber dorthin unterwegs, dass wir kaum noch Zeit für gute Unterhaltungen hatten. Unsere Aufmerksamkeit war zu sehr zersplittert, als dass sie sich intensiv auf unsere Gespräche und die jeweiligen Orte hätte richten können.

Wir waren so sehr mit dem *Tun* beschäftigt, dass wir keine Möglichkeit mehr hatten, einfach nur zu *sein*. Manchmal kann man tiefe Freude entdecken, indem man zu einem so einfachen Mittel greift, wie absichtlich weniger zu tun.

- Wie könnten Sie weniger tun, um Ihr Erlebnis besser auszukosten?
- Wie könnte eine Reduzierung Ihrer Interessen oder Hobbys Ihr Leben bereichern, indem sie Ihnen erlaubt, sich stärker auf weniger Aktivitäten zu konzentrieren?

Tief drinnen

Bislang habe ich ein Spektrum gezeichnet, an dessen einem Ende sich die zerfaserte, leicht ablenkbare und seichte Aufmerksamkeit befindet, die das Busy-Sein kennzeichnet, und an dessen anderem Ende echte Hingabe und konzentrierte Aufmerksamkeit stehen. Ich habe erläutert, dass Busyness zwar ein Rauschzustand, aber nicht der Weg zum Lebensglück ist. Um Freude zu finden, müssen wir tief in unseren Erlebnissen und Augenblicken versinken. Doch das genügt noch nicht. Tatsächlich gibt es noch einen anderen Ort, der für unser Lebensglück ebenso wichtig ist – ein Ort, der in unserer heutigen Welt ebenso bedroht ist wie tiefe Aufmerksamkeit. Dieser Ort befindet sich in uns selbst; er tritt immer dann in Erscheinung, wenn wir untätig und mit unseren Gedanken allein sind.

Allein mit seinen Gedanken

Wie gerne sind Sie allein? Wenn es Ihnen wie den meisten Menschen geht, lautet Ihre Antwort: »Nicht sonderlich gern.« In einer erstaunlichen Testreihe, die der einflussreiche Psychologieprofessor Timothy D. Wilson durchführte, wurde sogar gezeigt, dass viele Menschen sich lieber Elektroschocks verabreichen, als allein zu sein und auf alle

Reize zu verzichten![11] Einige Stunden zuvor hatten die Probanden den gleichen elektrischen Schock erhalten und ihre Bereitschaft bekundet, dafür zu bezahlen, ihn nie wieder erleiden zu müssen. Doch angesichts einer sechs- bis fünfzehnminütigen Zeitspanne ohne jegliche äußerlichen Reize nahmen sie lieber den Elektroschock in Kauf, als sich mit den eigenen Gedanken befassen zu müssen.

Vielleicht halten Sie nun die erwähnte Studie (die immerhin in der Zeitschrift *Science* veröffentlicht wurde) für verrückt, doch Wilsons Erkenntnisse decken sich mit jenen aus anderen Untersuchungen. So stellte Christopher K. Hsee von der Booth School of Business fest, dass Menschen jede nur denkbare Ausrede recht ist, um freie Minuten mit sinnloser Aktivität zu füllen, wenn die Alternative im Nichtstun besteht.[12] Ebenso wie Wilson erkannte er auch, dass Menschen bei sinnloser Beschäftigung glücklicher sind als bei Untätigkeit.

Das Ruhezustandsnetzwerk. Eine der wichtigsten Entdeckungen der letzten Jahre in den Neurowissenschaften ist das sogenannte Ruhezustandsnetzwerk.[13] Damit bezeichnet man eine Gruppe von Gehirnregionen, die bei Abwesenheit äußerer Informations- oder Aktivitätsreize aktiviert werden. Dies geschieht beispielsweise, wenn wir im Wartezimmer des Arztes sitzen und keinen Zugang zu Zeitschriften haben, wenn wir unter der Dusche stehen, uns auf dem Weg zum Bahnhof befinden oder wenn wir in uns selbst versunken sind, allein mit unseren Gedanken, Träumen und Grübeleien. Dass unser Gehirn sehr aktiv ist, wenn wir busy oder konzentriert sind, überrascht nicht. Doch im anderen Fall könnte man vermuten, dass sich im Kopf wenig abspielt. Falsch – wenn keine aufgabenspezifische Anforderung besteht, wird unser Gehirn sehr aktiv. Die Frage lautet: Warum?

Tatsächlich sorgt das Ruhezustandsnetzwerk dafür, die *eigene Identität zu erfinden!* Wenn Sie in sich hineinhorchen und sich die Frage »Wer bin ich?« stellen, dann stellen Sie fest, dass Ihr Ich-Bewusstsein die Summe vieler Erfahrungen, Rollen, Überzeugungen, Ideen, kultureller Assoziationen und Gefühle ist. Aus diesem Webteppich aus unverbundenen Gedanken und Erinnerungen erwächst auf mysteriöse Weise ein Identitätsgefühl. Wenn wir uns mit einer Aufgabe beschäftigen, erzeugen wir Input und Reize, mit denen das Gehirn arbeitet. Diese Information ist unverarbeitet und äußerlich. Erst wenn wir mit diesem Input spielen und ihn mit unseren eigenen Erfahrungen verknüpfen, beginnt sich ein Sinn herauszuschälen. Wir müssen ihn erst in unser Weltverständnis integrieren, um uns entwickeln und lernen zu können. Im Verlauf dieses Prozesses verwandeln wir äußerliche Rohdaten in etwas Persönlicheres: *Ihre* Meinung, *Ihre* Einsichten und *Ihre* Weisheit.

Die Bedeutung des Nichtstuns. Dies führt uns unmittelbar zum Thema »Busy-Sein« zurück: Wie viel Zeit steht Ihnen zur Verfügung, um in aller Ruhe zu verarbeiten, zu reflektieren und zu integrieren? Wir haben gesehen, welche Folgen all die Anforderungen in unserer Welt des Zuviel zeitigen: Konzentrierte Aufmerksamkeit und Hingabe haben keine Chance angesichts von Hektik, Multitasking und Aufgabenstau. Doch die Reizüberflutung kann ebenso folgenreich sein. Wir tragen heute ständig Reiz aussendende Geräte mit uns herum, die jederzeit einsatzbereit sind, wenn wir uns gerade keiner Aufgabe widmen. Zuhause haben wir zahlreiche weitere Geräte, die sicherstellen, dass unser Gehirn nie auf sich allein gestellt ist.

Konzentrierte Aufmerksamkeit und Hingabe sind das Futter, das die nötige Energie freisetzt, damit wir überleben und uns entwickeln können. Reize und Medienkonsum wirken wie Kaugummi; sie halten uns beschäftigt, bieten aber wenig. Das Ruhezustandsnetzwerk ist dem Verdauungssystem vergleichbar: Es ist unverzichtbar, um die Nahrung in den Körper zu integrieren und ein Wachstum zu ermöglichen. Ich glaube nicht, dass wir heutzutage genug verdauen.

Die Leere auflösen. Wie ich anhand des ungesunden Dreiecks des Busy-Seins erläutert habe, verursacht dieser Zustand eine zunehmende Leere in unserem Leben, die wir mit Aktivität zu füllen versuchen. Ich habe gezeigt, dass eine Fokussierung auf Werte anstatt auf ein »Mehr« dazu führt, dass wir weniger hektisch und busy sind. Und schließlich habe ich darauf hingewiesen, dass tiefe Hingabe und Flow-Erlebnisse glücklicher machen als der Rausch des Busy-Seins. Beide Strategien mindern das Gefühl innerer Leere. Im Folgenden möchte ich Ihnen eine weitere Strategie vorstellen, um mehr Lebensglück zu finden: die Leere akzeptieren.

Was meine ich mit dem Begriff der Leere? Das Konzept der inneren Leere ist in jüngerer Zeit von einer Reihe von Denkern untersucht worden, darunter Friedrich Nietzsche, Jean-Paul Sartre und Mark Rothko. Meines Erachtens schlummert in jedem Menschen ein Raum vollkommener Leere, und dieser Ort ist kein fröhlicher. Er hat seinen Ursprung in unseren unerfüllten Bedürfnissen, ungelösten Problemen und vereitelten Wünschen. Diese Leere wirkt sich stets auf uns aus: Sie ist die Quelle unserer Zweifel, Ängste und Sehnsüchte, und sie ist das dunkle Loch, aus dem unser Grübeln entsteht.

Schon in den Fünfzigerjahren sagte Martin Heidegger voraus, dass uns die technische Entwicklung so sehr blenden und verzaubern könnte, dass wir eines Tages nur noch zu rechnendem Denken fähig wären. Auf der Strecke bliebe dabei das besinnliche Denken, das uns erst zum Menschen mache.[14] Wenn wir uns besinnen, denken wir über unser Dasein, unsere Wahrheiten und den Sinn unseres Lebens nach. Wir geben allen Aspekten unseres Daseins – positiven wie negativen – einen Sinn und entwickeln Authentizität. Fehlt besinnliches Denken, bleibt unsere innere Leere unbearbeitet, rau und dunkel. Wenn es stimmt, dass viele Menschen eine Abneigung gegen das Nichtstun entwickelt haben, wie Hsee schreibt, dann verhindern unsere Reiz aussendenden Geräte, dass wir jene psychische Arbeit leisten, ohne die wir nicht zu ganzen Menschen werden können. Wenn wir keine Zeit in unserem Inneren verbringen und unseren Dämonen sowie unseren Träumen nicht ins Auge blicken, können wir weder unsere Probleme lösen noch unseren Kümmernissen einen Sinn abgewinnen – und auch nicht entscheiden, welche Zukunft wir uns wünschen. Beschäftigen wir uns nicht mit unseren Gedanken und Sorgen, können wir nicht von ihnen lernen und wachsen. Ohne Zeit in unserem Inneren zu verbringen, können wir nicht zu uns selbst finden und unsere Möglichkeiten sowie unser Potenzial verwirklichen.

Das Glücksparadox

Meine Frau hatte sich böse den Knöchel verrenkt. Ihr Fuß schwoll an und schmerzte, sodass sie ihn am liebsten dauerhaft hochgelegt hätte. Doch ihr Arzt hatte andere Vorstellungen. Er wies sie an, normal zu gehen und bei jedem Schritt darauf zu achten, dass der Fuß vollständig abrollte. Es war qualvoll. Sie hätte jederzeit lieber den Fuß hochgelegt. Doch der einzige Weg zur Besserung bestand darin, dem Schmerz zu widerstehen, und so tat sie einen schmerzvollen Schritt nach dem anderen und fand Heilung.

Die Erkenntnis von Wilson und Hsee, wonach aktives Handeln (selbst wenn dieses sinnlos ist) uns glücklicher macht als Nichtstun, ist zutreffend. Doch sie trifft den Kern der Sache nicht. Denn nur wenn wir unsere Gedanken verarbeiten – und auch unsere Sorgen, Probleme und innere Leere –, bauen wir die nötigen inneren Ressourcen auf, mit deren Hilfe wir künftigen Kümmernissen widerstehen können. Verzichten wir darauf, fehlt uns der Abwehrmechanismus gegen die aufziehenden Wolken der Dumpfheit. Dann dürsten wir vielleicht nach äußerer Anerkennung durch Geld, Ansehen oder Beliebtheit, was unser Busy-Sein verstärkt. Oder aber wir versuchen schlicht, das Geheul unserer Existenzangst zu ersticken, indem wir uns in gedankenlose, hektische Aktivität stürzen. In beiden Fällen treibt uns unbearbeitete Leere in die dürren Arme des Busy-Seins – eine höchst unbefriedigende Aussicht.

Das Glück verdienen

Lebensglück ist ein Schatz, den man sich verdient. So gilt beispielsweise, dass Flow nur erleben kann, wer sich voll auf eine Tätigkeit konzentriert und an seine Grenzen geht. Das Gleiche gilt, wenn wir untätig sind. Es kostet Zeit und die Bereitschaft, die vorbereitende Arbeit zu leisten, will man gedankliches Glück erleben, wenn man allein ist und keine Reize zur Hand hat. Wir müssen uns diese Glücksgefühle durch Phasen des Nichtstuns und der Besinnung erarbeiten.

Meines Erachtens kommt es sowohl auf aktives wie auch auf passives Glück an. Unser Leben ist erst dann vollkommen glücklich, wenn wir vollständig in unserer Tätigkeit aufgehen und im Nichtstun völlig zufrieden sind.

Praktische Tipps

In die Tiefe gehen und das Vorgefundene bearbeiten kann eine vertrackte Angelegenheit sein. Es kostet Zeit und eine Pauschallösung gibt es nicht. Gleichwohl ist dies ein Praxisratgeber und so möchte ich Ihnen einige Hinweise an die Hand geben.

Tote Zeit. Das US-amerikanische Amt für Arbeitsmarktstatistiken hat in einer kürzlich durchgeführten Studie über die Zeitnutzung der Amerikaner festgestellt, dass 83 Prozent aller Menschen in den USA sich keinerlei Zeit zum »Entspannen oder Nachdenken« nehmen.[15] Gefangen zwischen Produktion und Konsum, gelingt es ihnen, sich nahezu permanent zu beschäftigen. Damit sind wir die erste Generation, die ohne Zeit zum Abschalten auskommt; keine bisherige Generation war so wenig allein mit ihren Gedanken. Unsere tollen Gerätschaften ermöglichen uns eine Überstimulation, die uns von Glück und Erfüllung wegführt.

Welche Zeitspannen könnten Sie am besten nutzen, um sich »tote Zeit« zu verschaffen? In meinem Fall ist es Reisezeit: Ich reise sehr viel. Früher war es mir wichtig, diese Zeit zu nutzen oder zumindest interessant zu gestalten. Ich hörte mir Podcasts von Vorlesungen an, las etwas auf meinem Kindle oder gelegentlich auch in einem gedruckten Buch – Hauptsache, jede Sekunde meiner Reisezeit war mit Lerninhalten gefüllt, selbst die Fahrt zum Flughafen und der Weg durch die Sicherheitskontrolle. Doch ich merkte, dass das beständige Lernen mir weder Zeit noch Raum ließ, auch einmal zurückzutreten, um die gelesenen oder gehörten Forschungsergebnisse und Gedanken zu verarbeiten und mir zu eigen zu machen. Daher habe ich damit begonnen, mir auf diesen Reisen tote Zeit zu verschaffen: Zeit ganz ohne Inputs oder Reize, Zeit für gedankliches Dahinschlendern. Alle wirklich guten Ideen für dieses Buch sind mir in solchen Momenten gekommen.

Achten Sie auf den Schimpansen. Eines der größten Vorzüge von Steve Peters Schimpansen-Konzept (siehe Kapitel 8) ist dessen Fähigkeit, Gefühle zu externalisieren. Das Konzept ermöglicht es einem, Gefühle und Gedanken getrennt zu betrachten, sodass irrationale Sorgen und Ängste dem »Schimpansen« zugeordnet werden können und als normal erscheinen. Der »Mensch« kann sie dadurch beobachten, darüber nachdenken und daraus lernen. Zu den Kernelementen von Achtsamkeit gehört das Vermögen, aufmerksam zu sein und die eigenen Gedanken zu registrieren, aber gleichzeitig eine gewisse Distanz zu wahren, nicht zu werten oder sich von ihnen beherrschen zu lassen.

Es scheint mir, als wäre es angesichts eigener Furcht oder Beklemmung leichter, sich zu sagen: »Ach, da ist mal wieder der Schimpanse am Werk«, um so etwas Abstand von derartigen Gefühlen zu gewinnen. In den romanischen Sprachen wie auch im Deutschen heißt es »Ich *habe* Angst«, was mir als eine viel hilfreichere Beschreibung erscheint als das englische »Ich *bin* ängstlich«.

Das richtige Personalpronomen. Wie spricht man eigentlich mit sich selbst? Diese Frage stellte sich Ethan Kross, ein Assistenzprofessor an der University of Michigan, als er eine rote Ampel überfuhr und sich selbst bei der Äußerung »Ethan, du Idiot!« erwischte. Er überlegte, welchen Unterschied es wohl machen würde, wenn er beim Selbstgespräch statt der dritten Person Singular das Wort »ich« verwendet hätte. Er bat einige Probanden, einen Vortrag mit nur fünf Minuten Vorbereitungszeit zu halten. Manche dieser Menschen bat er, sich selbst mit dem Wort »ich« anzusprechen; andere ersuchte er, ihren eigenen Namen zu verwenden. Er stellte fest, dass die Mitglieder der ersten Gruppe einen gefühlsbetonten inneren Monolog hielten: »Ich kann das nicht tun. Ich werde aussehen wie ein Idiot. Ich werde meinen Text vergessen. Ich wünschte, ich hätte meine andere Hose angezogen!« Jene hingegen, die sich selbst in der dritten Person ansprachen, waren zumeist rationaler und unterstützender: »Tony, es wird schon gut gehen. Du hast doch schon so viele Vorträge gehalten.« Mithilfe dieser kleinen Veränderung der Selbstansprache konnten die Probanden eine größere innere Distanz entwickeln.[16]

Wenn Sie also einmal allein mit Ihren Gedanken sind und ins Grübeln geraten, dann erwischen Sie sich bei »Ich«-Aussagen. Zwingen Sie sich nicht zu übertrieben positiven Beteuerungen, sondern fangen Sie einfach an, in der dritten Person mit sich zu reden. Ihre innere Stimme wird sich auf ganz natürliche Weise von Emotionen befreien und beginnen, Sie durch die Herausforderungen hindurch zu begleiten.

Das Wichtigste in Kürze

Dieses Kapitel erläutert, dass der Pfad zum Lebensglück nicht in dem von Aktivität und Reizen ausgelösten Rausch zu finden ist, sondern durch tiefes Eintauchen in Erlebnisse und Augenblicke sowie in das eigene Innere.

Rausch und Glück

Busy zu sein ist ein Rauschzustand, der alle Botenstoffe zum Fließen bringt: Adrenalin, Dopamin und Opiate. In kleinen Dosen genossen kann das Spaß machen, aber allzu leicht kann es auch die Herrschaft über unser Leben gewinnen.

Unterwegs in die Tiefe

- *Ein Flow-Erlebnis ist ein Zustand optimalen Erlebens*, in dem wir uns einer Tätigkeit voll hingeben und das Gefühl für Zeit und Raum verlieren.
- Flow-Erfahrungen motivieren uns dazu, dem *Pfad der Hingabe* zu folgen. Dabei tauchen wir auf ganz natürliche Weise tiefer in Aktivitäten ein, die zu unseren Stärken und Werten passen, und *entwickeln dadurch automatisch Alleinstellungsmerkmale.*
- *Flow ist das Gegenmittel* zu einem Leben voller Ablenkungen und zur Rauschsucht.
- *Streben Sie nach dem Flow*, indem Sie sich Herausforderungen stellen, Ziele setzen, auf Erlebnisse konzentrieren und Feedback einholen.

Tief in Ihre drei Sekunden hinein

- Aus psychologischer Sicht *dauert die Gegenwart drei Sekunden*. Alle unsere Erfahrungen vollziehen sich innerhalb dieser Drei-Sekunden-Blasen. Um Rausch durch Tiefe zu ersetzen, müssen wir innerhalb unserer drei Sekunden intensiver und mit größerer Hingabe leben.
- *Zeitmanagement* verleitet uns oft dazu, unsere Zeit und Aufmerksamkeit zu fragmentieren und weniger engagiert zu sein. Konzentrieren Sie sich lieber auf *Aufmerksamkeitsmanagement*.
- *Genießen Sie schöne Momente* intensiver, indem Sie »*happy attacks*«, also Glücksanfälle, bemerken, Ihren Blick schärfen und Ihre Fähigkeit steigern, im jeweiligen Moment *zu versinken*.

Tief drinnen

- Wir fürchten uns vor dem Nichtstun, da es uns zwingt, uns mit unserer inneren Leere auseinanderzusetzen. Tatsächlich würde sich mancher lieber einen Elektroschock versetzen, als mit seinen Gedanken allein zu sein!
- Beim Nichtstun steigt die Blutzufuhr ins Gehirn, denn das Ruhezustandsnetzwerk leistet wichtige Arbeit.
- Das Ruhezustandsnetzwerk verarbeitet unsere Erfahrungen; es ist unverzichtbar, wenn wir lernen, wachsen und uns von den Problemen und Schmerzen, die unsere innere Leere verursacht, befreien wollen.
- Das Glücksparadox: Wir sind glücklicher, wenn wir aktiv sind, doch wir werden kein wirklich glückliches und erfülltes Leben führen, wenn wir nicht untätig sind.

Machen Sie dies sofort

Steigern Sie Ihre Freude

Finden Sie heraus, wann Sie in einer typischen Woche Flow-Erlebnisse haben, und verwenden Sie mehr Zeit auf Aktivitäten, die diesen Zustand befördern.

Lösen Sie Flow-Erlebnisse aus

Wählen Sie eine wichtige Aktivität oder Aufgabe, auf die Sie derzeit viel Zeit verwenden. Steigern Sie Ihre geistige oder körperliche Herausforderung, indem Sie die Aufgabe erschweren (drei Teller auf einmal abtrocknen) oder indem Sie die Zielmarke weiter stecken.

Tote Zeit

Achten Sie darauf, etwas Zeit zu verschwenden – und zwar täglich. Verbringen Sie diese Zeit ganz allein, nur mit sich und Ihren Gedanken.

Probieren Sie das mal aus

Weniger tun

Versuchen Sie, in der kommenden Woche weniger zu tun, sowohl beruflich wie privat. Dies bedeutet nicht, dass Sie weniger arbeiten oder feiern sollten, sondern nur, dass Sie sich insgesamt mit weniger Dingen beschäftigen.

Happy attacks

Wenn Sie einen Moment echten Glücksgefühls erleben, lassen Sie ihn nicht unbemerkt verstreichen. Widmen Sie ihm Ihre volle Aufmerksamkeit, indem Sie laut ausrufen, dass Sie gerade einen »happy attack« haben.

Das richtige Personalpronomen

Fangen Sie die Stimmen in Ihrem Kopf ab, die das Wort »ich« benutzen. Sie werden feststellen, dass die Zeit, die Sie allein mit Ihren Gedanken verbringen, konstruktiver und weniger emotionsgesteuert ist, wenn Sie etwas Distanz schaffen. Das gelingt, indem Sie Ihren inneren Monolog auf »du« umstellen.

Kapitel 12
Das Busy-Sein überwinden

(Wie Sie Ihren guten Vorsätzen treu bleiben)

An einem bitterkalten Morgen des Jahre 1916 erreichten Floyd und Glenn Cunningham ihr Schulgebäude im ländlichen Kansas. Sie waren die ersten Ankömmlinge an diesem Morgen. Daher gingen die beiden Schüler wie an den meisten Tagen zum Ofen, tränkten das Holz in Kerosin (damit es besser brannte) und entzündeten das Feuer. Doch unglücklicherweise hatte jemand den Fehler begangen, den Kanister mit Benzin statt mit Kerosin zu befüllen. Es kam zu einer Explosion, die den dreizehnjährigen Floyd das Leben kostete. Sein jüngerer Bruder Glenn wachte einige Tage später im Krankenhaus auf, vor Schmerzen schreiend; sein Unterkörper war von den Flammen übel zugerichtet. Zunächst befürchteten die Ärzte, dass er sterben würde. Er überlebte, doch seine Beine sollten amputiert werden: Seine Haut war verbrannt, er hatte alle Zehen am linken Fuß verloren und sein rechter Fuß war vom Feuer so stark verformt worden, dass er um fünf Zentimeter geschrumpft war. Doch Glenn hatte andere Vorstellungen. Er schrie so laut und beharrlich, dass man beschloss, ihn gewähren zu lassen und abzuwarten, wie er mit seinen zerfetzten Beinen zurechtkam.[1]

Fest stand, dass es nicht leicht sein würde, seine Beine wieder zum Leben zu erwecken. Er musste furchtbare Streckübungen und Massagen über sich ergehen lassen, die seinen Bekundungen zufolge »verdammt weh taten«. Die meisten Kinder hätten nun aufgegeben, aber er war fest entschlossen, wieder laufen zu können. Als sein Vater müde wurde, die schmerzhaften Streckübungen und Massagen zu verabreichen, bat Glenn seine Mutter, diesen abzulösen, und als diese wiederum erschöpft war, übernahm er die Aufgabe selbst.

1919 schob ihn die Mutter im Rollstuhl nach draußen, nur um ihn später auf den Knien vorzufinden. Sie eilte zur Hilfe, in der Annahme, dass er diese benötigte, doch er schob sie zur Seite und kroch weiter in Richtung des Gartenzauns. Pfahl für Pfahl hangelte er sich an diesem entlang und zwang so seine Beine, sich zu bewegen. In den folgenden Monaten arbeitete er sich so intensiv am Zaun ab, dass er eine Spur in der Grasnarbe hinterließ.

Nach vielen Monaten dieses selbst gewählten Martyriums tat Glenn zur Überraschung sämtlicher Beobachter seine ersten selbstständigen Schritte seit Jahren. Er erinnerte sich später gut an die Schmerzen, die diesen Augenblick begleiteten. Seltsamerweise stellte er fest, dass der Schmerz nachließ, wenn er eine Art hüpfenden, rennenden Schritt wählte, anstatt langsam zu gehen. In den nächsten sechs Jahren bewegte er sich ganz überwiegend im Laufschritt fort.

Sechs Jahre nach dem Unfall rannte er nicht nur, sondern tat dies schneller als jeder andere in seiner Stadt (obwohl ihm das Gehen immer noch Mühe bereitete). Wie es seine Art war, gab sich Glenn damit aber nicht zufrieden, sondern trieb sich zu weiteren Leistungen an. In den folgenden Jahren entwickelte er sich zu einem der besten US-amerikanischen Mittelstreckenläufer aller Zeiten. Er stellte je einen neuen Weltrekord in drei Disziplinen auf: dem Meilenlauf, dem 800-Meter-Lauf und dem Lauf über die Indoor-Meile.

Mit seinem Durchhaltevermögen gelang Glenn Cunningham Erstaunliches. Er kannte seine Ziele und verfolgte sie unerbittlich. Der Weg war schwer; seine Wunden verursachten ihm ein Jahrzehnt lang Beschwerden, aber er zwang seinen Körper wieder auf die Beine. Mit festem Willen strebte er danach, der Beste zu werden. Ich mag diese Geschichte, denn sein Versuch, sich selbst das Laufen wieder beizubringen, war keine einmalige Herausforderung, sondern ein langjähriger Kampf. Ich kann mir nur vorstellen, wie oft er morgens aufwachte und keine Lust auf die Mühen hatte, die ihm an diesem Tag wieder bevorstanden. Er hätte so oft die Möglichkeit gehabt, sich mit weniger zu bescheiden, als ihm seine Träume geboten. Immer wieder bedeutete ihm sein Umfeld, dass er sein Schicksal doch akzeptieren möge. Doch er gab nicht auf.

Der Kampf gegen das Busy-Sein lässt sich ebenfalls nicht in kurzer Zeit gewinnen; auch er muss langfristig geführt werden. Er ist mit Arbeit verbunden, erfordert Durchhaltevermögen und manchmal auch Abwehr. Wer seinen eigenen Weg gehen oder entlangrennen und die Busyness überwinden will, trifft keine leichte Entscheidung. Man könnte sich mit weniger zufriedengeben und einfach akzeptieren, immer busy zu sein. Ich möchte Sie dazu ermutigen, dies nicht zu tun.

Die meisten Veränderungsversuche scheitern

Die traurige Wahrheit lautet, dass wir tagtäglich unser Leben ein klein wenig vermasseln, indem wir jene Veränderungen unterlassen, von denen wir genau wissen, dass sie positive Auswirkungen auf uns, unser Unternehmen sowie unsere Liebsten hätten. Unsere Vorsätze mögen löblich sein, doch irgendwie schaffen wir es nicht, ihnen Taten folgen zu lassen. Denken Sie einmal an Ihr eigenes Leben: Wie oft haben Sie»beschlossen«, etwas anders zu machen? Wie viele Neujahrsgelöbnisse haben Sie gebrochen? Kerry Patterson behauptet, dass es 98 Prozent aller Menschen nicht gelingt, mit schlechten Angewohnheiten zu brechen, und dass 95 Prozent aller Diätversuche scheitern.[2] Mich erstaunt dabei nicht, dass wir unseren guten Vorsätzen nicht Folge leisten, sondern dass wir daraus nichts *lernen*. Wir glauben anscheinend immer noch, dass es genügt, etwas zu wissen, etwas zu beschließen und motiviert genug zu sein, um eine Veränderung zu bewirken.

Aber das stimmt nicht.

Es steht außer Frage, dass es möglich ist, sein Verhalten zu ändern. Doch dazu bedarf es mehr als guter Vorsätze. Zum Glück wissen wir heute viel darüber, wie Menschen auf Veränderungen reagieren. Dieses Kapitel hat nur ein einziges Ziel: Es will Ihnen zu mehr Lebensglück verhelfen, indem es Ihnen zeigt, wie Sie Ihre guten Vorsätze in die Tat umsetzen können. Vielleicht hat Ihnen dieses Buch gefallen; womöglich hat es Sie gar dazu inspiriert, Veränderungen vorzunehmen und das Busy-Sein zu überwinden. Doch all das bedeutet wenig, bis Sie wirklich etwas verändert haben.

Die Frage lautet daher ...

Was wollen Sie verändern?

Ich schlage vor, dass Sie sich auf eine einzige Veränderung konzentrieren. Dabei denke ich nicht nur daran, wie schwer jede Veränderung fällt und wie busy Sie möglicherweise sind. Mein Vorschlag beruht auch auf der Macht von *Schlüsselgewohnheiten*. Während der Recherchearbeiten für sein Buch *Die Macht der Gewohnheit* stieß der Journalist Charles Duhigg auf Lisa Allen, eine ehemals fettleibige Frau, die nun rank und schlank war, mit dem Rauchen und Trinken aufgehört hatte, chronischer Verschuldung entkommen war und ihr Berufsleben vom Kopf auf die Füße gestellt hatte. Alles begann mit dem Tag, als sie beschloss, mit dem Rauchen aufzuhören. Es genügte ihr, dieses eine Verhalten zu verändern, um zu begreifen, dass sie auch andere Verhaltensweisen in ihrem Leben ändern konnte. Alle von Duhigg entdeckten Menschen, denen es gelungen war, ihr Leben radikal zu verändern, hatten mit einer einzigen Gewohnheit begonnen. Diese erwies sich als Schlüssel, der ihr Leben veränderte.[3]

Wenn Sie der Welt des Busy-Seins entfliehen möchten, dann konzentrieren Sie sich hundertprozentig auf eine Gewohnheit, die Sie ändern möchten. Wenn Ihnen das erst einmal gelungen ist, wird es Ihnen viel leichter fallen, auch andere Gewohnheiten zu ändern.

Deshalb: *STOPP!* Halten Sie inne.

Verlassen Sie die Rolle eines Menschen, der sich mit Ideen füttern lässt, und nehmen Sie einen aktiveren Bewusstseinszustand ein. Verwandeln Sie sich in einen Macher, eine Macherin. Greifen Sie zu Stift und Papier und überlegen Sie einige Minuten lang, was Sie wirklich ändern wollen. Möchten Sie in erster Linie wieder das Gefühl haben, Ihr Leben zu meistern? Möchten Sie sich am Arbeitsplatz von den

Kollegen unterscheiden? Oder möchten Sie sich Ihrer Arbeit, Ihren Beziehungen und Ihrem Leben mit neuer Inbrunst widmen? Was immer Ihr Ziel ist: Sie werden dieses Kapitel unendlich viel hilfreicher finden, wenn Sie beim Lesen bereits eine klare Vorstellung davon haben, welche Gewohnheit es ist, die Sie ändern wollen.

Sieben Strategien

Persönliche Veränderungen sind ein Thema, das mir sehr am Herzen liegt. Doch ich werde hier gar nicht versuchen, seiner Bandbreite völlig gerecht zu werden. Stattdessen möchte ich Ihnen sieben konkrete Strategien vorstellen, die Menschen nachweislich bei ihrem Ziel der persönlichen Veränderung unterstützt haben und die ich selbst als nützlich empfinde. Der entscheidende Punkt bei all diesen Strategien ist, dass unseren guten Vorsätzen etwas nachgeholfen werden muss, wenn sie unser Verhalten oder unsere Gewohnheiten nachhaltig verändern sollen. Alle sind leicht umsetzbar und keine ersetzt die nötige Motivation. Sie funktionieren ähnlich wie Glenn Cunninghams Gartenzaun: Sie unterstützen Ihre Bemühungen und helfen Ihnen, Ihre Absichten in die Tat umzusetzen.

Formulieren Sie klare Ziele

Eine Möglichkeit, den auf eine Absichtserklärung folgenden Beharrungskräften zu trotzen, besteht darin, Ihre Veränderungswünsche so klar wie möglich zu formulieren. Wie nützlich dies ist, haben Steve Booth-Butterfield und Bill Reger gezeigt. Die beiden Professoren an der West Virginia University überlegten, wie sie Menschen erfolgreich dazu bringen könnten, sich gesünder zu ernähren. Dazu suchten sie nach einer Möglichkeit, ihre Botschaft zu vereinfachen. Sie fanden heraus, dass bereits der Wechsel von Vollmilch zu entrahmter Milch mit einem Fettgehalt von einem Prozent sofort dazu führen würde, dass der Durchschnittsamerikaner die vom US-Landwirtschaftsministerium empfohlenen Grenzwerte für gesättigte Fette einhielte. Also konzentrierten sie sich auf eine einzige, konkrete Verhaltensänderung in einem konkreten Kontext: Sie empfahlen den Menschen, beim Gang in den Supermarkt entrahmte Milch statt Vollmilch zu kaufen. Die Klarheit dieser Botschaft wirkte Wunder: Der Marktanteil entrahmter Milch verdoppelte sich und folglich sank auch der Konsum gesättigter Fette dramatisch.[4]

Das Klarheitsprinzip funktioniert auch bei Selbstanwendung. Die Aussage, dass wir am Arbeitsplatz mehr bewegen wollen, ist jener vergleichbar, dass wir uns gesünder ernähren möchten. Sie beschreibt ein unspezifisches und relativ schlecht definiertes Ziel. Um wirklich etwas zu bewirken, benötigen wir eine klare Formulierung nach dem Vorbild der entrahmten Milch. Welches konkrete Verhalten führt Ihrer Meinung nach bei regelmäßiger Ausführung zur gewünschten Veränderung? In welchem Kontext ist diese Handlung auszuführen? Geht es darum, Ihren E-Mail-Notifier morgens auszuschalten, oder darum, bei Projekten stets Plan B mitzudenken? Oder vielleicht darum, frühmorgens im Büro als Erstes die großen Aufgaben in kleine Häppchen zu zerlegen? Wenn Sie das konkret gewünschte Verhalten und den zugehörigen Kontext klar formulieren, steigen Ihre Erfolgschancen beträchtlich.

Bleiben Sie bescheiden

Manchmal hilft es zumindest anfänglich, seine Ziele nicht allzu hoch zu stecken. Robert Cialdini, der führende Experte auf dem Gebiet der Psychologie der Überzeugung, bat sein Forscherteam, an Haustüren zu klingeln, um Spendengelder für die US-amerikanische Krebsgesellschaft einzuwerben. Eine Gruppe von Forschern fragte: »Wären Sie bereit, mit einer Spende zu helfen?« Die zweite Gruppe stellte dieselbe Frage, doch mit dem Zusatz: »Jeder Penny hilft.« Die erste Gruppe erzielte eine Spendenbeteiligung von 29 Prozent der Befragten. Bei der zweiten Gruppe lag die Erfolgsquote bei 50 Prozent. Der

Zusatz »Jeder Penny hilft« verdoppelte fast die Spendenbereitschaft, wobei sich die Höhe der gegebenen Spende zwischen beiden Spendergruppen nicht unterschied. Der Unterschied lag lediglich in der Wahrscheinlichkeit, dass die Aufforderung erfolgreich war.[5] Wenn Sie etwas anstoßen möchten, dann bleiben Sie bescheiden.

Planen Sie Ihren nächsten Schritt

Ein klassisches Beispiel, das zeigt, wie wichtig es ist, den nächsten Schritt klar zu benennen, ist Howard Leventhals bahnbrechende Studie über die Furcht, aktiv zu werden. Leventhal und seine Kollegen beabsichtigten, mehr Studenten als bisher von einer Tetanusimpfung zu überzeugen. Sie zeigten ihnen abschreckende Bilder, dozierten über die Folgen einer Tetanusinfektion und erläuterten, wie leicht man sich diese zuziehen könne. Ihre Bemühungen hinterließen bei den Studenten einen starken Eindruck: Die meisten waren nun vollends von den Gefahren des Tetanus und dem Wert einer Schutzimpfung überzeugt, doch nur 3 Prozent ließen sich tatsächlich impfen.

Beim zweiten Versuch reicherte Leventhal seine Überzeugungstaktik mit einer einfachen Karte des Universitätscampus an, auf der das Gesundheitszentrum samt Öffnungszeiten hervorgehoben war, zusammen mit der Empfehlung, doch einen Termin zu vereinbaren.[6] An seinem Vortrag und den Bildern änderte er nichts. Doch das Hinzufügen dieser simplen Karte, die den nächsten Schritt erläuterte, führte dazu, dass die Zahl der Impfwilligen sich um mehr als das Neunfache auf 28 Prozent erhöhte. Und das, obwohl alle Studenten sehr genau wussten, wo das Gesundheitszentrum lag!

Tatsache ist: Wenn wir mehrere Dinge auf einmal tun müssen, lassen wir uns leicht von unseren guten Vorsätzen ablenken. Das gilt ganz besonders, wenn wir busy sind. In diesem Fall mussten jene Studenten ohne Karte entscheiden, ob sie sich impfen lassen wollten und was als Nächstes zu tun war. Diejenigen mit Karte mussten nur die erste Frage entscheiden; der nächste Schritt war ihnen klar vorgegeben. Wie David Allen schreibt, genügt es bei keinem Projekt – in diesem Fall: der Veränderungsabsicht –, ein Ziel zu haben: Vielmehr müssen wir auch den allernächsten Schritt bestimmen. In der Regel handelt es sich dabei um sehr kleine und leicht umsetzbare Schritte, doch zusammengenommen können sie bedeutende Veränderungen bewirken.

Setzen Sie auf sozialen Druck

Von den Angestellten der Newcastle University wurde erwartet, dass sie ihre Getränke selbst bezahlten. Zu diesem Zweck wurde eine Vertrauenskasse mit Spendenempfehlungen installiert. Zehn Wochen lang platzierten Forscher verschiedene Bilder oberhalb der Preise, ohne diese zu erläutern. Das Bild wechselte wöchentlich. Es zeigte entweder ein Augenpaar, das einen beim Zubereiten des Getränks zu beobachten schien, oder einen Blumenstrauß. Niemand kommentierte die Bilder oder erkundigte sich nach ihrer Bedeutung. Am Ende jeder Woche wurde das Geld, das in der Vertrauenskasse gelandet war, gezählt. Dabei ergab sich ein dramatischer Unterschied: In den Wochen mit Blumenstraußbild spendeten die Angestellten durchschnittlich 15 Pence pro Liter Milch. Wurden hingegen die Augen gezeigt, stieg dieser Betrag um mehr als die Vierfache auf 70 Pence.[7]

Zahlreiche Untersuchungen haben gezeigt, dass Menschen viel eher in der erwünschten Art und Weise handeln, wenn sie unter Beobachtung stehen. Diese Tatsache können wir uns zunutze machen, um uns beim Einleiten von Veränderungen zu helfen. Ich erfuhr diese Art der Unterstützung einmal selbst auf unbeabsichtigte Weise. Meine Schwägerin Shiv und ich hatten beide seit Ewigkeiten darüber gesprochen, dass wir an unseren Büchern schreiben und »arbeiten« wollten. Irgendwann begann ich, Shivs Ausreden für den ausbleibenden Fortschritt kritisch zu hinterfragen. Ich fand, dass sie sich angesichts der Bedeutung ihres Vorhabens zu rasch aus der Verantwortung stahl. Nun, bald darauf war sie fertig und machte mir ein umgekehrtes Angebot: Sie würde mich für meine eigenen Fortschritte beim Schreiben zur Verantwortung ziehen. Sie forderte mich auf, einen Zeitplan für die Fertigstellung der einzelnen Kapitel aufzustellen, und wenn ich diesen verletzte, was oft vorkam, machte sie mich zur Schnecke. Ich kann nicht behaupten, dass ihr Zusetzen mich nicht bisweilen verärgerte, obwohl ich wusste, dass wir es so vereinbart hatten und dass sie sich große Mühe gab, mir zu helfen. Aber zweifellos habe ich viele Fortschritte nur deshalb erzielt, weil ich Shiv nicht enttäuschen und meine Zusagen erfüllen wollte. Shiv, danke fürs Meckern, es hat sehr viel bewirkt! (Und ich freue mich schon auf die Revanche, wenn du mit deinem nächsten Buch anfängst!)

Windschatten-Gewohnheiten

Wenn Sie jemals eine längere Radtour mit einer Gruppe von Radfahrern unternommen haben, dann kennen Sie den großen Nutzen, den man erzielt, wenn man sich in den Windschatten des Vordermanns begibt. Das gleiche Prinzip lässt sich auf die Herausbildung neuer Gewohnheiten anwenden. Das fällt weitaus leichter, wenn man eine gute neue Gewohnheit an eine alte anknüpfen kann. Wer dies tut, stellt fest, dass sich das neue Verhalten dank des Automatismus der bestehenden Gewohnheit viel leichter etabliert.

Das scheint mir einer der Gründe zu sein, warum Brian Tracys einfaches Konzept des »Eat that frog«, das ich in Kapitel 8 erläutert habe, so gut funktioniert. Mit dem Schlucken des Frosches respektive der Kröte bauen wir auf vertrauten Ritualen auf, denen wir uns zu Tagesbeginn unterziehen – oft einige der stärksten unseres Arbeitstages. Die Morgenrituale sind aber nicht nur mächtig; sie sind auch unverfälscht, da unbeeinflusst vom Trommelfeuer des Büroalltags. Es ist viel leichter, sich zu entscheiden, wenn man seine Inbox noch nicht geöffnet hat. Wenn Sie also beschließen, dass – neben dem Auspacken Ihres Laptops, dem Griff zur Kaffeetasse und dem Schwätzchen mit Maria – auch eine 30-minütige Beschäftigung mit Ihren größten Aufgaben zu Ihrem Morgenritual gehören soll, dann profitieren Sie vom Windschatten der Morgenroutine.

Der Windschatteneffekt funktioniert für die meisten neuen Verhaltensweisen. Wenn Sie sich bessere Gespräche mit Ihrem Sohn wünschen, dann könnten Sie beispielsweise ein Nach-dem-Fußballspiel-Ritual oder einen abendlichen Plausch vor dem Zubettgehen einführen. Wenn Sie mehr Arbeitszeit für Ihr Ruhezustandsnetzwerk schaffen wollen, dann denken Sie nicht nur »Ich werde für mehr Zeit ohne Aufgaben oder andere Reize sorgen«, sondern beschließen Sie beispielsweise, Ihren Arbeitsweg ohne Einsatz technischer Geräte zurückzulegen.

Denken Sie an das Verhalten, das Sie ändern wollen: Welche Ihrer derzeitigen Gewohnheiten oder Rituale könnte Ihnen als Windschatten dienen?

Belohnen Sie gutes Verhalten

Eine weitere Möglichkeit, die Ihnen dabei hilft, die Busyness zu überwinden, nutzt simple Verhaltensforschung: Unsere Entscheidungen werden stark von den unmittelbaren Belohnungen beeinflusst. Für unser Busy-Sein bedeutet das: Obwohl als langfristige Belohnung ein zielgerichtetes Leben voller Hingabe, Engagement und enger Bindungen winkt, mögen die unmittelbaren Belohnungen aufgrund dieses Ziels weniger verlockend wirken als die Erleichterung, die uns eine leere Inbox beschert. Einer meiner Kunden ging dieses Problem frontal an. Er wollte sich ernsthaft und hoch konzentriert mit einem Projekt beschäftigen, das ihn begeisterte und von dem er sich starke positive Effekte für sein Unternehmen erhoffte, das aber niemanden zu interessieren schien. Immer wieder glitt er in Reaktivität ab. Er beschloss, Feuer mit Feuer zu bekämpfen. Nicht weit von seinem Büro entfernt befand sich sein Lieblingscafé, das eine tolle Atmosphäre hatte und einen Vanilla Latte servierte, den er liebte. Anstatt direkt ins Büro zu gehen, gönnte er sich jeden Morgen eine Dreiviertelstunde in diesem Café, unter der Bedingung, dass er an seinem Projekt arbeitete. Er meldete sich auch nie für das WLAN des Cafés an, sodass er während seines Aufenthalts von der Welt abgeschnitten war.

Nach einer Weile suchte er das Café nicht mehr gleich frühmorgens auf, sondern zu anderen Tageszeiten, aber er betrachtete es stets als den Ort, wo er seinem Projekt nachging – ein Ort, der ihn belohnte und so sein Veränderungsvorhaben unterstützte.

»Was soll's!«

Die Teilnehmer einer Studie wurden gebeten, hungrig im Labor zu erscheinen. Bei der Ankunft erhielten einige Probanden nichts, andere dagegen zwei sehr große Milkshakes, die vollends genügten, um einen Menschen zu sättigen. Daraufhin wurden alle Teilnehmer zum Experiment gebeten, das ihnen als Geschmackstest verkauft wurde. Jeder Proband kam allein in ein Zimmer, wo er einen großen Teller voller Kekse und Cracker vorfand und die Aufgabe erhielt, deren Geschmack zu bewerten. Diejenigen, die noch hungrig waren, aßen recht viel; jene, deren Hunger mithilfe der Milkshakes gestillt worden war, knabberten ein wenig herum, beurteilten den Geschmack und gingen wieder. So verhielten sich alle – bis auf diejenigen, die sich gerade einer Diät unterzogen. Sie taten das Gegenteil! Wer von diesen Probanden die riesigen Milkshakes getrunken hatte, aß sogar *mehr* Kekse und Cracker als diejenigen, die seit vielen Stunden gefastet hatten![8]

Warum? Dieses Muster wiederholte sich in weiteren Experimenten und Peter Herman und seine Kollegen bezeichneten es irgendwann als »gegenregulierendes Essen«. Ich bevorzuge jedoch den von Roy Baumeister geprägten Begriff: der »Was soll's«-Effekt. Nachdem sie ihren Diätplan für diesen Tag mit den gigantischen Milkshakes bereits verletzt hatten, verloren die Diäthalter jegliche Willenskraft. Sie dachten sich: »Was soll's, ich habe meine Diät heute ruiniert, also kann ich auch richtig Spaß haben und morgen wieder damit anfangen.« Es besteht aber das Risiko, dass dieses »Was-soll's-Gefühl« auf den nächsten Tag ausgedehnt wird und dann erneut ... und schon ist die Diät vorbei.

»Was soll's« ist für jedes Veränderungsvorhaben ein gefährlicher Moment. Bei jedem derartigen Versuch gilt es, der einen oder anderen Versuchung zu widerstehen. Fast immer begehen wir gelegentlich einen Fehler oder werden »gezwungen«, entgegen unserer Veränderungsabsicht zu handeln – so wie die Diäthalter, die zum Trinken der Milkshakes aufgefordert wurden. Es wird immer jenen so wichtigen Anruf geben, der Ihre besten Vorsätze über den Haufen wirft, oder jene Projektkrise, die dazu führt, dass man nächtelang über der Tastatur sitzt. Ihr langfristiger Erfolg entscheidet sich nicht daran, ob Sie ihrem Veränderungsvorhaben hundertprozentig treu geblieben sind, sondern daran, wie rasch und nachhaltig Sie wieder in die Spur kommen, nachdem Sie diese verlassen haben.

Entscheiden Sie sich daher nicht für die Veränderung, die Sie herbeiführen wollen, sondern entwerfen Sie einen Plan, der beschreibt, wie Sie Ihr Vorhaben sofort wieder aufnehmen können, sollten Sie davon abweichen.

Nehmen wir an, Sie hätten beschlossen, abends Ihr Smartphone auszuschalten, damit Sie weniger abgelenkt sind, wenn Sie Zeit mit Ihrer Familie verbringen. Akzeptieren Sie von Anfang an, dass Sie diesem Vorsatz vielleicht nicht immer treu bleiben können, und verhindern Sie, dass gelegentliche Ausrutscher Ihren Impuls zerstören. Beherzigen Sie einen oder mehrere der folgenden Tipps:

- Schicken Sie sich jedes Mal, wenn Sie Ihr Smartphone doch benutzen, eine E-Mail an sich selbst, in der Sie sich ermahnen, Ihrem Ziel weiterhin treu zu bleiben. Diese E-Mail lesen Sie in der Kühle des nächsten Morgens.
- Bitten Sie Ihre Partnerin oder Ihren Partner, Sie zur Rede zu stellen, wenn Sie abends das Smartphone benutzen. Er oder sie möge Ihnen vor allem die folgende Frage stellen: »Gut, du lässt deine guten Vorsätze heute also fallen. Wirst du morgen wieder deiner Selbstverpflichtung folgen, abends das Handy auszuschalten?«
- Gewähren Sie sich einen »Telefonjoker«. Es geht hier darum, sich im Voraus einzugestehen, dass man jeden Monat an einigen wenigen Abenden sein Handy benutzen will. An solchen Abenden

kann man dann einen »Joker« einsetzen – als Berechtigungsausweis für einen Abend mit Handy. Diese Taktik bezieht Ausnahmen in das Veränderungsvorhaben mit ein: Der abweichende Abend zerstört Ihren Impuls nicht – er ist Teil des Musters.

Tief greifende Veränderung

Manchmal gelingt es uns trotz aller Anstrengungen nicht, bestimmte Aspekte unseres Verhaltens zu ändern. Vermutlich stehen viele von uns derzeit hinsichtlich unserer Lebensführung an genau diesem Punkt: Wir haben zahllose Tipps und Techniken ausprobiert und bleiben dennoch hoffnungslos abgelenkt, überlastet und entrückt. Wenn Ihnen diese Situation bekannt vorkommt und die vielen Techniken und Gedächtnisstützen ihren Dienst versagen, Sie aber weiterhin an einer Veränderung interessiert sind, dann müssen Sie tiefer schürfen. Um erfolgreich zu sein, wird es nicht genügen, eine Veränderung *vorzunehmen*, sondern *Sie selbst* müssen sich ändern.

Anpassungs- und technische Probleme

Es gibt zwei sehr unterschiedliche Arten von Problemen, die sich uns in den Weg stellen können. Zur Lösung mancher dieser Probleme bedarf es Informationen, Übung und der Ausbildung bestimmter Fertigkeiten. Der Führungsexperte Ronald Heifetz bezeichnet solche Veränderungen als *technische Probleme*.[9] Diese sind nicht unbedingt leicht lösbar oder unwichtig, aber es gibt allgemein anerkannte Strategien, um sie anzugehen. Beispiele für technische Probleme wären etwa das Bemühen, den Rubik's Cube in unter einer Minute zu lösen, oder auch, einen Kampfflieger auf einem Flugzeugträger zu landen. Solche Probleme mögen schwierig sein, aber mit genügend Lernaufwand und Übung sind sie lösbar.

Anpassungsprobleme spielen in einer anderen Liga. Ein solches Problem liegt vor, wenn es keinen »richtigen« oder bewährten Lösungsweg gibt, wenn also keine Gebrauchsanleitung vorliegt. Es besteht dann, wenn eine Lösung voraussetzt, dass sich der Bearbeiter des Problems gemeinsam mit diesem verändert – genauer gesagt, seine Geisteshaltung, seine Überzeugungen und seine Grundannahmen. Immer wieder erlebe ich, wie Menschen endlos nach »der Lösung« für ein Problem suchen, das sie seit Jahren mit sich herumtragen. Sie diagnostizieren ihr Problem fälschlicherweise als technisch, suchen folglich nach einer technischen Lösung, entwickeln dafür einen Plan – und scheitern immer wieder. Diese Menschen müssen nicht das *Problem* lösen, sondern sie müssen *sich selbst* verändern, um Fortschritte erzielen zu können.

Ein klassisches Beispiel hierfür ist der Versuch abzunehmen. Das erscheint zunächst als einfaches technisches Problem: Iss weniger und treibe mehr Sport, fertig. Doch jeder, der seit Längerem mit diesem Problem kämpft, kennt den wiederkehrenden Zyklus aus Begeisterung und Verzweiflung, der einen von Diät zu Diät treibt. Technische Lösungen sind selten nachhaltig. Gefragt ist in der Regel eine Anpassungslösung: Das eigene Verhältnis zu Nahrung und körperlicher Bewegung muss sich grundlegend ändern.

Wenn Sie glauben, es mit einem Anpassungsproblem zu tun zu haben (und die Chancen dafür stehen sehr gut), dann wird Ihnen der folgende Abschnitt weiterhelfen.

Das gedankliche Immunsystem

Es gibt oft sehr gute Gründe dafür, etwas auf eine bestimmte Art und Weise zu tun – sehr triftige Gründe, warum wir auf eine Veränderung verzichten. Diese Gründe lösen sich nicht in Luft auf, wenn wir uns zu einer Veränderung entscheiden. Robert Kegan würde diese Gründe als *gedankliches Immunsystem* bezeichnen. Sobald wir eine Veränderung anstreben, bekämpft dieses Immunsystem aktiv unser Vorhaben.[10] Zwar würde die angestrebte Veränderung bestimmte

Begehren und Bedürfnisse erfüllen, doch unser Immunsystem bedient ebenfalls Bedürfnisse, die oft sehr tief sitzen. Folglich wird es den Kampf nicht leichtfertig aufgeben. Gelingt es uns nicht, dieses Immunsystem zu verstehen, kämpfen wir gegen einen unsichtbaren Gegner. Dann besteht die große Gefahr, dass unser Veränderungsimpuls erlahmt.

Um dies zu illustrieren, möchte ich ein wenig aus dem Nähkästchen plaudern. Schon seit meinem Universitätsabschluss habe ich immerzu davon geredet, ein Buch schreiben zu wollen. Immer wieder spielte ich mit dem Gedanken, endlich damit anzufangen, ohne dass viel dabei herauskam. Währenddessen verkündete ich laufend fröhlich, dass ich ein Buch schreiben würde. Vor rund sechs Jahren begann ich dann endlich ernsthaft mit der Recherche, doch es dauerte weitere vier Jahre, bis das erste Wort geschrieben war. Während dieser Zeit erhöhte ich meinen Einsatz und verkündete, dass ich nun an einem Buch arbeitete.

Natürlich hatte das zur Folge, dass man mich öfter nach meinen Fortschritten als Autor fragte. Allmählich wurde mir das ein wenig peinlich. Doch ich hatte eine Begründung. Ich erklärte, dass ich sehr busy (ja, ich verwendete tatsächlich *dieses* Wort!) und oft auf Reisen sei. Und so lag es auf der Hand: Wenn ich ein Buch schreiben wollte, dann würde das unmittelbar zulasten der kostenbaren Familienzeit gehen. Dieses Argument wurde allgemein akzeptiert; ich glaubte selbst daran.

Bis ich eines Tages beschloss, mir meine eigene Medizin zu verabreichen: Ich wollte ernsthaft darüber nachdenken, warum es mir nicht gelang, bei einer Sache Fortschritte zu erzielen, über die ich seit Jahren sprach. Ich unterzog mich der Immunsystem-Übung, die ich Ihnen gleich vorstellen werde, und erkannte rasch, dass meine »Begründung« kein Grund war, sondern eine Ausrede. Die wahre Ursache war Angst. Ich hatte eine große, unausgesprochene Angst, die meinem Schreibimpuls entgegenwirkte: die Angst, dass ich vielleicht nichts zu sagen hätte. Ich befürchtete, gar nicht schreiben zu können. Ich hatte schreckliche Angst zu versagen und verlor so meine Identität als »heller Kopf, der ein Buch schreiben wird«.

Wie Sie sich denken können, hätte jeder Einsatz einer *technischen* Lösung, um mein Zeitmanagement oder meine Prioritätensetzung zu verbessern, wenig gebracht. Ich musste erst meine Angst benennen und unmittelbar bekämpfen, um Fortschritte zu erzielen. Die Lösungen, die es mir schließlich ermöglichten, dieses Buch zu schreiben, waren nicht technischer Art. Ich habe nichts unternommen, um meinen Terminkalender zu verschlanken oder um mir zeitliche Freiräume für das Schreiben zu verschaffen. Tatsächlich hatte ich in dem Jahr, in dem dieses Buch entstand, das höchste Arbeitspensum meines Lebens zu bewältigen (ganz unabhängig vom Buch). Meine große Lösung bestand darin, einfach loszuschreiben – öffentlich – und mich aktiv um Resonanz zu bemühen. Ich begann zu bloggen. Das Bloggen ermöglichte es mir zu üben und zu experimentieren: Ich übte das Schreiben und bekam Resonanz, die mir zeigte, was funktionierte und was nicht; und ich experimentierte mit der Möglichkeit, dass ich ein furchtbarer Autor war und wenig zu sagen hatte, und damit hätte ich vielleicht leben können.

Warum berichte ich Ihnen das? Es geht mir nicht um Selbstbeweihräucherung oder um den Versuch, Sie mit Trivialitäten zu motivieren. Mein Anliegen ist weitaus bescheidener. Ich bin Psychologe; ich verdiene mein Geld damit und habe mir dennoch ein Jahrzehnt lang falsche Gründe für meine Schreibblockade vorgetäuscht. Ich habe versucht, mich selbst mit Halbwahrheiten und Ausreden zu überzeugen. Doch als ich schließlich unbedingt begreifen wollte, warum mir die Veränderung nicht gelang, als ich also fest entschlossen war, unter der Oberfläche zu schürfen, fiel es mir gar nicht so schwer, die Wahrheit ans Licht zu bringen – und diese Entdeckung veränderte alles.

Das gedankliche Immunsystem aufdecken

Kegans Vorschlag, wie sich das Immunsystem zutage fördern lässt, ist im Kern sehr einfach. Zunächst nimmt man sich genügend Zeit, um jene Dinge zu identifizieren, die man tut oder auch *nicht* tut, anstatt sich an sein verkündetes Veränderungsversprechen zu halten. Wenn Ihre Zusage also beispielsweise darin besteht, dass Sie sich stärker auf jene Aufgaben konzentrieren möchten, die Ihnen am Herzen liegen, dann könnten Sie etwa Folgendes identifizieren:»Ich sage zu allem Ja«,»Mein E-Mail-Programm ist permanent geöffnet«,»Ich setze meine Prioritäten anhand von Dringlichkeit, nicht Wichtigkeit« und so weiter. In meinem Fall hätte die Aufzählung mit dem Satz »Ich schreibe überhaupt nichts« begonnen. Fertigen Sie eine Liste dieser Aussagen an. Sie müssen zu diesem Zeitpunkt noch nichts interpretieren; schreiben Sie einfach auf, was Sie alles tun oder nicht tun.

Interessant wird es nun im zweiten Schritt. Gehen Sie die Punkte auf Ihrer Liste einzeln durch und überlegen Sie, wie es sich anfühlen würde, wenn Sie das genaue Gegenteil täten – also das, was Sie eigentlich tun sollten. In manchen Fällen wird Ihre Reaktion kaum spürbar sein, in anderen dafür umso ausgeprägter – ein »Pfui-Teufel!«-Effekt. Wenn sich ein derartiges Unwohlsein einstellt, dann sind Sie oft auf einer wichtigen Fährte. Fragen Sie sich:»Welche Sorge oder Furcht löst in mir dieses Gefühl aus?«, und geben Sie ihr einen Namen. Fragen Sie dann weiter:»An welchem Immunsystem, das die gewünschte Veränderung verhindert, halte ich mich also fest?«

Dieser Prozess kann sehr wirksam sein. Einer meiner Freunde unterzog sich dieser Übung. Er hatte sich vorgenommen, wieder »Wettkampfkondition« zu erreichen, um wie früher an Marathonläufen teilnehmen zu können. Jahrelang war er von seinen geringen Fortschritten enttäuscht gewesen. Natürlich trainierte er hin und wieder, doch nur unregelmäßig und wenig intensiv. Außerdem hatte er zugenommen. Als er die Punkte auf seiner Liste durchging und überlegte, wie es wohl wäre, das Gegenteil zu tun, stellte sich keinerlei Gefühlsregung ein, bis er zu der Aussage »Ich jogge gemütlich, ohne mich zu fordern« kam. Als er an das Gegenteil dachte – sich alles abzuverlangen –, fühlte er sich unwohl. Noch am nächsten Tag, als er mir davon erzählte, hätte er Tränen in den Augen. Seine tief sitzende Angst, die ihn von einem intensiveren Training abhielt, war die Furcht vor dem Alter. Wie ein Schlag hatte ihn die Erkenntnis getroffen, dass er darauf eingeschworen war, sich jung und kräftig zu fühlen. Wenn er sich forderte, begann sein Körper zu schmerzen und er fühlte sich gealtert. In diesen Momenten spürte er seinen körperlichen Verfall. Genau jenes Verhalten, das ihm langfristig ermöglichen würde, sich jünger zu fühlen, löste in ihm das Gefühl aus, gealtert zu sein – und dieses Gefühl stieß ihn ab. Ich freue mich, Ihnen berichten zu können, dass er heute läuft und auch abgenommen hat; inzwischen nimmt er auch wieder an Wettbewerben teil.

Meiner eigenen Erfahrung nach, die durch meine Beobachtung anderer Menschen, die diesen Prozess durchlaufen haben, gestützt wird, ist er gerade aufgrund seiner brutalen Offenheit so wirksam. Sobald man die Ursachen erkannt hat, die dem mangelnden Fortschritt zugrunde liegen, liegt der zielführende Weg oft auf der Hand. In der Regel handelt es sich um einen Lern- und Experimentierprozess, in dessen Verlauf man mit verschiedenen Verhaltensweisen spielt. Dabei analysiert man letztlich seine Katastrophenängste und interpretiert sie auf neue, fruchtbarere Art und Weise. Man verändert sich nicht nur durch reines Handeln, sondern indem man dabei wächst und seine Eigenwahrnehmung steigert.

Um unser Leben erfolgreich zu gestalten, sollten wir all dies viel öfter und intensiver tun.

Das Wichtigste in Kürze

Jede Veränderung fällt schwer. Wie die Forschung zeigt, *genügen gute Vorsätze allein nicht* – ebenso wenig wie die Motivation, Veränderungen vorzunehmen.

Sieben Strategien

- Man ist leicht überfordert und verfällt daraufhin in Untätigkeit. Holen Sie sich daher Schwung, indem Sie das *Verhalten*, das Sie verändern wollen, und den *Kontext*, innerhalb dessen dies geschehen soll, *genau identifizieren*.

- *Bleiben Sie anfangs bescheiden.* Bauen Sie auf dem menschlichen Bestreben nach konsistentem Handeln auf und führen Sie sich Ihren nächsten Schritt vor Augen.
- Achten Sie stets darauf, dass Sie Ihren nächsten Schritt genau kennen.
- Setzen Sie auf sozialen Druck. Erzählen Sie einer Vertrauensperson von Ihrer geplanten Veränderung und bitten Sie diese Person, Sie für deren Umsetzung zur Rechenschaft zu ziehen – Ausreden gelten nicht!
- Entwickeln Sie neue, gesunde Verhaltensweisen, indem Sie den Windschatten bestehender Gewohnheiten nutzen.
- Simple Verhaltensforschung lehrt uns, dass wir ein Verhalten eher beibehalten, wenn wir dafür umgehend belohnt werden. Wie könnten Sie sich für ein positives Verhalten unmittelbar belohnen?
- Jeder Mensch weicht gelegentlich von seinen guten Vorsätzen ab. Sehr leicht sagt man in einem solchen Moment »Was soll's!« und lässt den Veränderungsimpuls versiegen. Achten Sie darauf, rasch wieder in die Spur zu kommen!

Tief greifende Veränderung

- Man unterscheidet zwischen Anpassungs- und technischen Problemen. Technische Probleme lassen sich mithilfe von Wissen, Geschick und Übung lösen. *Anpassungsprobleme* haben keine bekannte Lösung; sie erfordern *persönliche Veränderungen* sowie Lern- und Wachstumsprozesse.
- Wenn es Menschen trotz hartnäckiger Anstrengungen *schwerfällt, Veränderungen durchzusetzen*, dann handelt es sich oft um ein *Anpassungsproblem*, das sie mithilfe technischer Methoden zu lösen versuchen.
- Um ein Anpassungsproblem zu lösen und Fortschritte zu erzielen, müssen wir unser *gedankliches Immunsystem* freilegen – jene unserer derzeitigen Verhaltensweisen, die unsere gewünschten Veränderungen blockieren.

Was ich gelernt habe

Wenn das Erlernen einer gedeihlichen Lebensführung eine Anpassungsaufgabe ist, was habe ich dann gelernt? Zunächst einmal maße ich mir nicht an zu behaupten, den Bären namens »Busy« erlegt zu haben. Ich arbeite weiterhin daran, doch das Schreiben dieses Buches hat mich ein gutes Stück auf meinem Weg vorangebracht. Ich habe einiges über mich selbst gelernt und ich weiß nun einiges mehr darüber, wie man einer Welt des Zuviel die Stirn bieten kann. Manche dieser Erkenntnisse musste ich mir mühsam abringen, aber alle waren wertvoll. Ich behaupte nicht, dass jede dieser Erkenntnisse auch Ihnen weiterhelfen wird; schließlich geht jeder Mensch seinen eigenen Weg. Doch ich teile sie mit Ihnen in der gleichen Weise, wie ein Mitreisender Ihnen hier ein Restaurant oder dort einen Veranstaltungsort empfiehlt. Es handelt sich einfach nur um meine Erfahrungen – ob Ihnen diese nützen oder nicht, entscheiden Sie selbst.

Schwierige Entscheidungen

Ich habe mir im letzten Jahr zu viel zugemutet, habe zu hart gearbeitet. Ich bin erschöpft. Das lag nicht an mangelnder Arbeitsorganisation, sondern daran, dass ich zu selten eine Auswahlentscheidung getroffen habe. Mir ist heute sonnenklar, dass meine nächste persönliche Herausforderung darin besteht, zuverlässig abschätzen zu können, wie lange mich eine Aufgabe beschäftigen wird, und daraufhin Anfragen häufiger abzulehnen. Einige Jahre lang, während der weltweiten Wirtschaftskrise, musste ich alles annehmen, was mir angeboten wurde. Mittlerweile habe ich erkannt, dass mir aus dieser Zeit nicht nur ein kleiner Schuldenberg erwuchs, sondern auch die Angst, dass mein Telefon eines Tages stillstehen könnte. Diese Sorge hat mich im letzten Jahr insofern behindert, als dass ich zu oft Ja gesagt habe. Wertvoll hingegen war die Tatsache, dass dieses Jahr diese Furcht ans Tageslicht gespült hat. Ich kann sie nun benennen und folglich auch bekämpfen.

Fokussierung

Die Tatsache, dass ich neben dem Verfassen dieses Buches zu viele Engagements übernommen habe, hatte immerhin einen Vorteil: Sie zwang mich zu einer bislang nicht gekannten Fokussierung. In diesem Buch habe ich die theoretischen Hintergründe dieses Phänomens erschöpfend dargestellt. Von einer persönlicheren Warte aus betrachtet war ich überrascht, wie viele Aktivitäten ich entweder völlig weglassen, delegieren oder reduzieren konnte. Sicher blieb dies gelegentlich nicht ganz ohne Folgen, doch deren Gewicht war vernachlässigbar im Vergleich zu dem, was ich stattdessen erreichen konnte.

Als Beispiel hierfür mögen meine Führungsseminare gelten. Sie sind stets maßgeschneidert, weshalb ich nicht darauf verzichten wollte, meine Kunden ausführlich nach ihren Vorstellungen zu befragen. Doch ich verbrachte früher Tage mit der Erstellung umfangreicher Angebote und der »Vorbereitung« auf diese Veranstaltungen (einschließlich der Gestaltung hübscher Foliensätze). Inzwischen schreibe ich lieber Angebote, denen eine »große Idee« zugrunde liegt. Das ist viel leichter, viel kürzer und schneller zu formulieren. Die Kunden scheinen sie sogar meinen alten Word-Dokumenten vorzuziehen! Auch von Foliensätzen habe ich mich zunehmend verabschiedet und verwende sie nur noch selten. Dabei habe ich erkannt, dass der Verzicht auf die Ablenkung durch Folien mich zwar »nackt« macht, mich dadurch aber auch zu stärkerer Präsenz gegenüber den Kursteilnehmern zwingt. Mein Mehrwert entsteht somit durch das, was ich während des Seminars tue. Meine Moderationen sind entsprechend mutiger geworden.

Es geht nicht um Zeit

Gleich welchen Maßstab ich verwende: Die letzten zwölf Monate waren das ungünstigste Jahr meines Lebens, um ein Buch zu schreiben. Ich hatte keine Zeit dafür. Dennoch habe ich es getan. Ich habe bisweilen dafür bezahlen müssen, doch ich habe es getan und bereue es nicht. Stephen Covey hatte recht: Man sucht sich zunächst die großen Steine aus – jene, die Leidenschaft in einem entfachen – und gruppiert anschließend den Kies darum herum. Ich hätte dieses Buch niemals schreiben können, wenn ich nicht einfach losgelegt und mich den Folgen gestellt hätte. Es stimmt: Ich hätte weniger Kies in meinen Krug legen sollen, aber ich zweifle keinen Moment daran, dass die Entscheidung, dieses Buch zu schreiben, für mich die richtige war.

Tote Zeit

In der Anfangsphase dieses Buches, als ich recherchierte und schrieb, war ich überstimuliert. Zwar habe ich mich kaum mit belanglosen Dingen aufgehalten, sondern vielmehr gelernt, geschrieben und gearbeitet, das aber ohne Unterlass. Ich habe inzwischen gelernt, absichtlich unproduktiv und gelangweilt zu sein, und zwar dann, wenn es am natürlichsten ist. So lasse ich heute mein Handy oder Kindle zu Hause, wenn ich einen Friseur- oder Arzttermin habe; ich gestatte mir, die ganze an Flughäfen für Sicherheitskontrollen und Ähnliches verschwendete Zeit tatsächlich zu verschwenden; und ich höre beim Autofahren und beim Spaziergang (meistens) keine Musik. Meine verschwendete Zeit ist mir sehr wichtig geworden. Ohne die ganze tote Zeit hätte ich dieses Buch wohl nicht geschrieben.

Große Brocken

Das Prinzip, das mir beim Schreiben dieses Buches und bei meiner anderen Arbeit am meisten geholfen hat, ist die Unterteilung meiner Arbeitszeit in große Zeitbrocken. Viele Autoren berichten, dass sie nur in Schwung bleiben, wenn sie täglich zu einer bestimmten Zeit ein paar Stunden schreiben. Mir hilft das überhaupt nicht. Ich arbeite und schreibe am produktivsten, wenn ich meine Zeit in große oder sehr große Abschnitte unterteile. Ich musste feststellen, dass ein Großteil meiner Texte, die ich abends oder im Flugzeug verfasste, als mir immer nur eine Stunde zur Verfügung stand, im Papierkorb landeten. Am meisten gelang mir, wenn ich mich einen ganz Tag lang voll einem Kapitel widmen konnte.

Während ich solche riesigen Zeitbrocken bei meiner sonstigen Arbeit nicht benötige, bemühe ich mich doch, fast alle meine Zeitbrocken nach Möglichkeit auszudehnen und E-Mails sowie ähnliche Aktivitäten in die Lücken zu quetschen. Damit fahre ich ganz ausgezeichnet.

Schubladen einrichten

Als Erweiterung des Zeitbrockenkonzepts habe ich ein Prinzip eingeführt, das sich für mich als sehr wirksam erwiesen hat. Ich nenne es »Schubladen einrichten«. Es ist kein Hexenwerk und bedeutet nicht mehr, als dass ich Aufgaben ein bestimmtes Zeitfenster (und sogar einen Ort) zuweise. So habe ich meinen heutigen Abendflug der Aufgabe gewidmet, eine Veranstaltung zu entwerfen. Dies hat mehrere Vorteile: Ich entspanne in dem Wissen, dass diese Aufgabe innerhalb dieser »Schublade« abgearbeitet wird; ich bin beim Eintreffen auf dem Flughafen gerüstet und bereit, wodurch ich vom Zeigarnik-Effekt profitiere; und ich muss nicht mehr entscheiden, was ich dort tun werde (diese Entscheidung wurde bereits in einem »kalten« Stadium getroffen), wodurch mir der Einstieg schneller gelingt.

Aus den Augen, aus dem Sinn

Die Sache mit den E-Mails und dem Telefon hat sich bei mir auf einfache Weise erledigt: aus den Augen, aus dem Sinn. Ich schließe mein E-Mail-Programm und deaktiviere alle Warntöne. E-Mails arbeite ich in Erschöpfungsphasen schubweise ab. Ich achte streng darauf, dass sich mein Handy abends und nachts außer Hörweite befindet. Ich trage es immer noch oft am Leibe und nehme Anrufe entgegen, doch ich lade es beispielsweise niemals in der Küche auf ... Die Versuchung ist einfach zu groß!

Rituale

Weiter oben habe ich das »Drei-Tassen-Tee«-Morgenritual erwähnt, das ich mit meiner Frau pflege. Trotz dieses verrückten Jahres ist es uns gelungen, solche Rituale beizubehalten. Mir scheint es, als würde eine Handlung regelmäßiger und öfter geschehen, wenn sie zu einem Ritual erhoben und benannt worden ist. Unsere drei Tassen Tee haben einen wesentlichen Anteil daran, dass wir dieses Jahr zusammen gemeistert haben.

Präsenz ist mehr als reine Anwesenheit

Angesichts meiner knapp bemessenen Zeit und der vielen Reisen und ausgedehnten Aufenthalte am Schreibtisch habe ich mich sehr bemüht, mich meinen Kindern intensiv zuzuwenden. Ich erkenne, wie oft ich mich im Alltag in ihrer Nähe aufhalte, ohne voll ansprechbar zu sein. Im vergangenen Jahr jedoch waren einige unserer gemeinsamen zehn Minuten für beide Seiten erfüllend und anregend, denn ich habe mich voll und ganz auf den jeweiligen Augenblick eingelassen. Als ich einmal für ein weiteres Wochenende in meinem Büro verschwand, fühlte ich mich so schuldig, dass ich jedem meiner Kinder als Dank für ihre Geduld ein großes Geschenk versprach, das sie nach Fertigstellung des Buches erhalten würden. Einige Tage später ging mir auf, wie falsch das war. Sie und ich hatten in diesem Jahr keine materiellen Güter vermisst, sondern gemeinsame Zeit, Präsenz und Zuwendung. Am nächsten Tag gab ich beim Frühstück meinen neuen Plan bekannt. Ich erzählte den Kindern, dass sie nach Fertigstellung des Buches einen Tag schulfrei erhielten – jedes Kind an einem anderen Tag, sodass ihnen die volle Aufmerksamkeit sicher war. Sie konnten den Tag ganz nach ihren Vorstellungen gestalten. Insbesondere würden sie den Tag gemeinsam mit Dulcie und mir verbringen, und wir würden uns ganz auf sie konzentrieren. Als ich bekannt gab, dass sie statt eines großen Geschenks einen »eigenen Tag« erhalten würden, war der spontane Jubel groß! Ich konnte mich des Gefühls nicht erwehren, dass meine Kinder die in diesem Buch beschriebenen Prinzipien viel stärker und auf natürliche Weise verinnerlicht hatten als sein Autor! Während ich dies schreibe, plant meine Tochter, morgens das Schwimmbad zu besuchen, mittags »schick« essen zu gehen und den Nachmittag am Strand zu verbringen. Mein jüngster Sohn möchte Golf spielen und ein riesiges Frühstück im Restaurant einnehmen, während mein Ältester sich auf eine Go-Kart-Runde und eine Bergwanderung freut.

Mehr Ich

Meine letzte und wichtigste Erkenntnis baut auf der vorherigen auf. Wie bereits gesagt, war es ein hartes Jahr, doch ich habe euphorische Momente erlebt, während deren ich kaum glauben konnte, was ich da tat und wie viel Freude es mir bereitete. Es ist die Freude, meinen eigenen Weg zu gehen. Sehr oft hatte ich das Gefühl, dass meine aktuelle Beschäftigung genau die richtige Entscheidung war. Manchmal überkamen mich Wellen der Erleichterung, dass ich endlich mit dem Schreiben begonnen hatte. Häufiger noch fühlte es sich einfach *richtig* an.

Dies hatte für mich zwei Folgen: Während eines äußerst anstrengenden Jahres wurde ich von einem Optimismus durchflutet, der mich hinsichtlich meines Energiehaushalts und meines Durchhaltevermögens zu neuen Höhen trug. Das gelang, weil ich eine reichlich sprudelnde Motivationsquelle anzapfte: Ich folgte meiner Bestimmung. Doch darüber hinaus hat sich mein Ich-Gefühl im letzten Jahr ein klein wenig verbessert. Ich bin mir selbst nähergekommen und fühle mich stärker geerdet, wodurch ich mich stärker jener Person angenähert habe, die ich sein möchte. Zwar bin ich noch weit von dem entfernt, was Carl Jung als »individuiert« bezeichnen würde, doch ein wenig mehr Tony Crabbe geworden zu sein ist doch eine gute Basis.

Damit beschließe ich dieses Buch. Ich bin mit dem Busy-Sein fertig. Nun setze ich mich gemeinsam mit meiner Familie an den Abendtisch.

Viele Fluglinien verkünden:»Wir wissen, dass Sie die Wahl zwischen verschiedenen Airlines hatten.« Ich weiß, dass Sie auswählen konnten, worauf Sie Ihre wertvolle Aufmerksamkeit richten, und ich danke Ihnen dafür, sie mit mir und diesem Buch geteilt zu haben. Sollten Sie noch Fragen haben, so zögern Sie bitte nicht, mich über meine Webseite, www.tonycrabbe.com, zu kontaktieren. Einstweilen jedoch wünsche ich Ihnen die schönsten Erfolge und alles Glück der Welt beim Ringen mit den Anforderungen und Ablenkungen in Ihrem Leben.

Tony

Literaturempfehlungen

Ich bin den folgenden Autoren zu großem Dank verpflichtet. Ihre Forschungen und Gedanken haben meinen Wunsch angeregt, dieses Buch zu schreiben. Ich habe ihre Untersuchungen und Fallbeispiele zur Unterfütterung meiner Argumente und Erzählungen herangezogen. Wenn Sie das Thema dieses Buches intensiver erforschen möchten, kann ich Ihnen die folgenden Titel sehr ans Herz legen.

Autor	Titel	Warum Sie dieses Buch lesen sollten
David Allen	Wie ich die Dinge geregelt kriege	das beste Buch über persönliche Produktivität
Roy Baumeister	Die Macht der Disziplin	alles, was Sie je über Disziplin wissen wollten
Robert Cialdini	Die Psychologie des Überzeugens	Cialdini ist der weltweit führende Experte zum Thema
Dave Coplin	The Rise of the Humans (nur in engl. Sprache erhältlich)	wie man den drohenden Untergang im Datenstrudel in einen Vorteil verwandelt

Autor	Titel	Warum Sie dieses Buch lesen sollten
Mihaly Csikszentmihalyi	Flow	der Klassiker über durch Flow ausgelöste Glücksgefühle
Charles Duhigg	Die Macht der Gewohnheit	vermutlich die beste Erklärung, wie Gewohnheiten funktionieren und wie man sie ändern kann
Viktor Frankl	Der Mensch auf der Suche nach Sinn	eine bewegende Geschichte und bedeutende Einsichten
Daniel Gilbert	Ins Glück stolpern	Dieses Buch hat mich glücklich gemacht! Tolle Forschungen und beeindruckender Humor.
Daniel Goleman	Konzentriert Euch!	beschreibt, wie wichtig Konzentration ist und wie man sie erreicht
Jonathan Haidt	Die Glückshypothese	Weisheiten aus Altertum und Moderne, ansprechend und lesbar aufbereitet
Edward Hallowell	Zwanghaft zerstreut	Beschreibung des Busy-Phänomens, das mit ADHS verglichen wird
Tim Harford	Trial and Error: Warum nur Niederlagen zum Erfolg führen	Harford erklärt, warum wir gelegentlich scheitern müssen – eine großartige Lektüre

Autor	Titel	**Warum Sie dieses Buch lesen sollten**
Chip und Dan Heath	*Decisive* (nur in engl. Sprache erhältlich)	tolles Buch über die Grundlagen unserer Entscheidungsfindung
Chip und Dan Heath	*Switch: Veränderungen wagen und dadurch gewinnen!*	eines der besten Bücher über persönliche Veränderungen und wie man sie erzielt
Arianna Huffington	*Die Neuerfindung des Erfolgs*	inspirierende Lektüre über den Weg zu einer gelingenden Lebensführung
Maggie Jackson	*Distracted* (nur in engl. Sprache erhältlich)	Dieses Buch hat mein Denken stark beeinflusst.
Daniel Kahneman	*Schnelles Denken, langsames Denken*	eine hervorragende Übersicht über das Denken in den Systemen 1 und 2
Tim Kasser	*The High Price of Materialism* (nur in engl. Sprache erhältlich)	erläutert die Studien, die Kapitel 9 zugrunde liegen
Robert Kegan und Lisa Laskow Lahey	*Immunity to Change* (nur in engl. Sprache erhältlich)	ein großartiges Buch darüber, wie man durch Anpassung zu tief greifenden Veränderungen gelangt
George Leonard	*Der längere Atem*	beschreibt die Freuden regelmäßigen Übens
Jim Loehr und Tony Schwartz	*Die Disziplin des Erfolges*	inspirierendes Buch über die Steuerung des eigenen Energiehaushalts

Autor	Titel	Warum Sie dieses Buch lesen sollten
Steve Peters	The Chimp Paradox (nur in engl. Sprache erhältlich)	ein simples Konzept zur Steuerung der eigenen Gefühle
David Rock	Brain at Work: Intelligenter arbeiten, mehr erreichen	eine bemerkenswert einfache Anwendung neurowissenschaftlicher Erkenntnisse
Brigid Schulte	Overwhelmed (nur in engl. Sprache erhältlich)	fantastisches und relevantes Buch über das Busy-Phänomen
Barry Schwartz	Anleitung zur Unzufriedenheit: Warum weniger glücklicher macht	Der Untertitel sagt bereits alles: »Warum weniger glücklich macht«.
Martin Seligman	Wie wir aufblühen	das neuste Buch des Gründers der Positiven Psychologie
Sherry Turkle	Verloren unter 100 Freunden	einsichtsreiche Darstellung unserer Reaktion auf die Datenflut des Internetzeitalters
Timothy D. Wilson	Redirect (nur in engl. Sprache erhältlich)	überraschende (und leicht anwendbare) Erkenntnisse über Veränderungsprozesse

Danksagung

Allen Mitarbeitern bei Little, Brown und Grand Central gebührt mein herzlicher Dank; unsere Zusammenarbeit war von echter Partnerschaft geprägt. Ich danke Tim Whiting für sein Vertrauen und seine Bereitschaft, mein anfängliches Geschreibsel in etwas viel Wertvolleres zu verwandeln. Zoe Bohm und Sara Weiss, meine Lektorinnen in Großbritannien und den USA; ihr habt stets Geduld mit mir gehabt, und die Zusammenarbeit mit euch war ein großes Vergnügen. Mein Dank geht an Kate Hibbert und Andy Hine, die dieses Buch weltweit verkauft haben, und an Rick Wolff, der es nach Nordamerika gebracht hat. Ich danke Megan Gerrity, der Herstellerin, und Angelina Krahn, der Redakteurin; ihr habt das Buch in amerikanisches Englisch übertragen und meinen sprachlichen Ausdruck verbessert. Schließlich danke ich auch Julie Paulaski für all die Fantasie und Energie, die sie in das Marketing des Buchs investiert hat.

Dad, ich danke dir für jenen langen »Spaziergang um die Schafweide«, der mich vor der grauen Welt der Zahlen bewahrt hat. Und ich danke meiner Mutter dafür, dass sie der Grundpfeiler meines Lebens ist, mein sicherer Rückzugsort (und die Quelle der besten Makkaroni mit Käsesoße der Welt). Bessere Eltern oder eine schönere Kindheit kann ich mir nicht vorstellen. Paddy, danke dafür, dass du dich stets als Erste erkundigst und mich unablässig ermutigst. Barry, du bist mir und vielen anderen Menschen Inspirationsquelle und Ansporn. Danke, dass du Dulcie und mich immer unterstützt.

Martin, Pete, Fiona, Doug und Gerry: Ich habe euch alle ins Herz geschlossen! (Übrigens, Pete, das hier ist der einzige Teil des Buches, den du lesen musst.) Ich liebe euch alle und hoffe, dass dieses Buch mir einen neuen Spitznamen verschafft, der nicht Spud – Kartoffelknolle – ist! Dame, danke für die Einladung zu jener Konferenz, die den Stein ins Rollen brachte, aber vor allem für deine Freundschaft und deinen Einsatz als Mitverschwörerin. Shiv, du warst eine wunderbare Nervensäge, die mich unablässig zum Schreiben aufgefordert hat – danke dafür. Dom und Kate, ich danke euch für die Erlaubnis, die erste Hälfte dieses Buches in eurem Gartenschuppen zu verfassen und dabei euren ganzen Tee wegzutrinken.

An meine Kinder: Jack, du brillanter Fragesteller und Ingenieur; du hast den Mut, deinen eigenen Weg zu gehen – du bist ein ganz besonderer Mensch und ich kann viel von dir lernen. Ben, mein frecher Bursche, der noch immer die Straße hinunterhüpft, dein unerschöpflicher Humor bringt mich immer wieder zum Schmunzeln. Seren, du bist eine echte Prinzessin und trägst weit mehr zum Familienleben bei, als du müsstest – voller Elan, voller Einfälle und jederzeit bereit, Umarmungen auszuteilen. Zusammen macht ihr drei mich glücklicher, als irgendein Vater es sich wünschen könnte, und ihr erfüllt mein Leben mit Unmengen an purer Freude. Vielen Dank für eure Geduld mit mir und diesem Buch. Ich bin wahnsinnig stolz auf euch – kein Wunder also, dass die Drei meine Lieblingszahl ist.

An Dulcie: Du hast mich durch dieses Projekt getragen, gedrängt und motiviert. Wie alle unsere Vorhaben war dies eine Teamarbeit, bei der sich nach dem Yin-Yang-Prinzip zwei Gegensätze zu einem gemeinsamen Ziel zusammenfanden. Dieses Buch wäre ohne dich nicht möglich gewesen – du hast auf so vieles verzichtet, um mir dies zu ermöglichen, und dabei noch so viel auf dich genommen. Doch nicht nur das: Dein kluger geschäftlicher Rat im Laufe der Jahre hat mich bis hierhin getragen und mir geholfen, meinen eigenen beruflichen Weg zu finden. In großer Dankbarkeit widme ich dir dieses Buch, meiner Frau und besten Freundin, meiner Seelengefährtin und meinem Leben.

Anmerkungen

Epigraf

1 Oliver Burkeman, The Antidote: Happiness for People Who Can't Stand Positive Thinking (Edinburgh: Canongate Books, 2012). Kindle-Ausgabe.

Vorwort – BusyBusy: Die Entzauberung eines Phänomens

1 Oliver Burkeman, The Antidote: Happiness for People Who Can't Stand Positive Thinking (Edinburgh: Canongate Books, 2012). Kindle-Ausgabe.

2 Edward M. Hallowell und John J. Ratey, Zwanghaft zerstreut, oder: Die Unfähigkeit, aufmerksam zu sein (Reinbek: Rowohlt, 1999).

3 James Roberts und Stephen Pirog, »150 Times a Day: A Preliminary Investigation of Materialism and Impulsiveness as Predictors of Technological Addictions among Young Adults«, in: Journal of Behavioral Addictions 2, Nr. 1 (2012), S. 56–62.

4 Ann Burnett, Denise Gorsline, Julie Semlak und Adam Tyma, »Earning the Badge of Honor: The Social Construction of Time and Pace of Life«. Beitrag zum Jahrestreffen der NCA 93rd Annual Convention, TBA, Chicago, Ill., 14.11.2007.

5 Tom W. Smith u. a., General Social Surveys, 1972–2010 (maschinenlesbare Datei) (Chicago: National Opinion Research Center, 2011), in: Brigid Schulte, Overwhelmed: Work, Love, and Play When No One Has the Time (New York: Sarah Crichton Books, 2014).

6   B. S. McEwen, »Allostasis and allostatic load: implications for neu-
    ropsychopharmacology«, in: Neuropsychopharmacology 22 (2000),
    S. 108–124.

7   Martin Hilbert und Priscella López, »The World's Technological Capa-
    city to Store, Communicate, and Compute Information«, in: Science
    332, Nr. 6025 (April 2011), S. 60–65.

8   Sarah Radicati, Email Statistics Report, 2014–2018. http://www.radi-
    cati.com/wp/wp-content/uploads/2014/01/Email-Statistics-Re-
    port-2014–2018-Executive-Summary.pdf.

9   Gary P. Hayes, Social media counter, http://www.personalizemedia.
    com/garys-social-media-count.

10 Simon Quicke, »Nadella sets out mobile and cloud first vision to part-
    ners«, in: MicroScope, 17.7.2014, http://www.microscope.co.uk/news/
    2240224715/Nadella-sets-out-mobile-and-cloud-first-vision-to-part
    ners. Microsoft-CEO Satya Nadella äußerte in verschiedenen Medien
    immer seine Einschätzung, dass bis 2020 drei Milliarden Menschen
    über internetfähige Geräte verfügen würden.

11 Jonathan B. Spira, Overload! How Too Much Information Is Hazar-
    dous to Your Organization (New Jersey: John Wiley and Sons, 2010).

12 David Foster Wallace, »Deciderization 2007 – A Special Report«, in:
    Both Flesh and Not: Essays (New York: Little, Brown and Company,
    2012).

13 Martin Hilbert und Priscella López, »The World's Technological Capa-
    city to Store, Communicate, and Compute Information«, in: Science
    332, Nr. 6025 (April 2011), S. 60–65.

14 Kennon M. Sheldon und Tim Kasser, »Pursuing Personal Goals: Skills
    Enable Progress, but Not All Progress Is Beneficial«, in: Personality
    and Social Psychology Bulletin 24, S. 1319–1331.

15 Tim Kasser, The High Price of Materialism (Cambridge, Mass.: A
    Bradford Book, The MIT Press, 2002).

Zum Einstieg: Zu busy, um dieses Buch zu lesen?

1   E. Langer, A. Blank und B. Chanowitz, »The Mindlessness of Ostensi-
    bly Thoughtful Action: The Role of ›Placebic‹ Information in Interper-
    sonal Interaction«, in: Journal of Personality and Social Psychology 36,
    Nr. 6 (1978), S. 639–642.

2   Glenn Wilson, private Studie für Hewlett-Packard, durchgeführt am
    Institute of Psychiatry, University of London, 2005. Die Studie blieb
    unveröffentlicht und umfasste nur acht Teilnehmer. Ich erwähne sie

hier nicht als Beispiel für belastbare Wissenschaftlichkeit, sondern weil sie mir interessant und illustrativ erscheint.

3   Gloria Mark, Victor Gonzalez und Justin Harris, »No Task Left Behind? Examining the Nature of Fragmented Work«, in: Proceedings of the Conference on Human Factors in Computer Systems (Portland, Oregon, 2005), S. 321–330.

4   »Multitasking: Switching costs«, in: American Psychological Association, 20.3.2006, http://www.apa.org/research/action/multitask.aspx.

5   Nicholas C. Romano, jun., und J. F. Nunamaker, jun., »Meeting Analysis: Findings from Research and Practice«, in: Proceedings of the 34th Hawaii International Conference on System Sciences 1 (1), 2001.

6   Roger K. Mosvick und Robert B. Nelson, We've Got to Start Meeting Like This!: A Guide to Successful Business Meeting Management (Glenview, Ill.: Scott, Foresman & Co., 1987).

7   3M Meeting Management Team und Jeannine Drew, Mastering Meetings: Discovering the Hidden Potential of Effective Business Meetings (New York: McGraw-Hill, 1994).

8   Michael Doyle und David Straus, How to Make Meetings Work! (Time Warner International, 1996).

9   R. Buehler, D. Griffin und M. Ross, »Exploring the ›Planning Fallacy‹: Why People Underestimate Their Task Completion Times«, in: Journal of Personality and Social Psychology 67, Nr. 3 (1994), S. 366–381.

10 J. R. Kelly und S. J. Karau, »Group Decision Making: The Effects of Initial Preferences and Time Pressure«, in: Personality and Social Psychology Bulletin 25 (1999), S. 1342–1354.

11 John Maeda, Simplicity: Die Zehn Gesetze der Einfachheit (Berlin Heidelberg: Springer, 2012).

12 David Allen, Wie ich die Dinge geregelt kriege (München: Piper, 2015).

13 Daniel Gilbert, Ins Glück stolpern (München: Goldmann, 2008).

14 Ron Gutman, »The Hidden Power of Smiling« (TED talk, März 2011), http://www.ted.com/talks/ron_gutman_the_hidden_power_of_smiling.html.

15 Ernest L. Abel und Michael L. Kruger, »Smile Intensity in Photographs Predicts Longevity«, in: Psychological Science 21, Nr. 4 (2010), S. 542–544.

Kapitel 1 – Vergessen Sie Ihr Zeitmanagement! (... und gehen Sie lieber surfen)

1 Basex Survey, »The Knowledge Worker's Day: Our Findings«, 2010, http://www.basexblog.com/2010/11/04/our-findings.

2 W. W. Eaton, J. C. Anthony, W. Mandel und R. Garrison, »Occupations and the Prevalence of Major Depressive Disorder«, in: Journal of Occupational and Environmental Medicine 32 (1990), S. 1079–87.

3 Martin E. P. Seligman, Wie wir aufblühen: Die fünf Säulen des persönlichen Wohlbefindens (München: Goldmann, 2015).

4 Michael A. DeDonno und Heath A. Demaree, »Perceived Time Pressure and the Iowa Gambling Task«, in: Judgment and Decision Making 3, Nr. 8 (2008), S. 636–640.

5 »Laird Hamilton takes on Teahupoo«, YouTube-Video, eingestellt von »b0nedry«, 10.5.2008, https://www.youtube.com/watch?v=pYQQtxb8wv0.

6 Brené Brown, Verletzlichkeit macht stark: Wie wir unsere Schutzmechanismen aufgeben und innerlich reich werden (München: Goldmann, 2017).

7 Debora L. Spar, Wonder Women: Sex, Power, and the Quest for Perfection (New York: Sarah Crichton Books, 2013).

8 S. F. Maier und M. E. P. Seligman, »Learned Helplessness: Theory and Evidence«, in: Journal of Experimental Psychology: General 105, Nr. 1 (1976), S. 3–46.

9 Amy F. T. Arnsten, »The Biology of Being Frazzled«, in: Science 280, Nr. 5370 (12.6.1998), S. 1711–1712.

10 Viktor E. Frankl, Der Mensch vor der Frage nach dem Sinn (München: Piper, 1985).

11 Michael J. Apter, Reversal Theory: Motivation, Emotion and Personality (Florence, KY: Routledge, 1989).

Kapitel 2 – Treffen Sie Entscheidungen (Kampffische und tödlicher Konsum)

1 B. Wansink und J. Sobal, »Mindless Eating: The 200 Daily Food Decisions We Overlook«, in: Environment and Behavior 39, Nr. 1 (2007), S. 106–123.

2 Daniel Kahneman, Schnelles Denken, langsames Denken (München: Penguin, 2016).

3 G. P. Cipriani und A. Zago,»Productivity or Discrimination? Beauty and the Exams«, in: Oxford Bulletin of Economics and Statistics 73, Nr. 3 (2011), S. 428–447.
4 B. C. Madrian und D. F. Shea,»The Power of Suggestion: Inertia in 401(k) Participation and Savings Behavior«, in: The Quarterly Journal of Economics 116, Nr. 4 (2001), S. 1149–1187.
5 N. J. Goldstein, R. B. Cialdini und V. Griskevicius,»A Room with a Viewpoint: Using Social Norms to Motivate Environmental Conservation in Hotels«, in: Journal of Consumer Research 35 (2008), S. 472–482.
6 Paul C. Nutt,»The Identification of Solution Ideas During Organizational Decision Making«, in: Management Science 39, S. 1071–1085.
7 Chip und Dan Heath, Decisive: How to Make Better Choices in Life and Work (New York: Crown Business, 2013).
8 Shane Frederick, Nathan Novemsky, Jing Want, Ravi Dhar und Stephen Nowlis,»Opportunity Cost Neglect«, in: Journal of Consumer Research 36 (2009), S. 553–561.
9 S. Danziger, J. Levav und L. Avnaim-Pesso,»Extraneous Factors in Judicial Decisions«, in: PNAS 108, Nr. 17 (26.4.2011), S. 6889–6892.
10 Jiwoong Shin und Dan Ariely,»Keeping Doors Open: The Effect of Unavailability on Incentives to Keep Options Viable«, in: Management Science 50, Nr. 5 (Mai 2004), S. 575–586.
11 Brian Wansink, James E. Painter und Jill North,»Bottomless Bowls: Why Visual Cues of Portion Size May Influence Intake«, in: Obesity Research 13, Nr. 1 (Januar 2005), S. 93–100.
12 Nassim Nicholas Taleb, Antifragilität: Anleitung für eine Welt, die wir nicht verstehen (München: btb Verlag, 2014).

Kapitel 3 – Betreiben Sie Aufmerksamkeitsmanagement (Wie wir unsere grauen Zellen besser einsetzen)

1 Edward M. Hallowell, CrazyBusy: Overstretched, Overbooked, and About to Snap! (New York: Ballantine Books, 2006).
2 Maggie Jackson, Distracted: The Erosion of Attention and the Coming of the Dark Age (New York: Prometheus Books, 2008).
3 A. D. DeSantis, E. Webb und S. Noar,»Illicit Use of Prescription ADHD Medications on a College Campus: A Multi-Methodological Approach«, in: Journal of American College Health 57, Nr. 3 (2008), S. 315–323.

4 J. C. Welch, »On the Measurement of Mental Activity through Muscular Activity and the Determination of a Constant Attention«, in: American Journal of Physiology 1, Nr. 3 (1.5.1898), S. 283–306.

5 H. Pashler, J. C. Johnston und E. Ruthruff, »Attention and Performance«, in: Annual Review of Psychology 52 (Februar 2001), S. 629–651.

6 David Rock, Brain at Work: Intelligenter arbeiten, mehr erreichen (Frankfurt/New York: Campus, 2011).

7 David Allen, Wie ich die Dinge geregelt kriege (München: Piper, 2015).

8 D. F. Gucciardi und J. A. Dimmock, »Choking Under Pressure in Sensorimotor Skills: Conscious Processing or Depleted Attentional Resources?« Psychology of Sport and Exercise 9, Nr. 1 (Januar 2008), S. 45–59.

9 E. J. Masicampo und R. F. Baumeister, »Consider it Done!: Plan Making Can Eliminate the Cognitive Effects of Unfulfilled Goals«, in: Journal of Personality and Social Psychology 101, Nr. 4 (2011), S. 667–683.

10 Ad Kerkhof, Stop Worrying: Get Your Life Back with CBT (Berkshire, England: Open University Press, 2010).

11 Joe Brownstein, »Planning ›Worry Time‹ May Help Ease Anxiety«, in: LiveScience, 26.7.2011, http://www.livescience.com/15233-planning-worry-time-ease-anxiety.html.

12 D. E. Meyer und D. E. Kieras, »A Computational Theory of Executive Cognitive Processes and Multiple-Task Performance: Part 1. Basic Mechanisms«, in: Psychological Review 104, Nr. 1 (Januar 1997), S. 3–65. Siehe ebenso: D. E. Meyer und D. E. Kieras, »A Computational Theory of Executive Cognitive Processes and Multiple-Task Performance: Part 2. Accounts of Psychological Refractory-Period Phenomena«, in: Psychological Review 104, Nr. 1 (Januar 1997), S. 749–791.

13 Teresa Amabile, Constance N. Hadley und Steven J Kramer, »Creativity Under the Gun«, in: Harvard Business Review 80, Nr. 8 (August 2002), S. 52–61.

14 Jonathan B. Spira, Overload! How Too Much Information Is Hazardous to Your Organization (New Jersey: John Wiley and Sons, 2010).

15 E. Ophir, C. Nass und A. D. Wagner, »Cognitive Control in Media Multitaskers«, in: PNAS 106, Nr. 37, S. 15583–15587.

16 S. Adam Brasel und James Gips, »Media Multitasking Behavior: Concurrent Television and Computer Usage«, in: Cyberpsychology, Behavior, and Social Networking 14, Nr. 9 (2011), S. 527–534.

17 Gloria Mark, Victor Gonzalez und Justin Harris, »No Task Left Behind? Examining the Nature of Fragmented Work«, in: Proceedings of

the Conference on Human Factors in Computer Systems (Portland, Oregon, 2005), S. 321–330.

18 Zitiert nach: Dave Coplin, The Rise of the Humans: How to Outsmart the Digital Deluge (Petersfield, UK: Harriman House, 2014), Kindle-Ausgabe, Position 225.

19 Gloria Mark und Jennifer Robison, »Too Many Interruptions at Work?«: Office Distractions Are Worse Than You Think –and Maybe Better«, in: Business Journal (8.6.2006), http://www.gallup.com/businessjournal/23146/Too-Many-Interruptions-Work.aspx.

20 Linda Stone prägte den Begriff »Continuous Partial Attention« 1998, http://lindastone.net/qa/continuous-partial-attention.

21 Zitiert nach Derek Thompson, »A Formula for Perfect Productivity: Work for 52 Minutes, Break for 17«, in: The Atlantic, (17.9.2014), http://www.theatlantic.com/business/archive/2014/09/science-tells-you-how-many-minutes-should-you-take-a-break-for-work-17/380369.

22 Rachel und Stephen Kaplan, The Experience of Nature: A Psychological Perspective (Cambridge, England: Cambridge University Press, 1989).

23 Marc G. Berman, Jon Jonides und Stephen Kaplan, »The Cognitive Benefits of Interacting with Nature«, in: Psychological Science 19, Nr. 12 (2008), S. 1207–1212.

24 Leslie A. Perlow und Jessica L. Porter, »Making Time Off Predictable – and Required«, in: Harvard Business Review 87, Nr. 10 (Oktober 2009), S. 102–109, 142.

25 Linda Stone, »Diagnosis: Email Apnea«, in: Linda Stone (Blog), 30.11.2009, http://lindastone.net/2009/11/30/diagnosis-email-apnea.

26 Peter Keating, »Sleeping Giants«, in: ESPN The Magazine, 5.4.2012, http://espn.go.com/espn/commentary/story/_/id/7765998/for-athletes-sleep-new-magic-pill.

27 Ronald Kessler, Patricia Berglund, Catherine Coulouvrat, Goeran Hajak, Thomas Roth, Victoria Shahly, Alicia Shillington u. a., »Insomnia and the Performance of US Workers: Results from the America Insomnia Survey«, in: Sleep 34, Nr. 9 (2011), S. 1161–1171.

Kapitel 4 – Verhandeln Sie um Ihr Leben (... um all die Geschosse abzuwehren)

1 Roger Fisher, William Ury und Bruce Patton, Das Harvard-Konzept: Der Klassiker der Verhandlungstechnik (Frankfurt/New York: Campus, 2004).

2 Itamar Simonson,»Get Closer to Your Customers by Understanding How They Make Choices«, in: California Management Review 35, Nr. 4 (1993), S. 68–84.

3 A. G. Greenwald, C. G. Carnot, R. Beach und B. Young,»Increasing Voting Behavior by Asking People If They Expect to Vote«, in: Journal of Applied Psychology 72, Nr. 2 (1987), S. 315–318.

4 Stanley Milgram,»Behavioral Study of Obedience«, in: The Journal of Abnormal and Social Psychology 67, Nr. 4 (1963), S. 371–378.

5 Amy Cuddy,»Your Body Language Shapes Who You Are« (TED talk, Juni 2012), http://www.ted.com/talks/amy_cuddy_your_body_lang uage_shapes_who_you_are.

6 William Ury, Nein sagen und trotzdem erfolgreich verhandeln (Frankfurt New York: Campus, 2009).

Kapitel 5 – Seien Sie weniger produktiv! (Gehen Sie besser strategisch vor)

1 David Garlan, Daniel P. Siewiorek, Asim Smailagic und Peter Steenkiste,»Toward Distraction-free Pervasive Computing«, in: Pervasive Computing 1, Nr. 2 (April–Juni 2002), S. 22–31.

2 Nach Dave Coplin, The Rise of the Humans: How to Outsmart the Digital Deluge (Great Britain: Harriman House, 2014), Kindle-Ausgabe, Position 241.

3 Jonathan B. Spira, Overload! How Too Much Information Is Hazardous to Your Organization (New Jersey: John Wiley and Sons, 2010).

4 Michael E. Porter,»What Is Strategy?«, Harvard Business Review 74, Nr. 6 (November 1996), S. 61–78.

5 Kjell Nordström und Jonas Ridderstråle, Karaoke-Kapitalismus (München: Redline, 2005).

6 Nach Susan Adams,»The Test That Measures a Leader's Strengths«, in: Forbes.com (28.8.2009), http://www.forbes.com/2009/08/28/ strengthsfinder-skills-test-leadership-managing-jobs.html.

7 Zitiert nach Dan Frommer,»Apple COO Tim Cook: ›We Have No Interest In Being In The TV Market‹«, in: Business Insider (23.2.2010), http://www.businessinsider.com/live-apple-coo-tim-cook-at-the-goldman-tech-conference-2010–2.

8 Robert S. Kaplan und David P. Norton,»The Balanced Scorecard: Measures That Drive Performance«, in: Harvard Business Review 83 (Juli–August 2005), S. 172–180.

9 M. Baghai, S. Coley und D. White, The Alchemy of Growth, (New York: Basic Books, 2000).

10 D. S. Kirschenbaum, L. L. Humphrey und S. D. Malett,»Specificity of Planning in Adult Self-Control: An Applied Investigation«, in: Journal of Personality and Social Psychology 40, Nr. 5 (Mai 1981), S. 941–950.

11 Die Rede ist von Brigadegenerälin Rhonda Cornum. In: Martin Seligman, Wie wir aufblühen: Die fünf Säulen des persönlichen Wohlbefindens (München: Goldmann, 2015).

Kapitel 6 – Überzeugen Sie durch Innovationen (Seien Sie nicht der unsichtbare Mann)

1 Nach John Kao, Jamming: The Art and Discipline of Business Creativity (New York: HarperCollins, 1997).

2 Marc Benioff, zitiert nach Daniel Goleman, Konzentriert Euch! Eine Anleitung zum modernen Leben (München: Piper, 2015).

3 »First break all the rules«, in: The Economist (10.4.2010), http://www.economist.com/node/15879359.

4 Aza Raskin,»You Are Solving the Wrong Problem«, in: UX Magazine, (2.5.2011), http://uxmag.com/articles/you-are-solving-the-wrong-problem.

5 Mihaly Csikszentmihalyi, Kreativität: Wie Sie das Unmögliche schaffen und Ihre Grenzen überwinden (Stuttgart: Klett-Cotta, 2007).

6 Stuart Kauffman, Der Öltopfen im Wasser: Chaos, Komplexität, Selbstorganisation in Natur und Gesellschaft (New York: Oxford University Press, 1996).

7 Tim Harford, Trial and Error: Warum nur Niederlagen zum Erfolg führen (Reinbek: Rowohlt, 2012).

8 Ebd.

9 Ebd.

Kapitel 7 – Busy-Sein ist eine furchtbare Marke (Entwickeln Sie eine bessere)

1 Fritz Strack,»Priming and Communication: Social Determinants of Information Use in Judgments of Life Satisfaction«, in: European Journal of Social Psychology 18, Nr. 5 (Oktober 1988), S. 429–42.

2 Adam L. Alter und Daniel M. Oppenheimer, »Predicting short-term stock fluctuations by using processing fluency«, in: PNAS 103, Nr. 24 (2006), S. 9369–9372.

3 Adam L. Alter und Daniel M. Oppenheimer, »Uniting the Tribes of Fluency to Form a Metacognitive Nation«, in: Personality and Social Psychology Review 13, Nr. 3 (2009), S. 219–235.

4 Zachary Schiller, Greg Burns und Karen Lowry Miller, »Make It Simple«, in: BusinessWeek (9.9.1996), http://www.businessweek.com/1996/37/b34921.htm.

5 Ron Ashkenas, Simply Effective: How to Cut Through Complexity in Your Organization and Get Things Done (Boston, MA: Harvard Business Review Press, 2009).

Kapitel 8 – Gehen Sie Ihren eigenen Weg (Radioreparatur durch Nachdenken)

1 Richard P. Feynman, Sie belieben wohl zu scherzen, Mr. Feynman!: Abenteuer eines neugierigen Physikers (München: Piper, 2008).

2 E. A. Livingstone (Hrsg.), The Concise Oxford Dictionary of the Christian Church (Oxford: Oxford University Press, 2006).

3 G. Mark, S. T. Iqbal, M. Czerwinski und P. Johns, »Bored Mondays and Focused Afternoons: The Rhythm of Attention and Online Activity in the Workplace«, in: Proceedings of the SIGCHI Conference on Human Factors in Computing Systems (Toronto 2014), S. 3025–3034.

4 W. Hofmann, R. F. Baumeister, G. Förster und K. D. Vohs, »Everyday Temptations: An Experience Sampling Study of Desire, Conflict, and Self-Control«, in: Journal of Personality and Social Psychology 102, Nr. 6 (2012), S. 1318–1335.

5 D. T. de Ridder, G. Lensvelt-Mulders, C. Finkenauer, F. M. Stok und R. F. Baumeister, »Taking Stock of Self-Control: A Meta-Analysis of How Trait Self-Control Relates to a Wide Range of Behaviors«, in: Personality and Social Psychology Review 16, Nr. 1 (2012), S. 76–99.

6 Brian Tracy, Eat That Frog! 21 Wege, um sein Zaudern zu überwinden und in weniger Zeit mehr zu erledigen (Offenbach: Gabal, 2002).

7 Brian Wansink, Essen ohne Sinn und Verstand: Wie die Lebensmittelindustrie uns manipuliert (Frankfurt/New York: Campus, 2008).

8 Teresa Amabile und Steven Kramer, The Progress Principle: Using Small Wins to Ignite Joy, Engagement, and Creativity at Work (Boston: Harvard Business Review Press, 2011).

9   Alia J. Crum und Ellen J. Langer, »Mind-set Matters: Exercise and the Placebo Effect«, in: Association for Psychological Science 18, Nr. 2 (2007), S. 165–171.

10   Dieses Beispiel findet sich in Chip Heath und Dan Heath, Switch: Veränderungen wagen und dadurch gewinnen! (Frankfurt/Main: Fischer, 2013).

11   Nach David Rock, Brain at Work: Intelligenter arbeiten, mehr erreichen (Frankfurt/New York: Campus, 2011).

12   Edward Tory Higgins, »Beyond Pleasure and Pain«, in: American Psychologist 52, Nr. 12 (Dezember 1997), S. 1280–1300.

13   K. Lanaj, C. H. Chang und R. E. Johnson, »Regulatory Focus and Work-Related Outcomes: A Review and Meta-Analysis«, in: Psychological Bulletin 138, Nr. 5 (September 2012), S. 998–1034.

14   Steve Peters, The Chimp Paradox: The Mind Management Program to Help You Achieve Success, Confidence, and Happiness (New York: Jeremy P. Tarcher/Penguin, 2011).

15   James Gross, »Emotion Regulation: Affective, Cognitive, and Social Consequences«, in: Psychophysiology 39, Nr. 3 (Mai 2002), S. 281–291.

16   Nach David Rock, Brain at Work: Intelligenter arbeiten, mehr erreichen (Frankfurt/New York: Campus, 2011).

17   J. E. Maddux und R. W. Rogers, »Protection Motivation and Self-Efficacy: A Revised Theory of Fear Appeals and Attitude Change«, in: Journal of Experimental Social Psychology 19, Nr. 5 (September 1983), S. 469–479.

18   Ian Herbert, »Dr Steve Peters: The Psychiatrist Charged with Ridding Anfield of the Fear Factor«, in: The Independent, 28.3.2013.

19   J. Stoeber und D. P. Janssen, »Perfectionism and Coping with Daily Failures: Positive Reframing Helps Achieve Satisfaction at the End of the Day«, in: Anxiety, Stress, & Coping 24, Nr. 5 (Oktober 2011), S. 477–497.

Kapitel 9 – Beenden Sie Ihre Jagd nach dem »Mehr«! (Stellen Sie Ihre Werte voran)

1   David G. Myers und Ed Diener, »The Pursuit of Happiness«, in: Scientific American, 16.4.1996, S. 54–56.

2   Tim Kasser, The High Price of Materialism (Cambridge, Mass.: A Bradford Book, The MIT Press, 2002).

3   Ebd.

4   Kennon M. Sheldon und Tim Kasser, »Pursuing Personal Goals: Skills Enable Progress, but Not All Progress Is Beneficial«, in: Personality and Social Psychology Bulletin 24, S. 1319–1331. Ebenso: T. Kasser und R. M. Ryan, »Be Careful What You Wish For: Optimal Functioning and the Relative Attainment of Intrinsic and Extrinsic Goals«, in: Peter Schmuck und Kennon M. Sheldon (Hrsg.), Life Goals and Well-Being (Göttingen, Hogrefe & Huber, 2001), 116–131.

5   Mark R. Lepper, David Greene und Richard E Nisbett, »Undermining Children's Intrinsic Interest with Extrinsic Reward: A Test of the ›Overjustification‹ Hypothesis«, in: Journal of Personality and Social Psychology 28, Nr. 1 (1973), S. 129–137.

6   John Kay, Obliquity: Why Our Goals Are Best Achieved Indirectly (London: Profile Books, 2011).

7   Daniel Gilbert, Stumbling on Happiness (New York: Knopf, 2006).

8   Joseph Campbell, Die Kraft der Mythen (Ostfildern: Artemis und Winkler, 1994).

Kapitel 10 – Beziehungen stärken (Warum es uns mit weniger Freunden besser geht)

1   Lisa F. Berkman, »The Role of Social Relations in Health Promotion«, in: Psychosomatic Medicine 57, Nr. 3 (Mai–Juni 1995), S. 245–254.

2   Lisa F. Berkman und S. Leonard Syme, »Social Networks, Host Resistance und Mortality: A Nine-year Follow-up Study of Alameda County Residents«, in: American Journal of Epidemiology 109, Nr. 2 (Februar 1979), S. 186–204.

3   Jonathan Haidt, Die Glückshypothese: Was uns wirklich glücklich macht. Die Quintessenz aus altem Wissen und moderner Glücksforschung (Kirchzarten: VAK, 2014).

4   W. Fleeson, A. B. Malanos und N. M. Achille, »An Intraindividual Process Approach to the Relationship between Extraversion and Positive Affect: Is Acting Extraverted as ›Good‹ as Being Extraverted?« Journal of Personality and Social Psychology 83, Nr. 6 (Dezember 2002), S. 1409–1422.

5   S. Cohen und T. B. Herbert, »Health Psychology: Psychological Factors and Physical Disease from the Perspective of Human Psychoneuroimmunology«, in: Annual Reviews of Psychology 47, Nr. 1 (1996), S. 113–142.

6   S. L. Brown, R. M. Nesse, A. D. Vinokur und D. M. Smith, »Providing Social Support May be More Beneficial than Receiving It: Results from

a Prospective Study of Mortality«, in: Psychological Science 14, Nr. 4 (Juli 2003), S. 320–327.

7   Ed Diener und M. E. P. Seligman,»Very Happy People«, in: Psychological Science 13, Nr. 1 (2002), S. 80–83.

8   Sherry Turkle, Verloren unter 100 Freunden: Wie wir in der digitalen Welt seelisch verkümmern (München: Riemann, 2012).

9   R. I. M. Dunbar,»Neocortex Size as a Constraint on Group Size in Primates«, in: Journal of Human Evolution 22, Nr. 6 (1992), S. 469–493.

10   Carolyn E. Schwartz, Janice Bell Meisenhelder, Yunsheng Ma, und George W. Reed,»Altruistic Social Interest Behaviors Are Associated with Better Mental Health«, in: Psychosomatic Medicine 65, Nr. 5, 2003: 778–785.

11   John M. Darley und C. Daniel Batson,»»From Jerusalem to Jericho‹: A Study of Situational and Dispositional Variables in Helping Behavior«, in: Journal of Personality and Social Psychology 27, Nr. 1 (1973), S. 100–108.

12   Kathleen D. Vohs, Yajin Wang, Francesca Gino, Michael I. Norton,»Rituals Enhance Consumption«, in: Psychological Science 24, Nr. 9 (17.7.2013), S. 1714–1721.

13   Barbara L. Fredrickson,»What Good Are Positive Emotions?«, Review of General Psychology 2, Nr. 3 (1998), S. 300–319.

14   Irwin Altman und Dalmas A. Taylor, Social Penetration: The Development of Interpersonal Relationships (New York: Holt, 1973).

15   M. Losada und E. Heaphy,»The Role of Positivity and Connectivity in the Performance of Business Teams: A Nonlinear Dynamics Model«, in: American Behavioral Scientist 47 (2004), S. 740–765. (Die Exaktheit der komplizierten mathematischen Berechnungen, die diesem Quotienten zugrunde liegen, ist bisweilen angezweifelt worden. Es kommt aber nicht auf die exakte Zahl an, sondern auf das prinzipielle Verhältnis von positiven zu negativen Kommentaren.)

16   John Gottman, What Predicts Divorce? (Hillsdale, N. J.; Lawrence Erlbaum Associates, Inc., 1994).

17   Nicholas J. L. Brown, Alan D. Sokal und Harris L. Friedman,»The Complex Dynamics of Wishful Thinking: The Critical Positivity Ratio«, in: American Psychologist 68 (15.7.2013), S. 801–813.

18   S. L. Gable, H. T. Reis, E. A. Impett und E. R. Asher,»What Do You Do When Things Go Right? The Intrapersonal and Interpersonal Benefits of Sharing Positive Events«, in: Journal of Personality and Social Psychology 87, Nr. 2 (2004), S. 228–245.

19   M. E. P. Seligman, T. A. Steen, N. Park und C. Peterson,»Positive Psychology Progress: Empirical Validation of Interventions«, in: American Psychologist 60, Bd. 5 (Juli–August 2005), S. 410–421.

Kapitel 11 Vom Rausch zur Freude (Eine Ode an die Tiefe)

1   Edward M. Hallowell und John J. Ratey, Zwanghaft zerstreut, oder: Die Unfähigkeit, aufmerksam zu sein (Reinbek bei Hamburg: Rowohlt, 1999).

2   Kent C. Berridge, zitiert nach Emily Yoffe in »Seeking«, abgerufen auf www.slate.com, 12.8.2009.

3   David McNamee, »›Technology Addiction‹ – How Should It Be Treated?«, in: Medical News Today, 20.6.2014, http://www.medicalnewstoday.com/articles/278530.php.

4   Psychische Entropie ist ein Konzept von Mihaly Csikszentmihalyi, Flow: Das Geheimnis des Glücks (Stuttgart: Klett-Cotta, 2017).

5   Mihaly Csikszentmihalyi, Flow: Das Geheimnis des Glücks (Stuttgart: Klett-Cotta, 2017).

6   Paul A. O'Keefe und Lisa Linnenbrink-Garcia, »The Role of Interest in Optimizing Performance and Self-regulation«, in: Journal of Experimental Social Psychology 53 (Juli 2014), S. 70–78.

7   Daniel Gilbert, »The Surprising Science of Happiness« (TED talk, Februar 2004), http://www.ted.com/talks/dan_gilbert_asks_why_are_we_happy.

8   George Leonard, Der längere Atem: Die fünf Prinzipien für langfristigen Erfolg im Leben (München: Heyne, 2006).

9   Jane E. Barker, Andrei D. Semenov, Laura Michaelson, Lindsay S. Provan, Hannah R. Snyder und Yuko Munakata, »Less-Structured Time in Children's Daily Lives Predicts Self-Directed Executive Functioning«, in: Frontiers in Psychology, 17.6.2014.

10 Fred B. Bryant und Joseph Veroff, Savoring: A New Model of Positive Experience (New Jersey: Psychology Press, 2006).

11 Timothy D. Wilson, David A. Reinhard, Erin C. Westgate, Daniel T. Gilbert, Nicole Ellerbeck, Cheryl Hahn, Casey L. Brown und Adi Shaked, »Just Think: The Challenges of the Disengaged Mind«, in: Science 345, Nr. 6192 (2014), S. 75–77.

12 K. Hsee, Adelle X. Yang und Liangyan Wang, »Idleness Aversion and the Need for Justifiable Busyness«, in: Psychological Science 21, Nr. 7 (Juli 2010), S. 926–930.

13 M. E. Raichle, A. M. MacLeod, A. Z. Snyder, W. J. Powers, D. A. Gusnard und G. L. Shulman, »Inaugural Article: A default mode of brain function«, in: Proceedings of the National Academy of Sciences 98, Nr. 2 (2001), S. 676–682.

14 Martin Heidegger, Gelassenheit (Stuttgart: Neske, 1960).

15 American Time Use Survey – 2012 Microdata File, Bureau of Labor Statistics, U.S. Department of Labor, http://www.bls.gov/tus/datafiles_2012.htm.

16 Ethan Kross u. a.,»Self-Talk as a Regulatory Mechanism: How You Do It Matters«, in: Journal of Personality and Social Psychology, 106, Nr. 2 (Februar 2014), S. 304–324.

Kapitel 12 – Das Busy-Sein überwinden (Wie Sie Ihren guten Vorsätzen treu bleiben)

1 Leroy Watson jun.,»Forgotten Stories of Courage and Inspiration: Glenn Cunningham«, in: Bleacher Report, 12.6.2009.

2 K. Patterson, J. Grenny, D. Maxfield, R. McMillan und A. Switzler, Change Anything: The New Science of Personal Success (New York: Hachette Book Group, 2011).

3 Charles Duhigg, Die Macht der Gewohnheit: Warum wir tun, was wir tun (München: Piper, 2013).

4 Steve Booth-Butterfield und Bill Reger,»The Message Changes Belief and the Rest Is Theory: The ›1% Milk or Less‹ Campaign and Reasoned Action«, in: Preventive Medicine 39 (2004), S. 581–588.

5 R. B. Cialdini und D. A. Schroeder,»Increasing Compliance by Legitimizing Paltry Contributions: When Even a Penny Helps«, in: Journal of Personality and Social Psychology, 34, Nr. 4 (1976), S. 599–604.

6 Howard Leventhal, Robert Singer und Susan Jones,»Effects of Fear and Specificity of Recommendation upon Attitudes and Behavior«, in: Journal of Personality and Social Psychology 2, Nr. 1 (Juli 1965), S. 20–29.

7 M. Bateson, D. Nettle und G. Roberts,»Cues of Being Watched Enhance Cooperation in a Real-World Setting«, in: Biology Letters (2006), S. 412–414.

8 C. P. Herman und D. Mack,»Restrained and Unrestrained Eating«, in: Journal of Personality 43, Nr. 4 (Dezember 1975), S. 647–660.

9 Ronald Heifetz, Leadership Without Easy Answers (Boston, MA: Harvard University Press, 1994).

10 R. Kegan und L. Lahey, Immunity to Change: How to Overcome It and Unlock the Potential in Yourself and Your Organization (Boston, MA: Harvard Business School Press, 2009).

Register